Nation – Nationalität – Nationalismus

Historische Einführungen

Herausgegeben von Frank Bösch, Angelika Epple, Andreas Gestrich, Inge Marszolek, Barbara Potthast, Susanne Rau, Hedwig Röckelein, Gerd Schwerhoff und Beate Wagner-Hasel

Band 1

Die Historischen Einführungen wenden sich an Studierende aller Semester sowie Examenskandidaten und Doktoranden. Die Bände geben Überblicke über historische Arbeits- und Themenfelder, die in jüngerer Zeit in das Blickfeld der Forschung gerückt sind und die im Studium als Seminarthemen angeboten werden. Der Schwerpunkt liegt dabei auf sozial- und kulturgeschichtlichen Themen und Fragestellungen.

Unter www.historische-einfuehrungen.de finden sich zu jedem Band nützliche Ergänzungen für Studium und Lehre, unter anderem eine umfassende, jährlich aktualisierte Bibliographie sowie zusätzliche schriftliche, Bild- und Audioquellen mit Kommentar. Auf sie verweist dieses Symbol:

Christian Jansen ist Professor für Neuere und Neueste Geschichte an der Technischen Universität Berlin. *Henning Borggräfe* studiert Geschichte an der Ruhr-Universität Bochum.

Christian Jansen, Henning Borggräfe

Nation – Nationalität – Nationalismus

Campus Verlag
Frankfurt/New York

Besuchen Sie unsere Seite zur Reihe:
www.historische-einfuehrungen.de

Bibliografische Information der Deutschen Nationalbibliothek:
Die Deutsche Nationalbibliothek verzeichnet diese Publikation in der Deutschen Nationalbibliografie. Detaillierte bibliografische Daten sind im Internet unter http://dnb.d-nb.de abrufbar.
ISBN 978-3-593-38449-8

Umschlaggestaltung: Guido Klütsch, Köln
Umschlagmotiv: Germania. Schulwandbild um 1890. © akg-images
Satz: Fotosatz L. Huhn, Linsengericht
Druck und Bindung: Druckpartner Rübelmann, Hemsbach
Gedruckt auf säurefreiem und chlorfrei gebleichtem Papier.
Printed in Germany

Besuchen Sie uns im Internet: www.campus.de

Inhalt

1. Leitbegriffe und Fragestellungen der Nationalismusforschung

Mobilmachung und Kriegsausbruch versetzten Anfang August 1914 weite Teile der europäischen Bevölkerung in einen nationalistischen Erregungszustand. »Nun ist sie da, die heilige Stunde!«, verkündete der »Alldeutsche Verband«, die wichtigste Organisation des Nationalismus im Deutschen Reich, einer Massenbewegung, die den Weltkrieg lautstark herbeiforderte. Im sogenannten »Augusterlebnis« offenbarte der Nationalismus sein gewaltiges Potenzial als »eines der mächtigsten, wenn nicht das mächtigste soziale Glaubenssystem des 19. und 20. Jahrhunderts« (Elias 1989: 194).

Bedeutung der Nationalismusforschung

Nation, Nationalität und Nationalismus gehören zu denjenigen politisch-kulturellen Phänomenen, die die europäische Geschichte im 19. und 20. Jahrhundert am stärksten geprägt haben. Sie entstanden in der zweiten Hälfte des 18. Jahrhunderts auf dem europäischen Kontinent und fanden im Verlauf des »langen 19. Jahrhunderts« wachsende Verbreitung in der Bevölkerung. Seit der Mitte des 19. Jahrhunderts wurde die Nation zur wichtigsten politischen Legitimationsinstanz. Im August 1914 traten schließlich Millionen europäischer Männer an, für ihre Nation zu sterben. Der Nationalismus hatte sich in Europa durchgesetzt. Nach dem Ersten Weltkrieg hat der Nationalismus auch weltweit Bedeutung erlangt. Obwohl der Einfluss des Nationalismus in großen Teilen Europas seit dem Zweiten Weltkrieg zurückzugehen scheint, nennt Benedict Anderson, einer der derzeit einflussreichsten Nationalismusforscher, die Zugehörigkeit zu einer Nation und den Nationalstolz den »am universellsten legitimierten Wert im politischen Leben unserer Zeit« (Anderson 2005: 12 f.).

Die Auseinandersetzung mit Nation, Nationalität und Nationalismus ist ein zentrales Thema der neueren und neuesten Geschichtsschreibung und bleibt in ihrer Bedeutung aktuell. Die nationalistische Prägung der meisten Menschen war und ist eine wichtige Triebkraft für zwischenstaatliche Kriege, Bürgerkriege und vielfältige Alltagskonflikte. Der Nationalismus hat zahllose Menschen zu politischem und gesellschaftlichem Engagement motiviert, zu Widerstand gegen Unterdrückung und Kolonialismus aufgestachelt und zu Höchstleistungen auf den unterschiedlichsten Gebieten angespornt. Nationalismus war (und ist vielfach noch) attraktiv: Er vermittelt ein Gefühl von Zugehörigkeit und verspricht Gleichheit durch Einheit – und in dieser Einheit Teilhabe an Macht (vgl. Jeismann/Ritter 1993: 22 f.; Balibar 1988: 119).

Eine erste definitorische Annäherung an das Phänomen Nationalismus kann drei zentrale Komponenten herausstellen: erstens die axiomatische Behauptung der Existenz der »Nation« oder des »Volkes« als *handelndes Subjekt der Geschichte*;[1] zweitens die Festlegung exklusiver Zugehörigkeit *eines jeden* Individuums zu *einer speziellen* Nation; sowie drittens die Stilisierung der Nation zu einem hohen sittlich-moralischen Wert, vielfach (insbesondere in Kriegen) sogar zur wichtigsten Richtschnur menschlichen Handelns.

Nationalismus ist immer ambivalent

Nationalismus muss immer in seiner Janusköpfigkeit gesehen werden, in den sowohl konstruktiven als auch destruktiven Wirkungen, die er in modernen Gesellschaften hat. Damit lässt sich ein Fehler vermeiden, den seit dem Aufkommen des Nationalismus viele Gesellschaftstheoretiker begangen haben – besonders diejenigen, die auf Fortschritt und Modernisierung setzten, vom Hegelianismus über Marxismus und Leninismus bis hin zu den Modernisierungstheorien angelsächsischer Provenienz: Sie alle hielten den Nationalismus für ein atavistisches Relikt – also für eine negative Eigenschaft, die mit Hilfe von Bildung, Aufklärung und Moderni-

1 »Nation« und »Volk« wurden von den nationalistischen Akteuren im 19. Jahrhundert weitgehend synonym verwandt. Wie die »Nation«, so bezeichnet auch das »Volk« keine natürliche Einheit, sondern eine nach unterschiedlichsten Kriterien konstruierte Gemeinschaft (vgl. Kap. 1.1). Die ideologischen Implikationen des Begriffes »Volk« müssen beachtet werden. Vgl. Hoffmann 1991: 192 f.

sierung bald überwunden sein würde und die ihre Basis vornehmlich in den ungebildeten und stets manipulierbaren »Massen« habe. Damit haben sie die Dynamik und die konstruktiven Seiten des Nationalismus unterschätzt. Sie nahmen an, es handele sich bei ihm um ein Phänomen, das auf dem notwendigen Weg hin zu einer Weltgesellschaft (sei sie nun liberal-kapitalistisch oder sozialistisch) dem sicheren Untergang entgegengehe. Solche Beurteilungen haben dazu geführt, dass der Nationalismus von den Sozialwissenschaften zunächst kaum einer Analyse für wert befunden wurde.

Nationalismustheorien sind deshalb erst vergleichsweise spät (seit den 1930er Jahren) entstanden, und der Nationalismus wurde in ihnen deshalb meist rein funktional erklärt. Die meisten älteren (und viele heutige) Nationalismustheorien sehen den Nationalismus lediglich als ein Mittel zum Zweck, als ein Mittel zur Erreichung von wirtschaftlichen, politischen oder sozialen Zielen, aber nicht als eine gesellschaftliche Bewegung *sui generis*, der es tatsächlich um die von den Nationalisten propagierten Ziele (nationale Autonomie und Einheit) geht. Bis in die 1980er Jahre wurde Nationalismus vorwiegend als ein mittelfristig verschwindendes, den weltweiten Modernisierungsprozessen zum Opfer fallendes Phänomen betrachtet. Deshalb wirkten die vielfältigen »neuen« Nationalismen, die im Dekolonisationsprozess und mehr noch seit dem Zusammenbruch des Ostblocks entstanden, auf die Sozialwissenschaften wie ein Schock. Bezeichnenderweise wurden sie im Westen vielfach als Rückkehr eines eigentlich bereits überwundenen Phänomens wahrgenommen, während die Nation in Osteuropa unter der internationalistischen Fassade der sozialistischen Regime im Bewusstsein der Menschen immer präsent war (vgl. verschiedene Aufsätze in: Jeismann/Ritter 1993). Die vermeintliche Rückkehr des Nationalismus führte zu einer neuen Konjunktur der Nationalismusforschung, die stärker die Ambivalenzen und die kulturellen und gesellschaftlichen Ursprünge des Nationalismus in den Blick nahm.[2]

2 Vgl. zur aktuellen Diskussion auch die Einleitung von Jörg Echternkamp und Sven Oliver Müller »Perspektiven einer politik- und kulturgeschichtlichen Nationalismusforschung« (Echternkamp/Müller 2002: 1–23).

Ziel dieser historischen Einführung ist ein umfassender Einstieg in die neuere Nationalismusforschung und in die Geschichte der Entstehung, Verbreitung und Durchsetzung von Nation, Nationalität und Nationalismus in Europa bis zum Beginn des Ersten Weltkriegs. Im Folgenden werden zunächst die wichtigsten Kategorien, Forschungsansätze und Typologien im Begriffsfeld »Nation« erläutert. Diese Definitionen können zwar nicht trennscharf sein, und verschiedene der definierten Begriffe haben sich historisch immer wieder vermischt. Als idealtypische Unterscheidung können sie aber helfen, die zahlreichen, unterschiedlichen Fälle von Nationen, Nationalismen und Nationsbildungsprozessen zu strukturieren.

1.1 Nation/Nationalität

> »Eine Nation [...] ist eine Gruppe von Menschen, die durch einen gemeinsamen Irrtum hinsichtlich ihrer Abstammung und eine gemeinsame Abneigung gegen ihre Nachbarn geeint ist.«
> (Deutsch 1972: 9)

Der Begriff »Nation« leitet sich von lateinisch *natio* ab, was »Abstammung« oder »Geburtsort«, im übertragenen Sinn auch bereits »Volksstamm« bedeutet. Als Bezeichnung für eine Verwandtschaftsgruppe innerhalb eines bestimmten Territoriums lässt sich der Begriff erstmals im 14. Jahrhundert nachweisen. Seit dem 18. Jahrhundert, spätestens seit der Französischen Revolution wird er im modernen politischen Sinn definiert. Der Begriff der »Nationalität« entstand nach der Revolution Ende des 18. Jahrhunderts in Frankreich. Er bezeichnet ähnlich dem Begriff der Staatsangehörigkeit die Zugehörigkeit eines Menschen zu einer Nation.

Nation als Komplexitätsreduktion

Das politische Konzept der Nation und der Nationalität kann als einer der vielen Versuche begriffen werden, die Komplexität des modernen Lebens zu strukturieren, um es bewältigen und Entscheidungen treffen zu können. Das Konzept der Nation hilft, die Vielzahl von Menschen, denen sich der Einzelne (zumindest unter den Bedingungen der Moderne) real oder virtuell gegenüber sieht, zu strukturieren. Die Idee der Nation ermöglicht es, in jener unüberschaubaren Masse von Anderen einen Teil als »Wir« und den Rest als »Fremde« zu definieren. Es handelt sich also – wie bereits das Deutsch-Zitat am Anfang des Abschnitts andeutet – immer um eine Methode der Einschließung und Ausschließung (bzw. in der derzeit gültigen sozialwissenschaftlichen Terminologie der »Inklusion« und »Exklusion«). Der nationalistische Diskurs reduziert zwar die Komplexität des modernen Lebens, wirft jedoch zugleich neue Probleme auf: die Konkurrenz und die Konflikte der verschiedenen Nationen, die Grenzziehung zwischen ihnen und die eindeutige Zuordnung jedes Menschen zu einer Nation.

Die zahllosen politischen und theoretischen Definitionen, was eine Nation sei bzw. worin die Nationalität eines Individuums bestehe, lassen sich vier Hauptströmungen zuordnen:

Subjektivistische Definitionen

1. Den Definitionen eines »subjektiven« Nationsbegriffs zufolge sind Nationen große Kollektive, die auf einem grundlegenden Konsens ihrer Mitglieder beruhen. Die Nation basiert also einzig auf der inneren und freiwillig geäußerten Überzeugung ihrer Mitglieder, dass sie zusammengehören. Diese Konzeption der Nation geht auf die Zeit der Französischen Revolution zurück. So hat etwa der Abbé Sieyès in seinem berühmten Traktat *Was ist der dritte Stand?* die Nation definiert als »eine Gesamtheit von vereinigten Individuen, die unter einem gemeinsamen Gesetz stehen und durch dieselbe gesetzgebende Versammlung vertreten sind« (Sieyès 1924: 40). In Deutschland vertrat 1872 zuerst ein Süddeutscher, der württembergische Paulskirchenabgeordnete, Kultusminister (1856–61) und Statistiker Gustav Rümelin, einen Nationsbegriff, der zwischen subjektiven und objektiven Kriterien changiert: »Der Begriff des Volkes ist nicht durch rein objektive Merkmale umgrenzt, sondern er erfordert auch die subjektive Empfindung. Mein Volk sind diejenigen, die ich als mein Volk ansehe; die ich die meinen nenne, denen ich mich verbunden fühle durch unlösbare Bande« (Rümelin 1872: 102; Weichlein 2006b: 22 f.).

Der französische Religionswissenschaftler Ernest Renan ging zur selben Zeit entschieden weiter und hat – nach dem verlorenen Krieg von 1870/71 – die immer wieder zitierte subjektivistische Definition gefunden, die Nation sei ein »täglicher Plebiszit«;

der nationale Zusammenhalt beruhe also nicht auf objektiven Bedingungen, sondern auf der immer wieder getroffenen freien Entscheidung der Bürger (Renan 1882). Zu den Bedingungen der Möglichkeit und insbesondere der politischen Verwirklichung einer solchen Definition der Nation gehören die Idee der Volkssouveränität sowie eine revolutionäre Situation oder ein Rechtsstaat, der liberale Grund- und Bürgerrechte wie Meinungs-, Vereinigungs- oder Pressefreiheit garantiert. Subjektive Definitionen machen generell den Eintritt in eine Nation (und ebenso den Austritt, auch wenn von diesem nur selten die Rede ist) leicht, handelt es sich ihnen zufolge bei der Zugehörigkeit zu einer Nation doch einzig um einen Willensakt aus innerer Überzeugung.

Eine interessante Variante der Definition nach subjektiven Kriterien war das Konzept der »Personalautonomie«. Der österreichische Sozialdemokrat Karl Renner schlug es vor dem Ersten Weltkrieg als Ausweg aus den Dilemmata der mitteleuropäischen »Nationalitätenfragen« vor, die im Vielvölkerstaat Österreich-Ungarn schier unlösbar schienen und den Fortbestand der Habsburgermonarchie ernsthaft gefährdeten. Nationale Zugehörigkeit sollte – so Renners origineller Vorschlag – nicht territorial, also für alle Einwohner eines wie auch immer abgegrenzten Gebietes einheitlich, sondern individuell bestimmt werden. Unabhängig vom Wohnort sollte sich jede/r Staatsbürger/in frei einer Nationalität zuordnen und entsprechend in ein öffentliches Register eintragen; auch ein Wechsel der Nationalität war im Konzept der »Personalautonomie« möglich. In gemischten Gebieten wurden die Parlamentssitze dem Anteil der so festgestellten Nationalitäten entsprechend verteilt, wobei jede/r Einzelne sich entsprechend seinem Bekenntnis an der Wahl der Abgeordneten »seiner/ihrer« Nationalität beteiligen konnte (Renner 1916; 1937).

Objektivistische oder substanzialistische Definitionen

2. Anders als die subjektivistischen sehen die Definitionen nach sogenannten »objektiven« Kriterien jede Nation durch bestimmte Tatsachen von allen anderen abgegrenzt, die außerhalb des Einflusses der Individuen liegen sollen. Zugleich sollen alle Menschen jeweils nur einer Nation eindeutig zuzuordnen sein. Diese Definitionen werden auch als »substanzialistisch« be-

zeichnet, weil diejenigen Eigenschaften, aufgrund deren sich die Nationszugehörigkeit bestimmen lassen soll, nicht dem freien Willen unterworfen seien. Als Zugehörigkeitskriterien werden in den unterschiedlichen objektivistischen (oder substanzialistischen) Definitionen sehr verschiedene Eigenschaften herangezogen: gemeinsame Sprache, Kultur, Tradition, Geschichte, gemeinsames Territorium, die Landesnatur, angeblich angeborene geistige oder psychische Eigenschaften, die als »Volksgeist« oder »Volkscharakter« bezeichnet werden. Eine extreme Form der objektivistisch-substanzialistischen Definitionen ist die rassische (und meistens zugleich rassistische) Bestimmung der Nation über gemeinsame Abstammung und Blutsverwandtschaft. Schon diese (keineswegs vollständige) Aufzählung derjenigen »Tatsachen«, die Menschen nach Ansicht der Vertreter objektiver Definitionen mit anderen zu einer Nation verbinden und vom Rest der Menschheit unterscheiden sollen, lässt darauf schließen, dass das Spektrum der substanzialistischen Nationsbegriffe politisch sehr breit ist: Es reicht von marxistischen Ansätzen auf der Linken über liberale und konservative Vorstellungen bis hin zu völkisch-rassistischen auf der äußersten politischen Rechten.

»Staatsnation« oder »Kulturnation«?

Die ältere Nationalismusdiskussion bewegte sich bis in die 1980er Jahre fast ausschließlich zwischen diesen Polen subjektiver bzw. objektiver Kriterien der Nationszugehörigkeit. Wo sich welche Definition durchsetzte, wurde in der Regel historisch erklärt mit den unterschiedlichen Verläufen der Nationsbildung (vgl. Kap. 1.3) in Westeuropa einerseits und Mittel- und Osteuropa andererseits. Dabei wurde (idealtypisch) davon ausgegangen, dass in Westeuropa bereits konsolidierte Territorialstaaten sich nur zu Nationalstaaten umbilden mussten (das klassische Beispiel für diesen Verlauf bildet Frankreich), während in Mittel- und Osteuropa die Nationen vor den Nationalstaaten existierten und sich ihr Territorium erst (gewaltsam) erobern mussten. In der deutschen Diskussion war in diesem Zusammenhang Friedrich Meineckes Begriffsbildung einflussreich. Er unterschied »Staatsnationen«, in denen sich ein vorhandener Territorialstaat die nationalistische Ideologie zu eigen machte, von »Kulturnationen«, in denen die (kulturelle) Nationsbildung der Entstehung eines Nationalstaates vorausging (Meinecke 1908). Die »Staatsnation« als politisches Projekt entspricht dem subjektivistischen Nationskonzept, während im anderen Fall das »objektive« Kriterium »Kultur« die Grundlage der Nation bilde. Meineckes Begriffe finden sich bis heute in wissenschaftlicher Literatur und in der Publizistik, obwohl sie in hohem Maße ideologisch befrachtet sind und hinter ihnen die (nationalistische) Idee einer Überlegenheit deutscher »Kultur« über westliche »Zivilisation« steht. Das analytische Potenzial dieser Gegenüberstellung ist jedoch gering, da die meisten Nationalismen und Nationsbildungsprozesse kaum in Meineckes Kategorien zu fassen sind.

Dekonstruktivistische Theorien

3. Seit den 1980er Jahren wurde der subjektivistische Ansatz radikalisiert, indem Nationalismustheoretiker wie Benedict Anderson, Ernest Gellner oder Eric Hobsbawm und im deutschen Sprachraum Rainer Lepsius mit großer Breitenwirkung die Idee der Nation als natürliche oder naturwüchsige Ordnung dekonstruierten und damit allen essentialistischen Vorstellungen nationaler Gemeinsamkeiten die Grundlage entzogen. Diesen jüngsten Theorien zufolge sind Nationen lediglich »vorgestellte Gemeinschaften« bzw. »gedachte Ordnungen«[3], also kulturell definierte Vorstellungen, die eine Vielzahl von Menschen aufgrund angeblich gemeinsamer Eigenschaften als eine Einheit bestimmen. Die Idee Nation wurde damit auf eine für die weitere Forschung sehr folgenreiche Weise neu konzeptualisiert: Sie war nicht allein ein politisches Phänomen, sondern auch ein gesellschaftliches und vor allem ein kulturelles. Die Blickrichtung wurde grundsätzlich verändert: Die Idee Nation konnte nicht mehr in erster Linie als etwas begriffen werden, das den Massen (dem Volk) von den Herrschenden in manipulativer oder mobilisierender Absicht eingetrichtert wurde. Vielmehr wurde nun viel stärker betont, dass der Bezug auf die Nation von unten, aus der Gesellschaft kam und gesellschaftliche und kulturelle Dis-

3 Dieser Begriff wurde bereits 1957 von Emerich Francis gebildet und auf Nationen bezogen (vgl. Francis 1957: 100 ff., sowie Francis 1965), aber erst von Lepsius in die nationalismustheoretische Diskussion eingebracht (vgl. Lepsius 1990).

tinktions- und Exklusionsbedürfnisse befriedigte, sich also für eine wachsende Zahl von Menschen »lohnte« (oder mindestens zu lohnen schien).

Dieser von postmodernen Theorieansätzen (Poststrukturalismus, sozialer Konstruktivismus) beeinflusste Ansatz hebt einerseits auf Geschichtslügen ab, wie etwa gefälschte alte Handschriften, die eine lange Geschichte für ein Volk »beweisen« sollten, oder auf neu erfundene, angeblich wiederbelebte Rituale und antikisierende, folkloristische Überlieferungen (vgl. Hobsbawm/Ranger 1997). Andererseits betonten die Vertreter dieser dekonstruktivistischen Theorien die Tatsache, dass die moderne Nation aus so vielen Personen besteht, dass eine wirkliche Beziehung zu allen Landsleuten oder »Volksgenossen« nicht mehr möglich ist, eine Gemeinschaft mit ihnen also nur in den Köpfen als »vorgestellte Gemeinschaft« entstehen kann (vgl. Kap. 3). Diese neue, kulturell-gesellschaftliche Sicht auf den Nationalismus und die Entstehung der modernen Nationen führte auch zu einer Entscheidung in einem alten Streit. Gemeint ist die Debatte darüber, ob es Nationen auch in vormodernen Epochen oder Gesellschaften gegeben habe. Nach der Definition der jüngsten Theorien konnten Nationen bzw. Nationalbewusstsein erst unter den Bedingungen der westlichen Moderne entstehen (Kap. 1.2).

4. Eine Position zwischen diesen dekonstruktivistischen Definitionen, die derzeit den wissenschaftlichen wie den populären Diskurs dominieren, und den älteren, objektivistischen Definitionen nimmt Anthony D. Smith ein: Er hält an der Annahme eines »ethnischen Ursprungs« der Nationen fest, also daran, dass gemeinsame Herkunft mehr als eine ideologische Fiktion oder eine nachträgliche Konstruktion sei (vgl. Kap. 3.4). Eine ähnliche Zwischenposition, die von einem realen Kern des Nationsbegriffs ausgeht, nimmt in Deutschland Hans-Ulrich Wehler ein (Wehler 2001).

Wir beziehen uns im Folgenden auf die dekonstruktivistischen Ansätze der jüngeren Forschung, behaupten damit jedoch nicht, dass sich Entstehung und Durchsetzung der Nation allein mit dem Verweis auf ihre »Erfindung« erklären ließen. Die soziale Konstruktion Nation besitzt und besaß eine gewaltige Wirkungsmacht, gerade weil viele Menschen von ihrer quasi-natürlichen Existenz überzeugt waren und sind.

Nationalitäten und Regionen

Während als Nationen im Allgemeinen diejenigen Völker bezeichnet werden, die einen Nationalstaat herausgebildet haben, heißen die übrigen Völker, die innerhalb eines Staates eine sprachlich oder kulturell abgrenzbare Einheit bilden und einen eigenen Nationalstaat anstreben, »Nationalitäten«. Schon aus dieser Definition ergibt sich die Relativität der Unterscheidung, denn je nach dem, zu welchem historischen Zeitpunkt sie getroffen wird, kann sie sehr verschiedenen ausfallen (zum Beispiel für die baltischen oder die südslawischen Völker). Erschwerend kommt hinzu, dass der Begriff »Nationalität« wie gezeigt zugleich auch die individuelle Nationszugehörigkeit bezeichnet.

In einem ähnlich schwer abgrenzbaren, jedenfalls kaum jemals trennscharfen Verhältnis wie »Nation« und »Nationalität« stehen die Idee der Region und die Idee des Nationalstaates zueinander. Regionen sind zunächst einmal territoriale Untereinheiten von Nationalstaaten, die vielfach eine längere historische Tradition aufweisen können als der Nationalstaat, dem sie angehören. Häufig handelt es sich um ältere Territorien, die durch Annexion oder Föderation zu einem Nationalstaat dazugekommen sind (im deutschen Fall etwa Schleswig-Holstein durch Annexion, Sachsen, Baden, Württemberg und Bayern durch Föderation). Es können aber auch aufgrund neuerer, ökonomischer oder historischer Zusammenhänge innerhalb eines Nationalstaates neue Regionen entstehen (im deutschen Fall etwa das Ruhrgebiet oder Sachsen-Anhalt). Die Bewohner von Regionen verfügen häufig über ein spezifisches Zusammengehörigkeitsgefühl und Sonderbewusstsein (Regionalismus, Regionalstolz), ohne dass man sie jedoch als Nationalität ansprechen könnte (Kühne 2000; Brunn 1996).

1.2 Nationalismus

Der Begriff »Nationalismus« als Bezeichnung für Nationalstolz findet sich zuerst in einer eher beiläufigen Bemerkung in Johann Gottfried Herders 1774 publizierter Geschichtsphilosophie.[4] Außer an einer Stelle in Ernst Moritz Arndts *Geist der Zeit* (1806) konnte der Begriff in Deutschland bisher weder in der politischen Publizistik noch in den zahlreichen politischen und Konversationslexika des 19. Jahrhunderts nachgewiesen werden. Es handelt sich bei »Nationalismus« also – ähnlich wie etwa bei »Militarismus«, aber anders als bei den Begriffen, die die wichtigsten politischen Ideologien des 19. Jahrhunderts charakterisieren, nämlich »Liberalismus«, »Sozialismus«, »Konservativismus« – um einen Begriff, der zunächst kaum von den Vordenkern der Ideen, die wir heute nationalistisch nennen, oder von der nationalistischen Bewegung verwendet worden ist, sondern von Außenstehenden in kritischer oder analytischer Absicht.[5] Erst mit der Zeit übernahmen zumindest die radikalen Nationalisten den Begriff als Selbstbezeichnung, während die gemäßigte Hauptströmung sich stets »patriotisch« bzw. »national« nannte.

Patriotismus als positiver Nationalismus?

In der Öffentlichkeit und in vielen wissenschaftlichen Untersuchungen wurden und werden sowohl der Begriff als auch das Phänomen »Nationalismus« oft abgegrenzt vom »Patriotismus«. Letzteres bezeichnet ein ebenfalls mit Stolz verbundenes Gefühl der Zugehörigkeit zu einer Nation, das aber frei sein soll von der Herabsetzung anderer Nationen. Angeblich postuliert dieser Begriff keine Überlegenheit und keine besondere »Mission« der eigenen Nation. Er fordert weder die Ausdehnung der eigenen Nation zu Lasten anderer, noch behauptet er einen Gegensatz zwischen

4 Herder 1990 [1774]: 36. Diese Stelle wird in Kap. 2 genauer vorgestellt. Vgl. zum Folgenden Koselleck u.a. 1992: 318 f.; Kemiläinen 1964: 49.

5 Vgl. dazu Koselleck u.a. 1992: 377 ff. Er nennt als früheste Belege für das Vorkommen des Begriffs »Nationalismus« im deutschen Sprachraum Karl Kautsky 1896 (bezeichnenderweise mit dem Epitheton »kleinbürgerlich« – in Gegenüberstellung von proletarischem Internationalismus und kleinbürgerlichem Nationalismus) sowie den katholischen Moraltheologen Joseph Mausbach 1912.

den unterschiedlichen Nationen. Als Idealtypus mag ein solcher toleranter Patriotismus denkbar sein. Die empirisch fundierten Erkenntnisse über den strukturellen Zusammenhang von Inklusion und Exklusion bei der Bildung von »Wir-Gruppen« lassen eine solche Differenzierung allerdings fraglich erscheinen. Im Gegenteil, die in den folgenden Kapiteln dargestellten Nationsbildungsprozesse belegen das Zusammenwirken von konstruktiven und destruktiven Elementen, also die Janusköpfigkeit jeder über bloße Loyalität hinausgehenden, emotional fundierten Identifikation mit einer Nation. Langewiesche urteilt in diesem Zusammenhang zu Recht: »Wer Nationalismus sagt, meint die dunkle Seite. Wer das helle Gegenbild als Vorbild und Entwicklungsziel leuchten lassen will, spricht von *Nation, Vaterland, Patriotismus.* Die Ergebnisse historischer Forschung sperren sich jedoch – eindeutig, meine ich – gegen eine solche hoffnungsfrohe Zweiteilung« (Langewiesche 1994: 16 f.).

Zwei Bedeutungen in der Geschichtswissenschaft

Unter »Nationalismus« fassen die Historiker – und darin liegt eine weitere terminologische Schwierigkeit – zwei verschiedene Phänomene: erstens ein Konglomerat politischer Ideen, Gefühle und damit verbundener Symbole, das sich zu einer geschlossenen Ideologie fügen kann (aber nicht muss); und zweitens die politischen Bewegungen, die diese Ideen tragen. Der Nationalismus als gesellschaftliche Bewegung fordert für das, was seine Anhänger für eine Nation halten, staatliche Einheit und Autonomie, also einen Nationalstaat. Sobald sie dieses Ziel erreicht haben, wollen nationalistische Bewegungen die innere Einheit und politische Handlungsfähigkeit dieses Staates erhalten und in der Regel ausbauen.

1.2.1 Nationalismus als Konglomerat politischer Ideen, Gefühle und Symbole

Zur Analyse des Nationalismus im ersten Sinne – als Konglomerat politischer Ideen, Gefühle und Symbole – ist es sinnvoll, zunächst drei Ebenen zu unterscheiden:

1. die *ideologische* Ebene: Wie wird die jeweilige Nation definiert? Welche Inklusions- und Exklusionskriterien gelten, wer wird also aus welchen Gründen einbezogen oder ausgeschlossen? Soll die Nation ethnisch oder gar rassisch homogen sein? Welche Eigenschaften werden den Mitgliedern der Nation und welche Mission wird der Nation als Ganzer zugeschrieben?
2. die *symbolische* Ebene: der Name der Nation, mythologische Erzählungen über ihre Geschichte und ihr »Wesen«, insbesondere Ursprungsmythen, Lieder, äußere Kennzeichen von körperlichen »Eigenschaften« bis zu Trachten und Gebräuchen; sowie – nach der Schaffung eines Nationalstaates –
3. die Ebene *staatlicher* Identifikationsangebote wie Flaggen, Hymnen, Münzen, Uniformen, Hauptstädte, Nationalfeiern, Nationaldokumente oder Nationalmannschaften sowie der kulturellen Selbstdarstellung und Normierung in repräsentativen Kunstausstellungen, in Denkmälern, in von Nationalstaaten geförderten und ausgezeichneten kulturellen Werken, in Nationalpreisen für Schriftsteller, Künstler und Wissenschaftler.

Drei Dogmen des Nationalismus

Anschließend an die einleitende Definition können drei politische Überzeugungen als Dogmen des Nationalismus bezeichnet werden. Sie weisen strukturelle Ähnlichkeiten mit religiösem Denken auf, weshalb der Nationalismus vielfach auch als eine politische Religion bezeichnet wird (vgl. Kap. 3.5.2).

1. Dem nationalistischen Weltbild zufolge ist die Welt in Nationen unterteilt, die sich hinsichtlich ihres Charakters, der »Nationalcharakter«, »Volksgeist« oder »nationale Identität« genannt wird, ihrer Geschichte und ihrer Rolle (»Mission« oder »Bestimmung«) deutlich unterscheiden. Hierin liegt eine entscheidende Reduktion der Komplexität der jeweiligen politischen Lage und der internationalen Beziehungen. Sie zählt zu den wichtigen Ursachen für die Popularität und die Verbreitung des Nationalismus weltweit und in unterschiedlichsten Bevölkerungsschichten. Die Verkleinerung der Vielzahl von Gemeinsamkeiten und Differenzen zwischen den unterschiedlichsten Gruppen von Menschen auf eine begrenzte Zahl von

Nationen geht in der Regel bei Nationalisten einher mit einer Individualisierung der Nationen bzw. Völker. Ganze Völker werden häufig bis in die Semantik hinein (Bezeichnung im Singular als »der Russe« oder »der Türke«) wie Einzelpersonen behandelt. Kraft dieser Individualisierung lassen sich dann individualpsychologische Verfahren aus Alltagspraxis oder Wissenschaft auf die Sphäre der internationalen Politik oder der innerstaatlichen Feinderklärung übertragen: Ganzen Nationen, die aus einer unüberschaubar heterogenen Masse von Individuen bestehen, werden aufgrund dieses Axioms übereinstimmende psychische Eigenschaften oder typische Verhaltensweisen attestiert.

2. Aus der Einteilung der Welt in Nationen folgt, dass jedes Individuum einer (und nur einer) Nation angehören kann und soll. Zum Reif- oder Erwachsenwerden des Individuums gehört aus nationalistischer Sicht, sich der Zugehörigkeit zur »eigenen« Nation bewusst zu werden. Wird die Nationszugehörigkeit objektiv definiert, so handelt es sich dabei um einen Prozess des »In-sich-hinein-Hörens«, dessen Ausgang von vorneherein feststeht, für die Vertreter subjektivistischer Definitionen dagegen um eine bewusste Entscheidung.

3. Die Zugehörigkeit zu einer Nation wird privilegiert gegenüber allen anderen denkbaren Zugehörigkeiten der Menschen – etwa zu einer Familie, einem Geschlecht, einer sozialen Schicht oder Klasse, einer Berufs- oder Altersgruppe, Religionsgemeinschaft oder Interessengruppe. Die Loyalität zur eigenen Nation wird ethisch und moralisch über alle anderen Loyalitäten gestellt. Im Zweifelsfall hat der Einzelne die Imperative, die sich aus seiner Nationalität ergeben, über alle anderen Interessen, Bindungen und Zugehörigkeitsgefühle zu stellen. Die Zugehörigkeit zu einer Nation wird für den Nationalisten zum höchsten Wert, an dem alles Handeln auszurichten ist. So kann zum Beispiel auf der Basis nationalistischen Denkens von jedem Mitglied einer Nation letztlich verlangt werden, für sein Vaterland zu sterben.

Aus dem nationalistischen Welterklärungsmodell ergeben sich *zwei Grundwerte* des Nationalismus: *nationale Einheit* (nach innen und außen) und *nationale Autonomie* (also die Macht und Freiheit, als Nation unter anderen selbstbestimmt und erfolgreich zu agieren). Aus diesen beiden Leitwerten ergeben sich bereits alle Konflikte zwischen verschiedenen Nationen als Fragen der Zugehörigkeit und der Grenzziehung.

1.2.2 Nationalismus als politische Bewegung

Der Nationalismus im zweiten Sinne – als *politische Bewegung* – nimmt in fast allen historisch dokumentierten Fällen denselben Verlauf: Er beginnt im kulturellen Bereich als wissenschaftlich-intellektuelles Interesse für die Geschichte, Kultur, Sprache, Folklore und spezifischen Traditionen eines Volkes. Am Anfang stehen Sammlungen kultureller Überlieferungen wie Märchen, Lieder, Rechtstraditionen und die »vaterländische Archäologie« – also die Rekonstruktion von historischen Überresten und Überlieferungen des Volkes jenseits gesicherter Fakten, meist von Fakten aus der Vorgeschichte (Ur- und Frühgeschichte) ohne schriftliche Hinterlassenschaft. Nicht selten stehen aber am Anfang nationalistischer Bewegungen auch Fälschungen schriftlicher Quellen, die einen Gründungsmythos belegen oder eine Tradition stiften sollen. Was die archäologischen, philologischen oder kulturgeschichtlichen »Forschungen« angeht, die am Anfang aller Nationalismen stehen, so kann man sie in aller Regel als »invention of tradition« in einem sehr kruden Sinne bezeichnen, bei der das gewünschte Ergebnis im Vorhinein feststand. Archäologische Funde oder philologische bzw. historische Befunde wurden in diesen Fällen sehr einseitig interpretiert, oder es wurden nur diejenigen Fakten berücksichtigt, die das gewünschte Ergebnis stützten. Vielfach lassen sich auch bewusste Fälschungen nachweisen.

Ausbreitung nationalistischen Denkens

Auf Resonanz trafen diese frühnationalistischen »wissenschaftlichen« Forschungen erst, wenn sie eine größere Öffentlichkeit erreichten, indem sie in volkspädagogischer und meist sehr bewusst nationalistischer Absicht popularisiert wurden: Dies geschah durch populäre wissenschaftliche Publikationen (Vorträge, »Volksbücher«, »Volkszeitschriften«), durch Museen, durch die

Universitäten und Schulen, an denen viele der frühnationalistischen Intellektuellen lehrten oder durch Sängerbünde und Musikveranstaltungen, die sich »vaterländischem« Liedgut und der Folklore widmeten. Oder sie wurden normativ umgesetzt: In Wörterbüchern und Grammatiken, die der Durchsetzung einer Hochsprache (»Nationalsprache«) gegen eine Vielzahl von Dialekten dienen sollten, in Lexika und Enzyklopädien, die den kulturellen Wissensbestand fixieren und allgemein verbindlich machen sollten, in Theateraufführungen und Lesungen, die vorbildliche Beispiele der ge- und erfundenen Nationalkultur verbreiten sollten. Die wichtigsten Multiplikatoren des Nationalismus in dieser Zeit des Übergangs vom Intellektuellen- zum in der Bevölkerung verbreiteten Phänomen sind neben Gesangsvereinen bildungsbürgerliche Vereinigungen wie literarische Gesellschaften, Geschichts- und Altertumsvereine, Gelehrtenversammlungen und bildungsbürgerliche Interessenvertretungen wie Philologen-, Juristen-, Historikerverbände.

Organisierter Nationalismus

Erst nach dieser kulturellen Formierung und Normierung bildeten sich in der idealtypischen Entwicklung des Nationalismus als sozialer Bewegung nationalistische Vereinigungen. Erst danach fand der Nationalismus zu Formen des Massenprotestes wie Petitionen, Demonstrationen, Wahlbeteiligung, Organisierung in nationalistischen Vereinen, Verbänden oder Parteien. Entsprechend beginnen separatistische Nationalismen, die ein Volk als neue Nation aus einem bereits bestehenden Staat herauslösen und einen eigenen Nationalstaat gründen wollen, in aller Regel als sprachliche und/oder kulturelle Autonomiebewegungen; erst in einem zweiten Schritt kommen politische und explizit nationalistische Forderungen hinzu. Miroslav Hroch hat auf der Basis der Untersuchung osteuropäischer Nationalismen ein Drei-Phasen-Modell entwickelt: Auf die erste Phase der literarischen und kulturellen Entwicklung der nationalistischen Idee folgt die Phase der systematischen Agitation der Nationalisten mit dem Ziel, zu einer Massenbewegung zu wachsen. Die dritte Phase ist das erfolgreiche Resultat der zweiten. Der organisierte Nationalismus bekommt den »Charakter einer Massenbewegung« (Hroch 1998: 18 f.).

Nationalismus als bürgerliche Bewegung

Die Ausbreitung des Nationalismus fällt historisch mit dem Aufstieg des Bürgertums zusammen. Der Nationalismus wurde trotz einer Dominanz bürgerlicher Kreise aber nicht allein von diesen getragen. Die Trägerschichten des Nationalismus in Europa setzten sich nicht überall gleichermaßen zusammen. Angelehnt an das skizzierte Phasenmodell Hrochs lässt sich jedoch auch im Bezug auf die Trägerschichten ein Verlaufsschema herausstellen. Der Nationalismus entstand in intellektuellen Zirkeln, verbreitete sich innerhalb der bürgerlichen Öffentlichkeit über Texte und elitäre (meist akademische) Organisationen und wurde allmählich zu einer in vielerlei Vereinen organisierten, städtisch geprägten Bewegung, die sich dann in weitere soziale Schichten ausbreitete. Die Nationalisten stammten anfangs vor allem aus bildungsbürgerlichen Kreisen und dem Wirtschaftsbürgertum. Unter ihnen fanden sich aber auch Angehörige des niederen Adels und der höheren Bürokratie. Nach 1848 fand der Nationalismus seine Anhänger auch in der entstehenden Arbeiterbewegung. Zur Massenbewegung wurde er jedoch erst gegen Ende des 19., zu Beginn des 20. Jahrhunderts, vor allem in den Jahren vor dem Ersten Weltkrieg. Erst zu diesem Zeitpunkt fand er eine breite Basis in den unteren Schichten, erst jetzt erfasste er in den meisten Fällen auch die ländliche Bevölkerung.

Vielfach wird (ähnlich wie zwischen »Patriotismus« und »Nationalismus«) unterschieden zwischen »nationalen Bewegungen«, die nur die Bildung eines Nationalstaates durchsetzen wollen, und »nationalistischen Bewegungen«, bei denen ein Überlegenheitsgefühl über andere Nationen hinzukomme. Auch in diesem Fall gilt: Als idealtypische Unterscheidung mag dies angehen, schaut man jedoch auf die Geschichte des Nationalismus in Europa, so zeigt sich, dass »nationale Bewegungen« praktisch nicht von nationalistischen zu trennen sind. Alle Fragen der Grenzziehung etwa führen notwendig zur Formulierung von Überlegenheitsgefühlen, wenn die Zugehörigkeit ethnisch gemischter oder aus historischen Gründen zwischen mehreren Staaten strittiger Gebiete von den Nationalisten mit einer kulturellen oder politischen Überlegenheit der eigenen Nation begründet wird. Dies geht oft damit einher, dass künftigen ethnischen Minderheiten im Ausgleich für fehlende nationale Autonomie kulturelle Verbesserungen, Befreiung oder Modernisierung versprochen werden.

So sehr sich alle Nationalisten über die Unabdingbarkeit von Einheit und Autonomie für ihre jeweilige Nation einig sind, so stark unterscheiden sie sich in den Mitteln und Wegen, die beiden Leitwerte für ihre Nation durchzusetzen. Liberale und demokratische Nationalisten glauben daran, dass Einheit und Autonomie einer Nation am ehesten durch politische Freiheit und demokratische Selbstverwaltung, also durch freie Selbstbestimmung erreicht werden könnten. Autoritäre Nationalisten wollen sie durch Zwang und die Einschränkung individueller Freiheit von oben herab durchsetzen. Was die Wege zur Durchsetzung der beiden nationalistischen Leitwerte angeht, so besteht ein enger Zusammenhang zur Definition der Nation: Wird diese subjektivistisch definiert, so folgt daraus tendenziell die Option für liberale und demokratische Wege, um die nationalistischen Leitwerte Einheit und Autonomie zu gewährleisten. Wird die Nationszugehörigkeit hingegen objektivistisch definiert, so folgt daraus in der Regel die Option für autoritäre Verfahren, um nationale Einheit und Handlungsfähigkeit auch gegen die subjektiven Interessen der Individuen durchzusetzen. Individuelle Interessen werden, wenn sie den »nationalen Interessen« entgegengesetzt sind, häufig als falsches Bewusstsein, politische Unreife oder gar als Verrat denunziert.

1.2.3 Nationalismus als modernes Phänomen

Was die Entstehungsbedingungen des Nationalismus angeht, so hat sich das Argument von Karl Deutsch (Deutsch 1953) weitgehend durchgesetzt, dass erst die modernen Möglichkeiten der Kommunikation die notwendigen Voraussetzungen für die Entstehung der Idee der Nation als vorgestellte Gemeinschaft einer unüberschaubaren Masse von Menschen geschaffen haben. Ohne den Buchdruck, mit dessen Hilfe Flugschriften, Zeitungen und Bücher in hohen Auflagen zu erschwinglichen Preisen hergestellt werden konnten, und ohne die Entstehung eines literarisch-publizistischen Marktes – denn neben dem Buchdruck steht der Frühkapitalismus an der

Wiege des Nationalismus – konnte es keine bürgerliche, politische Öffentlichkeit geben. Und erst in dieser konnte der Nationalismus weniger Intellektueller seine wesentlichen Argumente und Kategorien in einem seit dem späten 18. Jahrhundert den ganzen europäischen Kontinent erfassenden und schließlich weltweiten Ausbreitungsprozess entwickeln. Eines der wichtigsten und folgenreichsten Anliegen der frühen Nationalisten war die Schaffung einer einheitlichen Sprache für das nun als Nation angesehene Volk und dessen Bildung. Hierfür wiederum waren die Alphabetisierung breiter Bevölkerungsschichten, die zur Durchsetzung einheitlicher Sprache und Grammatik entscheidend beitrug, und die Erleichterung der überlokalen Kommunikation durch die Einführung zuverlässiger Postverbindungen und neue Verkehrsmittel entscheidend, beides Elemente der Bildungs- und Verkehrsrevolution des 19. Jahrhunderts. Denn ohne diese Faktoren wiederum hätte sich die Idee einer Partizipation der Massen an den politischen Entscheidungsprozessen, die zu den notwendigen Voraussetzungen des nationalistischen Denkens gehört, nicht durchsetzen können.

Vormoderne Vorläufer

Während man also in der Antike, im Mittelalter und in der Frühen Neuzeit viele Beispiele für Heimatverbundenheit, Vaterlandsliebe und andere Zugehörigkeitsgefühle finden kann, macht es wenig Sinn, vor der Moderne von »Nationalismus« zu sprechen. Erst seit dem 18. Jahrhundert entstanden die spezifischen Voraussetzungen für die Durchsetzung der Idee der Nation in einer Nation – also dafür, dass eine Masse von Menschen sich als ein Volk oder eine Nation fühlen konnte. Zwar behaupten die meisten Nationalisten die Kontinuität der eigenen (modernen) Nation zu möglichst alten (in der Regel prähistorischen) Völkern oder Stämmen. Dabei handelt es sich jedoch um nachträgliche, ideologische Konstruktionen (»inventions of tradition«), die einer rationalen Überprüfung nicht standhalten. Solche Kontinuitätskonstruktionen – etwa von den Germanen zu den Deutschen – entbehren schon allein deshalb jeglicher Überprüfbarkeit, weil die Unterscheidung verschiedener Völker in prähistorischen Epochen aus Mangel an Quellen, die über ethnische Zugehörigkeitsgefühle der damals lebenden Menschen Auskunft geben könnten, nicht möglich ist.

Zu der in der Geschichtsforschung vorherrschenden (und auch

in diesem Buch vertretenen) Ansicht, dass man nur moderne Gesellschaften als Nationen bezeichnen kann und dass sich nur unter den Bedingungen der Moderne Nationalismen entwickeln konnten, gibt es vielfältige, meist eher publizistische Gegenpositionen (etwa in Jeismann/Ritter 1993 die Beiträge von Renan, Berlin oder Milosz), aber auch einige wissenschaftlich begründete (Armstrong 1982; Ehlers 1989). Selbst wenn man bei Einzelpersonen des Mittelalters »nationale Stimmungsgehalte« (Schieder, in: Jeismann/Ritter 1993: 222) nachweisen könnte, lassen sich Nationen im modernen Sinne erst ausmachen, seit sich die Ordnungsvorstellung Nation in einer Gesellschaft durchgesetzt hat und die öffentliche Meinung bestimmt. Das lässt sich für keine vormoderne Gesellschaft nachweisen, zumal sich die »Öffentlichkeit« wegen des geringen Alphabetisierungsgrades auf kleine Minderheiten beschränkte. Für eine möglicherweise auf mündlichem Informationsaustausch basierende Öffentlichkeit wiederum sind keine Belege überliefert.

Multiethnische und multinationale Nationalismen?

Zu den Zugehörigkeitsgefühlen zu einem politischen Zusammenschluss, die schließlich in neuerer und neuester Zeit vom Nationalismus unterschieden werden sollten, gehört die Identifikation mit »multinationalen« Gebilden wie etwa Österreich-Ungarn vor 1918 oder mit Staatenföderationen wie der Europäischen Union. Das nationalistische Postulat der Deckungsgleichheit politischer und nationaler Einheit wird in diesen Gebilden nicht absolut gesetzt. Die Identifikation mit dem politischen Zusammenschluss weist über den Bezug auf die Nation hinaus, ersetzt ihn aber nicht. In diesen Fällen kann sinnvollerweise nur von Loyalität mit dem multinationalen Imperium oder der transnationalen europäischen Idee die Rede sein, nicht jedoch von einem österreichisch-ungarischen oder europäischen Nationalismus.[6]

Nationalismus muss sich allerdings keineswegs auf ethnisch ho-

6 Auch aus der Identifikation mit multi- oder transnationalen Gebilden können allerdings funktionale Parallelen zum Nationalismus hervorgehen. Verwiesen sei auf den im Zuge des Irakkriegs 2003 verbreiteten positiven Bezug auf das »alte Europa« und auf den Versuch einiger deutscher und französischer Intellektueller, eine europäische Identität in Abgrenzung zu den USA zu etablieren. Vgl. Habermas, Jürgen/Derrida, Jacques (2003), »Unsere Erneuerung. Nach dem Krieg: Die Wiedergeburt Europas«, *Frankfurter Allgemeine Zeitung*, 31. Mai 2003, S. 33.

mogene Bevölkerungen beziehen. Die Schweiz oder die USA sind Beispiele dafür, dass sich auch in sogenannten Vielvölkerstaaten Nationalismus entwickeln kann. Uneinheitlichkeit der ethnischen Zugehörigkeit, der Sprache, der Kultur oder der Hautfarbe verhindert keineswegs die Entstehung eines gemeinsamen Nationalismus. Genau genommen beziehen sich sogar alle Nationalismen auf ethnisch, kulturell und sprachlich *inhomogene* Einheiten. Denn für die historische Entwicklung der Staatsgrenzen waren in der Regel Machtverhältnisse entscheidend. Außerdem gehört Migration zu den universalgeschichtlichen Konstanten. Migrationswellen haben die gesamte Menschheitsgeschichte geprägt. Insofern kann es keine homogenen Nationen geben. Wo immer es eine scheinbare Homogenität gab oder gibt, ist sie das Produkt gewaltsamer Anpassungs- oder friedlicher Akkulturationsprozesse, also die Folge der Unterdrückung oder Ausrottung von Minderheitensprachen und -kulturen. Bei völkischen oder rassistischen Formen des Nationalismus, die die ethnische (oder rassische) Homogenität der jeweiligen Nation als Voraussetzung für deren Prosperität ansehen, ist es für kritische Historiker jeweils ein Leichtes, die Absurdität solcher Vorstellungen oder Forderungen nachzuweisen.

Der moderne Nationalismus, der seit der zweiten Hälfte des 18. Jahrhunderts auf dem europäischen Kontinent entstanden ist, hat zwei voneinander weitgehend unabhängige Hauptquellen – einerseits im deutschen und andererseits im französischen Raum: Erstens entstand der moderne Nationalismus aus der Hinwendung zum Volk und dem Interesse am »Volksgeist« bei deutschen Aufklärern wie Friedrich Carl v. Moser und Thomas Abbt während und unmittelbar nach dem Siebenjährigen Krieg (also lange vor den »Befreiungskriegen« gegen Napoleon). Ihre »Nationalgeistdebatte« der 1760er Jahre und deren Fortführung und intellektuelle Weiterentwicklung vor allem durch Johann Gottfried Herder schufen zentrale Topoi und Begriffe des modernen Nationalismus. Diese Anfänge des deutschen nationalistischen Denkens hatten bereits eine antifranzösische Ausrichtung, indem sie eine eigene, deutsche Aufklärung im Gegensatz zur französischen entwickelten und damit die Weichen für die Wahrnehmung der Französischen Revolution und der napoleonischen Kriege stellten (siehe Kap. 2). Die andere Hauptwurzel des modernen Nationalismus liegt im Umschlagen des revolutionären Universalismus in einen revolutionären französischen Nationalismus (siehe Kap. 4.1).

1.3 Nationsbildung/Nationalstaat

In einer modernisierungstheoretischen Denkfigur wird die Entwicklung zur Nation als der einzig mögliche Weg eines Volkes oder einer ethnischen Gruppe angesehen: Nur als Nation (oder als Teil einer Nation) verfüge ein Volk oder eine ethnische Gruppe über politische Macht und könne Selbstbestimmung (Autonomie) beanspruchen. Nur als Nation könne außerdem ein Volk oder eine ethnische Gruppe ein vollwertiges Mitglied der Völkergemeinschaft werden. Nur in einer in autonome Nationen gegliederten Welt sei eine friedliche Weltordnung möglich (vgl. Dahrendorf, in: Jeismann/Ritter 1993: 101 f.). Dies ist der Grundgedanke sowohl der europäischen Einigung (»Europa der Vaterländer«) als auch der »Vereinten Nationen« und der hinter diesen Organisationen stehenden Völkerrechtsidee, deren Subjekte nur als Nationen bzw. Nationalstaaten konstituierte Völker sein können. Der Prozess der Nationsbildung und Nationalstaatsgründung war jedoch keineswegs historisch notwendig, er war hochkomplex und folgte nicht überall demselben Schema. Aber es lassen sich generell *innere* und *äußere* Nationsbildung sowie Idealtypen der Entstehung von Nationalstaaten unterscheiden.

Innere Nationsbildung

Die Durchsetzung des nationalen Gedankens[7] in der Bevölkerung lässt sich als *innere Nationsbildung* bezeichnen. Der ähnlich klingende englische Terminus des *nation-building* bedeutet dagegen etwas anderes, nämlich den ganz praktischen Aufbau nationalstaatlicher Institutionen. Der Begriff beinhaltet also nicht all die Ideale (aber auch nicht den Ballast), die zum deutschen Bildungsgedanken gehören. Am Ende der inneren Nationsbildung steht in der Regel die Entstehung eines Nationalstaates; dieses Ereignis wird häufig auch als *äußere Nationsbildung* bezeichnet.

7 »National« als das vom Substantiv »Nation« abgeleitete Adjektiv sollte nur für Phänomene verwendet werden, die sich auf die Nation als Ganze (etwa im Gegensatz zu Regionen) beziehen. Wenn es um den Nationalismus geht, sollte hingegen das Adjektiv »nationalistisch« benutzt werden. Die Selbstbezeichnungen der Nationalisten (»nationales Lager«, »nationale Parteien« oder »national denkend«) werden zwar häufig auch in die wissenschaftliche Literatur übernommen, sind aber irreführend.

Mittel zur inneren Nationsbildung, die sowohl von gesellschaftlichen, nationalistischen *pressure groups* als auch von nationalstaatlichen Regierungen eingesetzt werden, sind etwa Denkmäler, nationale Feste und Feierlichkeiten, Rituale und Symbole wie Fahnen oder Hymnen. Meist gehen die Initiativen zur Schaffung bzw. häufig im wörtlichen Sinne zur Erfindung solcher Mittel und Formen von nationalistischen Organisationen (Vereinen, Verbänden oder Parteien) aus. Sie kommen also in der Regel aus der Gesellschaft, werden aber in den meisten Fällen nach der Entstehung eines Nationalstaates von dessen Regierung weitergeführt, verstärkt und ausgebaut.

Äußere Nationsbildung

Der Prozess der äußeren Nationsbildung oder Nationalstaatsgründung verlief wiederum historisch sehr unterschiedlich. Es lassen sich jedoch alle Fälle drei Idealtypen zuordnen:

1. einem *revolutionären*, also der Umgründung eines Staates in einen Nationalstaat (zum Beispiel in Frankreich),
2. einem *unifizierenden*, also der Vereinigung mehrerer bestehender Staaten zu einem Nationalstaat (zum Beispiel in Italien oder Deutschland), sowie
3. einem *sezessionistischen*, also der Abspaltung einer Nation von einem bestehenden Staatswesen (zum Beispiel in Griechenland, Belgien oder Serbien). Dieser dritte Fall war im 20. Jahrhundert der mit Abstand häufigste – sei es im Prozess der Dekolonisation oder bei der Auflösung der dynastischen Großreiche am Anfang des 20. Jahrhunderts (Österreich-Ungarn und das Osmanische Reich) und am Ende desselben Jahrhunderts (Sowjetunion und Jugoslawien).

Aus den oben skizzierten subjektivistischen und objektivistischen Definitionen der Nation folgt auch eine Typologie der Nationsbildung und Nationalstaatsgründung, für die sich in der Literatur verschiedene Bezeichnungen und Beschreibungen finden. Ein klassisches, unter dem Eindruck des Nationalsozialismus 1944 geschriebenes und demzufolge sehr normatives Werk ist Hans Kohns *The Idea of Nationalism*. Darin wird ein westlicher (britischer, französischer, amerikanischer), vom Bürgertum getragener Nationalismus und Weg der Nationsbildung und Nationalstaatsgründung, der dem oben skizzierten subjektiven Typus entspricht, von einem östlichen unterschieden, der dem objektiven Typus entspricht. In neueren angelsächsischen Darstellungen werden dieselben Typen durch die Gegensatzpaare *voluntarist* und *organic* bzw. *civic* und *ethnic* charakterisiert. Oder es wird unterschieden zwischen Nationen, die sich aus »alten« Staaten mit langer Kontinuität entwickelt haben, und »nations of design« (Charles Tilly 1975), also künstlich geschaffene Nationen, wie sie vor allem in Mittel- und Osteuropa und in ehemaligen Kolonialgebieten anzutreffen seien. Dabei sei der westliche Weg geprägt vom bürgerlichen Widerstand gegen den Absolutismus (deshalb auch im Englischen die Bezeichnung *civic*) oder gegen Kolonial- oder Fremdherrschaft.[8] Die Nationalstaatsbildung erfolge im »westlichen« Fall in der Regel in Form einer Revolution. In diesem Fall stimmten die Grenzen der so entstehenden Nationalstaaten mit den Grenzen von Vorläuferstaaten überein, während im »östlichen« (das heißt mittel- oder osteuropäischen) Fall diese Grenzen erst in blutigen Kriegen geschaffen werden mussten. Auch in die Konstruktion dieser Idealtypen sind (wie in Meineckes Gegenüberstellung von »Staats-« und »Kulturnation«) ideologische Prägungen eingegangen. So begreifen sich die Polen (wie viele andere osteuropäische Nationen, aber neben den Tschechen wohl mit der größten Berechtigung) keinesfalls als »nation of design«; auch die baltischen Staaten begreifen sich als *civic nations*. (vgl. auch in Kap. 3.4 Smith's Unterscheidung von »lateral-aristokratischer« und »vertikal-demotischer« Nationenbildung).

Nationalstaat und Nationalismus

Wenn oben innere und äußere Nationsbildung unterschieden wurden, so darf dies keineswegs so aufgefasst werden, als schaffe der Nationalismus den Nationalstaat. Vielmehr besteht zwischen beiden historischen Phänomenen eine Wechselwirkung. Einerseits erzeugte der Nationalismus als soziale Bewegung in vielen Fällen Nationalstaaten. Andererseits erzeugten (oder verstärkten mindestens) Staaten, die sich ab einem bestimmten historischen

8 Der Begriff »Fremdherrschaft« besitzt seinerseits bereits eine nationalistische Implikation. Im nationalistischen Sinne als »fremd« kann eine Herrschaft erst wahrgenommen werden, wenn die Idee der eigenen Nation bereits verbreitet ist (vgl. auch Koller 2005).

Zeitpunkt als Nationalstaaten definierten, den Nationalismus ihrer Bürger, um dadurch ihre politische Legitimation als Nationalstaaten zu erhöhen. Dies geschah vor allem mit Hilfe der Institutionen Schule und Armee, deren Bedeutung als Transmissionsriemen der inneren Nationsbildung kaum überschätzt werden kann. Nicht zufällig geht die Nationalstaatsbildung in den meisten Fällen einher mit der (häufig konfliktreichen) Erringung staatlicher Kontrolle über die Elementarschulen und andere Teile des Bildungswesens, die in der Vormoderne meist in den Händen des Klerus lag, und mit der Einführung der allgemeinen Wehrpflicht, die alle jungen Männer den sozialisatorischen Einflüssen des Nationalstaates unterwirft.

Faktoren der inneren Nationsbildung

Vor dem Hintergrund dieser allgemeinen Rahmenbedingungen muss jedoch für jeden historischen Fall neu analysiert werden, welche Komponenten der inneren Nationsbildung der äußeren vorangingen und welche ihr folgten. In Deutschland etwa war die sprachliche Vereinheitlichung (als eine wesentliche Komponente der inneren Nationsbildung) bereits weit fortgeschritten, als (1867 in Norddeutschland und 1871 unter Einschluss Süddeutschlands) unter preußischer Führung ein Nationalstaat gebildet wurde. In anderen europäischen Ländern (etwa in Frankreich oder Italien) lag die äußere Nationsbildung zeitlich vor der Durchsetzung einer einheitlichen Verkehrssprache (als »Nationalsprache«) – und das, obwohl es sich in Frankreich um die Umbildung eines bestehenden Territorialstaates in einen Nationalstaat handelte, in Italien hingegen um die Vereinigung mehrerer Territorialstaaten.

Zum Nationsbildungsprozess gehören nicht nur kulturelle Weichenstellungen wie die Durchsetzung einer »Nationalsprache«, die Schaffung einheitlicher Bildungsstandards oder einer nationalen politischen Öffentlichkeit. Obwohl häufig übersehen, ist daneben der Einfluss kaum zu überschätzen, den Institutionen und Infrastrukturmaßnahmen wie die Schaffung eines einheitlichen Wirtschaftsraums, eines nationalen Post- oder Eisenbahnsystems für die Nationsbildung haben (Weichlein 2004). Für den politisch nicht engagierten Staatsbürger wird seine Zugehörigkeit zu einer Nation vor allem über die Landessprache, über seinen Pass, über das Steuer- und Sozialsystem, die selbst in Zeiten zunehmender

Bedeutung supranationaler Institutionen wie der EU weiterhin national organisiert werden, über Verkehrssysteme und anderes spürbar.

Im Anschluss an die jüngere Nationalismustheorie vertreten wir die These, dass sich der Nationalismus in Europa bis zum Ersten Weltkrieg durchgesetzt hat. Mit dem Ausbruch des Krieges erlebten die europäischen Nationalismen im August 1914 ihren Lackmustest in der öffentlichen Begeisterung und der Unterstützung breiter Bevölkerungsgruppen für den Krieg. Im kollektiven Willen, für die Nation zu sterben, zeigte sich der Bezug auf die Nation als Höchst- und Letztwert. Den Nationalismus konnte »1914 niemand mehr ignorieren, und die meisten wunderten sich nicht einmal mehr darüber« (Gellner 1999: 78).

2. Der deutsche Nationalismus

Seit sich die überwiegende Mehrheit der deutschen Historiker nicht mehr als Propagandisten des deutschen Nationalismus versteht und die Geschichte der deutschen Nationsbildung nicht mehr als Heilsgeschichte schreibt, werden meistens zwei Arten von deutschem Nationalismus unterschieden. Eine frühe Form, die häufig als Patriotismus bezeichnet wird und von den Anfängen der deutschen Einigungsbestrebungen bis etwa zur Reichsgründung reichen soll, wird als progressiv, liberal und modernisierend einer späteren gegenübergestellt, die antidemokratisch, chauvinistisch, rassistisch und antimodern gewesen sei (vgl. grundlegend: Winkler 1978).

Otto Dann

In der meistgelesenen Überblicksdarstellung zum deutschen Nationalismus des 19. und 20. Jahrhunderts – Otto Danns Buch *Nation und Nationalismus in Deutschland* – reicht die Unterscheidung der zwei Nationalismen bis in die Begriffsdefinitionen hinein, die so den historischen Befund mitbestimmen: Der frühe Nationalismus wird dort »Patriotismus« genannt und als »ein gesellschaftlich-politisches Verhalten« verstanden, »bei dem nicht die eigenen oder Gruppeninteressen im Vordergrund stehen [...], sondern die Gesellschaft als Ganzes, der Staat, die Umwelt, d.h. in älteren Begriffen: das bonum commune (Gemeinwohl), das Wohl des Vaterlandes (patria)«. Entsprechend wird die moderne Nation so definiert, dass sie »alle Bewohner des nationalen Territoriums« umfasse, die alle »den gleichen Anspruch auf Menschen- und Bürgerrechte« hätten, auf dem Prinzip der Volkssouveränität basiere, allen anderen Völkern »ein gleiches Recht auf Existenz [...] und auf Selbstbestimmung« zugestehe. Dieses Modell steht in der Tradition westlich-liberaler Modernisierungstheorien und blendet sowohl die xenophoben als auch die imperialistischen Wesenszüge aus, die allen real existierenden Nationalismen eigen sind. So positiv die Definition des Patriotismus und der modernen Nationsidee ausfällt, so negativ ist die des »Nationalismus«, worunter Dann ein politisches Verhalten versteht, »das nicht von der Überzeugung der Gleichwertigkeit aller Menschen und Nationen getragen wird«, sondern diese »als minderwertig oder als Feinde einschätzt oder behandelt« (Dann 1996: 16–20; zum vormodernen Nationalbewusstsein: Herrmann u.a. 1996).

Liberal- versus Radikalnationalismus?

Nicht ganz so pointiert, aber mit derselben Tendenz trennt Wehler einen als »Emanzipationsideologie« charakterisierten frühen »Liberalnationalismus« von einem erst nach der Reichsgründung virulenten »Radikalnationalismus«, der die Nation, die zunächst als Kulturgemeinschaft verstanden worden sei, »ethnisch-rassistisch umdefiniert« habe in eine »Volksnation«. Während der »Liberalnationalismus« dafür plädiert habe, verschiedene Nationen könnten »friedlich-harmonisch miteinander kooperieren«, habe der »Radikalnationalismus« des Kaiserreichs aggressive Feindbilder über die Nachbarvölker, »giftigen rassistischen Antisemitismus« und »pangermanische Expansionsideen« popularisiert und die Assimilation nationaler Minderheiten forciert (Wehler 1987: 510f.; 1995: 954). Die wichtigsten Vertreter der Unterscheidung zwischen einem positiv zu bewertenden Patriotismus (Liberalnationalismus) und negativem (Radikal-) Nationalismus in Deutschland sind liberale Historiker, die von den Modernisierungstheorien der 1950er Jahre geprägt sind. Aber auch international einflussreiche Forscher, etwa Fritz Stern mit seiner breit rezipierten Studie über Lagarde, Langbehn und Moeller van den Bruck (Stern 1961), vertreten die Auffassung, dass der deutsche Nationalismus erst seit den 1880er Jahren völkisch, antisemitisch und antimodern geworden sei. Der Wehler-Schüler Jörg Echternkamp (Echternkamp 1998) übernimmt zwar den Begriff »Liberalnationalismus« (und sprachlich noch unschöner »die Liberalnationalen«), aber ohne die modernisierungstheoretischen Implikationen.

Dagegen behaupten wir, dass *jegliche* Form nationalistischen Denkens janusköpfig ist (vgl. Kap. 1). *Jeder Nationalismus* strebt neben politischer Emanzipation Machtzuwachs auf Kosten anderer Völker und Nationen an. Nationalistisches Denken geht *immer* von der Höherwertigkeit der eigenen Nation aus. Also war bereits die frühe deutsche Einigungsbewegung nationalistisch, und es gab immer einen (wenn auch unterschiedlich einflussreichen) »Radikalnationalismus«.

Voraussetzungen des deutschen Nationalismus

Geographische, politische und geistesgeschichtliche Besonderheiten führten dazu, dass die nationalistische Bewegung sich in Deutschland unter wesentlich anderen Voraussetzungen entwickelte als in West- oder Nordeuropa. Das Gebiet, das die deutschen Nationalisten einen wollten, war äußerst heterogen. Ältere regionale und lokale Gegensätze waren spätestens seit der Reformation und den aus ihr resultierenden anhaltenden Kriegen durch eine tiefe konfessionelle Spaltung überformt worden. Der neuzeitliche Staatsbildungsprozess hat im Deutschen Reich die Divergenzen noch verstärkt, bis die »Flurbereinigung« durch Napoleon zwar zahllose kleine Herrschaften aufhob, aber zugleich den Trend zu einer Mehrzahl »deutscher« Staaten verstärkte, indem lebensfähige Mittelstaaten mit vielfältigen Unterschieden und Interessengegensätzen geschaffen wurden. Die Auflösung der traditionalen, ständisch gegliederten Gesellschaftsstrukturen im Rahmen der napoleonischen Eroberungen führte darüber hinaus zu neuen, innergesellschaftlichen Spaltungen, die die Klassengesellschaft ankündigten. Wegen der vielfältigen Fragmentierung des alten Reichs waren seit dem Aufkommen der deutschen Nationalstaatsidee nicht nur die möglichen Grenzen eines Nationalstaats unklar und strittig, sondern auch die Religion entfiel als Bindemittel. Als einige Intellektuelle Ende des 18. Jahrhunderts versuchten, nach westlichem Vorbild über den einzelstaatlichen Patriotismus hinaus »deutsches« Nationalbewusstsein zu erziehen, empfanden sie die Sprache und die über sie vermittelte literarische und geistige Kultur als einzige Gemeinsamkeiten. Dieser archimedische Punkt, auf den sich der frühe deutsche Nationalismus stützte, war jedoch zugleich, wie gezeigt werden soll, der Ausgangspunkt einer ethnischen Fundierung der deutschen Nation (ähnlich Lepsius 1990: 246).

Zur Sonderentwicklung des deutschen Nationalismus trug außerdem bei, dass er das erste Mal breite Resonanz während der antinapoleonischen Kriege fand, also im Befreiungskampf gegen ein Land, auf das sich leicht die Schuld am Niedergang deutscher Größe projizieren ließ. Die napoleonische »Fremdherrschaft«, die sich das universalistische Programm der Französischen Revolution an die Fahnen geheftet hatte, verstärkte antiuniversalistische Tendenzen im deutschen Nationalbewusstsein. Deshalb wurde hier eher die prinzipielle Verschiedenheit der Völker betont. Die Annahme eines je eigenen »Nationalcharakters«, dem folgend jede Nation ihren spezifischen Weg zu Freiheit und Selbstbestimmung finden müsse und der gegen die Übernahme der politischen Ideen einer fremden Nation – etwa aus Frankreich – sprach, wurde zum Paradigma der deutschen nationalistischen Geschichtsteleologie.

Volkskult

Gerade die politische Linke empfand jedoch auch die nach den »Befreiungskriegen« auf dem Wiener Kongress 1815 geschaffenen gesamtdeutschen Institutionen, den Deutschen Bund und seine Organe, als eine neue Fremdherrschaft, deren Zentrum statt in Paris in Wien und letztlich in den einzelstaatlichen Hauptstädten der Reaktion gesehen wurde. Es gab in der deutschen Opposition, zumal nach dem Scheitern der preußischen Reformer, im Vergleich zu West- oder Nordeuropa extrem wenig Identifikation mit staatlichen Institutionen. Dieser Umstand verstärkte die Tendenz, das Volk zu einer authentischen Kraft, zur Inkarnation des »Deutschtums« (oder der »Deutschheit«) zu stilisieren, auf die sich eine Reorganisation des politischen Systems zu stützen habe. Dies führte zu einem mystifizierenden Volkskult und in Verbindung mit dem Strukturproblem, wo »Deutschland« enden sollte, zu einer unpolitischen, auf angeblich natürliche, ethnische Faktoren gestützten Form des Nationalismus.

Charakteristika des frühen Nationalismus

Wesentliche Komponenten dessen, was Wehler als »Radikalnationalismus« bezeichnet, gehörten bereits zum deutschen Nationalismus im 19. Jahrhundert. Die wichtigsten Komponenten waren:

1. das deutsche Volk oder die deutsche Nation als eine ethnische, auf gemeinsame Abstammung gegründete, natürliche Einheit zu begreifen,
2. Überlegenheitsgefühle gegenüber anderen Völkern,
3. weitreichende territoriale Ambitionen, die zu Kriegen mit den Nachbarstaaten führen mussten,
4. eine Umwertung des Nationalismus zur Ersatzreligion und
5. massive antifranzösische und – etwas weniger massive – antisemitische Ressentiments.

Diese nationalistischen Argumente vertraten nicht nur einige Außenseiter. Immer wenn im 19. Jahrhundert politische Öffentlichkeit gegeben war, trafen sie auf breite Resonanz. Zwar gab es in der bürgerlichen Linken immer auch eine, quantitativ allerdings weniger relevante kosmopolitische Strömung. Für die große Mehrheit der liberalen und demokratischen bürgerlichen Opposition im 19. Jahrhundert galt jedoch, dass sie eine »Wahlverwandtschaft« mit dem Nationalismus verband. Erst die Verbindung von Nationalismus und Liberalismus ermöglichte den durchschlagenden Erfolg beider Ideologien im 19. Jahrhundert (Echternkamp 1998: 490).

2.1 Die Entdeckung des Volks und die ethnische Neudefinition des Volksbegriffs um 1800

Der Begriff »Volk« bezeichnete in der politischen Sprache bis ins späte 18. Jahrhundert hinein die Unterschichten, wobei ein pejorativer Ton mitschwang. Danach werteten drei miteinander verschränkte Entwicklungen Volk zu einem emphatisch besetzten Terminus auf. Erstens entdeckten manche Aufklärer noch vor der Französischen Revolution die Bildung und Erziehung des einfachen Volks als Motor des politischen Fortschritts. So hoffte Rudolf Zacharias Becker, der Autor des erfolgreichsten Büchleins zur Volksaufklärung, »daß die wahre praktische Aufklärung [...] bei dem Landmanne zuerst Wurzeln fassen und sich von unten hinauf verbreiten« könne.[1] Die Romantiker machten aus dieser Relativierung des kulturellen Führungsanspruchs der Bildungsschichten ein Programm: Wahre Poesie war für sie nur bei unverbildeten Menschen zu finden – beim einfachen Volk und bei den Kindern. Sie bemühten sich um die Bewahrung der durch den Modernisierungs- und Zivilisationsprozess gefährdeten Volkssprache und -überlieferung und betrieben einen Kult des Natürlichen und Ursprünglichen, der ein ständiger Begleiter des Nationalismus wurde.

Die grundlegende Neudefinition des Volks- und Nationsbegriffs ist eine Leistung Herders. Seine Konzeption wurde nicht nur für den deutschen Sprachraum prägend, sondern wirkte weit darüber hinaus. Vor allem süd- und osteuropäische Nationalisten bezogen sich immer wieder auf Herder. Seine Theorie besagt, dass Poesie und Sprache ein Volk und eine Nation erst als spirituelle Gemeinschaft konstituieren, dass sie den Gleichklang innerer Werte erzeugen, der die Nation ausmache. Herder zufolge erwarb man die Volkszugehörigkeit mit der Muttersprache, also in einem frühen Stadium der individuellen Entwicklung. Vor dem Hintergrund der Gleichsetzung und Aufwertung von Ursprünglichkeit und Natürlichkeit wurde Volkszugehörigkeit damit zu einer quasinatürlichen positiven Eigenschaft, derer man sich kaum entäußern konnte. Einige Auszüge aus Herders Werken, in denen an verschiedenen Stellen seine Ideen zu Volk und Sprache entwickelt werden, sollen dies veranschaulichen:

»Die Natur hat Völker durch Sprache, Sitten, Gebräuche, oft durch Berge, Meere, Ströme und Wüsten getrennt. [...] Die Verschiedenheit der Sprachen, Sitten, Neigungen und Lebensweisen sollte ein Riegel gegen die anmaßende Verkettung der Völker, ein Damm gegen fremde Überschwemmungen werden: denn dem Haushalter der Welt war daran gelegen, daß zur Sicherheit des Ganzen jedes Volk und Geschlecht sein Gepräge, seinen Charakter erhielt. Völker sollten neben einander, nicht durch- und übereinander drückend wohnen. [...]

Wer in derselben Sprache erzogen ward, wer sein Herz in sie schütten, seine Seele in ihr ausdrücken lernte, der gehört zum Volk dieser Sprache. [...] Nicht der Schriftsteller gehöret zu diesem Publicum allein, sondern auch der mündliche Unterweiser, der Gesetzgeber, der Feldherr, der Redner, der Ordner. Mit-

1 Rudolf Zacharias Becker (1788), *Noth- und Hilfsbüchlein für Bauersleute*, zit. nach Koselleck u.a. 1992: 315. Hier weitere Hinweise zur Begriffsgeschichte.

telst der Sprache wird eine Nation erzogen und gebildet: mittelst der Sprache wird sie Ordnung- und Ehrliebend, folgsam, gesittet, umganglich, berühmt, fleißig und mächtig. Wer die Sprache seiner Nation verachtet, entehrt ihr edelstes Publicum; er wird ihres Geistes, ihres inneren und äußeren Ruhms, ihrer Erfindungen, ihrer feineren Sittlichkeit gefährlichster Mörder.«

(*Herder 1793–97: 235 f. und 287*)

»Nationalism! Das [dieses] Vorurteil ist gut, zu seiner Zeit: denn es macht glücklich. Es drängt Völker zu ihrem Mittelpunkte zusammen, macht sie fester auf ihrem Stamme, blühender in ihrer Art, brünstiger in ihren Neigungen und Zwecken. Die unwissendste, vorurteilendste Nation ist in solchem Betracht oft die erste: das Zeitalter fremder Wunschwanderungen und ausländischer Hoffnungsfahrten ist schon Krankheit, Blähung, ungesunde Fülle, Ahndung des Todes.«

(*Herder 1774: 36*)

Am Anfang steht Herder

Herder steht am Anfang einer folgenreichen Ontologisierung und Biologisierung und damit zugleich der Entpolitisierung des Volksbegriffs: Herder schrieb über Völker am liebsten in organologischen Metaphern, ließ sie »wie Gewächse« wachsen und schrieb ihnen menschliche Eigenschaften wie Gesinnung, Geist und Seele zu. Diese Bildsprache implizierte, dass die Abgrenzung von Völkern gegeneinander möglich, ja dass sie sogar notwendig sei für eine günstige Entwicklung des »Volkskörpers«. Die Natur habe die Völker durch Sprache, Sitten und Gebräuche getrennt. Die Vermischung von Völkern war seit Herder negativ konnotiert.[2]

Das Fremde als Feind

Die Abgrenzung von Völkern über ihre Sprache und damit, anders als in der Französischen und Amerikanischen Revolution, nicht über historische oder politische Kategorien (zum Beispiel territoriale Grenzen oder Staatsbürgerschaft) sowie die organologische Metaphorik führten schon bei Herder zu ethnischer Exklusion, zu einer negativen Bewertung der Völkermischung und zu einer Ablehnung des Fremden. Herders Ideal einer getrennten

2 Ähnlich Friedrich Schlegel, *Philosophische Vorlesungen* (1806): Es sei ein »Gebot der Natur«, dass die Menschen »streng abgesondert« als Nationen lebten. Die Ablehnung der »Vermischung mit fremdem Blut« findet sich bei zahlreichen nationalistischen Vordenkern, etwa in: Arndt 1813a oder Carl Rotteck, *Allgemeine Geschichte*, Freiburg 1812–26, Bd. 3, 121 f.

Entwicklung der Nationen stieß unter den deutschen Intellektuellen um 1800 auf große Resonanz. Der vielfache Appell nicht allein deutscher Nationalisten, die Völker gegeneinander abzuschotten, kann interpretiert werden als der Versuch, der zunehmenden Mobilität und sozialen Differenzierung, die zur Auflösung älterer Bindungen führte, durch neue Inklusionscodes entgegenzuwirken (Giesen 1991: 300). Im deutschen Sprachraum gab es, anders als in Westeuropa, keine Staatlichkeit, die in einen Nationalstaat umdefiniert werden konnte. Es existierten auch sonst keine massenwirksamen Identifikationsangebote (wie etwa eine Revolution), auf die etwa ein Verfassungspatriotismus sich hätte beziehen können. Deshalb mussten im deutschen Sprachraum wirksame Inklusionscodes fast zwangsläufig auf Sprache und Abstammung, also auf ethnischen Gemeinsamkeiten aufbauen.

Nationalismus als Religion

Auch die religiöse Aufladung der Nationalität, also der Beginn der Verwandlung des deutschen Nationalismus in eine moderne politische Religion, ist bereits bei Herder angelegt. Indem er das Wort Religion in seiner etymologischen Bedeutung nahm, stellte er fest: »Wer sich seiner Nation und seiner Sprache schämt, hat die Religion seines Volks, also das Band zerrissen, das ihn an die Nation knüpfet.« Diese Sichtweise lief ebenso auf Exklusion hinaus wie die Definition der Volkszugehörigkeit über die Muttersprache. Sie richtete sich tendenziell gegen Katholiken und Juden. Denn Herder fuhr fort: Wer sich mit dem Vaterland identifiziere, setze »das Werk Luthers« fort und fördere »Nationalreligion im engsten Sinne des Wortes« (Herder 1802: 47–49). Herders Zielvorstellung war eine deutsche Nationalkirche auf der Basis der Reformation. Wie durch ihre Sprachen sollten die Völker auch durch eine je eigene Religion separiert werden. Beide zusammen machten den »Nationalcharakter« aus.

Französische Einflüsse

Neben der Hinwendung von Wissenschaftlern und Intellektuellen zum Volk und neben der von Herder bewirkten »kopernikanischen Wende in der semantischen Entwicklung« (Koselleck u.a. 1992: 283; zum Folgenden ebd.: 316 ff.) hatte die Definition der Nation vom Volk her (als »le grand corps du peuple«) durch den Abbé Sieyès auch im deutschen Sprachraum großen Einfluss auf die Umwertung des Volksbegriffs. Anknüpfend an Rousseaus Naturrechtsinterpretation existierte für Sieyès das Volk *vor dem Staat* (Fehrenbach 1986: 92 f.). Diese kategoriale Scheidung von Staat und Volk wurde in die deutsche politische Theorie übernommen. Der Staat wurde nun als interessengeleiteter Zusammenschluss der Bewohner eines Territoriums angesehen, während das Volk zu einem quasi natürlichen Zusammenhang von Menschen gleicher Abstammung, Sprache und Wesensart wurde.[3] Aufgrund der unterschiedlichen historischen Voraussetzungen fehlte der französischen Definition der Nation im Unterschied zur deutschen jedoch immer, wie Elisabeth Fehrenbach geschrieben hat, »die Mystik der Sprache, des Volkes, der gemeinsamen Abstammung«. Im französischen Verständnis prägten »nicht die Sprach- und Abstammungsgemeinschaft, nicht das Volk im ethnischen Sinne, sondern der gemeinsame Staat und die Rechte der Bürger die Einheit der ›Nation‹«. Das heißt nicht, dass die französische Definition rational und die deutsche irrational oder der französische Nationalismus weniger aggressiv gewesen wäre als der deutsche. Der Unterschied beruht vielmehr auf einer grundsätzlich anderen Zugehörigkeitsdefinition (Fehrenbach 1986: 76; ebd.: 105 f. zum Nationalmystizismus Renans; Echternkamp 1998: 495; Hobsbawm 1996: 31). Mit dem deutschen Verständnis der Nationen als von Natur aus wesensverschiedene Einheiten wurde eine Biologisierung politischer Kategorien vollzogen, die nicht mehr weit von der Vorstellung rassischer Differenzen entfernt war. In künftigen zwischenstaatlichen Konflikten – allen voran den antinapoleonischen Kriegen – wurde diese neu entdeckte Differenz zugespitzt (Fichte 1807/08: 60 ff.).

Neue Bindungen jenseits der Religion

Aufgrund spezifischer historischer Bedingungen stellt der deutsche Sprachraum somit ein extremes Beispiel für einen allgemeinen Prozess dar, den der Soziologe Bernhard Giesen so beschrieben hat: Überall würden im Modernisierungsprozess mithilfe ursprungsmythologischer Konstruktionen »primordiale« (basale) Grundlagen der jeweiligen Nation entdeckt – als Gegengift gegen

3 Vgl. etwa Luden 1814; Johann Jakob Wagner, *System der Idealphilosophie* (1804), S. 110. Zur selben Zeit ging der Begriff »Rasse« ins kulturwissenschaftliche und politische Vokabular ein (vgl. Sommer/Conze 1984: 147 ff.).

die strukturelle Differenzierung und den Ansturm universalistischer Werte, gegen die Ausweitung sozialer Netzwerke und Abhängigkeiten. Gegen diesen modernen Differenzierungs- und Globalisierungsprozess müssten »Bilder der Einheit konstruiert und Grenzen errichtet werden«, die dem Modernisierungsprozess und der Wahl des Einzelnen entzogen sind (Giesen 1993: 29). Insbesondere die Romantiker hatten das Problem klar erkannt, dem modernen Menschen neue Bindungen (»religiones«) nach dem Verlust einer naiven christlichen Religiosität zu bieten, und sich nicht zuletzt deshalb der bereits von der deutschen Aufklärung begonnenen Suche nach dem Ursprünglichen, Unverfälschten gewidmet, das sie dann unter anderem im Volkstümlichen (etwa in Volksliedern oder Märchen) finden zu können meinten.

Den Rückzug in die von Aufklärung und Frühromantik geschaffenen Bastionen einer angeblich authentischen und unverbildeten Kultur des Volkes schlug 1797 Schiller vor, als sich die Niederlage des Reichs gegen den imperialen Ansturm des revolutionären Frankreich abzeichnete: »Die Majestät des Deutschen ruhte nie auf dem Haupt seiner Fürsten. Abgesondert von dem politischen hat der Deutsche sich einen eigenen Wert gegründet und wenn auch das Imperium unterginge, so bliebe die deutsche Würde unangefochten. Sie ist eine sittliche Größe, sie wohnt in der Kultur und im Charakter der Nation.«[4] Der »Wert des Deutschen« wurde damit gelöst vom politischen Verband des alten Reiches, der in der mit der Französischen Revolution eingeläuteten modernen Epoche dem Untergang geweiht war. An die Stelle der politischen Macht trat die sittlich-kulturelle, über die deutsche Sprache und die bäuerlich-bürgerliche Familie tradierte Größe.

Im Zuge der Unterscheidung von »linkem« und »rechtem«, »progressivem« und »antimodernem« Nationalismus werden vielfach geistesgeschichtliche Genealogien vom einen zur Aufklärung und vom anderen zur Romantik konstruiert. Die Aufklärung wird dabei zum Teil des Projekts der Modernisierung, die Romantik

4 Friedrich Schiller (1797), *Deutsche Größe*, in: ders, *Nationalausgabe*, Bd. 2/1, Weimar 1983, 431. Ähnlich bereits Herder 1787, zit. nach Koselleck u.a. 1992: 317: »Staaten können überwältigt werden, die Nation dauert.«

zur politisch reaktionären Gegenbewegung stilisiert. Anhand der Konstruktion der deutschen Nation zeigen sich hingegen eher Gemeinsamkeiten zwischen beiden Denkrichtungen: Die Romantiker führten das aufklärerische Projekt einer »Nobilitierung« (Schönemann) des Volkes fort, womit auch die Behauptung eines schroffen Gegensatzes zwischen Aufklärung und Romantik als Teil der modernisierungstheoretischen Polarisierung in progressiv und reaktionär und ihrer normativen Bewertung als »gut« und »böse« erscheint.

Um 1800 entstand eine deutsche nationalistische Ideologie, die sich von der in West- und Nordeuropa grundsätzlich unterschied und teilweise bewusst abgrenzte. Diese besondere Entwicklung ist jedoch nicht das Verdienst (oder Versagen) einzelner Personen oder bestimmter Gruppen, sondern die Folge struktureller Bedingungen und historisch-politischer Konstellationen. Viele Ideen Herders und der Romantiker wurden zudem vom späteren nationalistischen Diskurs in einer Weise politisiert, die ihren Intentionen widersprach.

2.2 Die Anfänge eines organisierten Nationalismus bis in die 1820er Jahre

Nach den Niederlagen gegen Napoleon und dem Ende des Alten Reichs entstand seit 1808 ein organisierter deutscher Nationalismus. Die deutsche Einigungsbewegung basierte stets auf zwei Typen nationalistischer Vereinigungen. Auf der organisatorischen Ebene sind genuin politische Vereinigungen von »kryptopolitischen«[5] Geselligkeitsorganisationen zu unterscheiden. Die Entwicklung beider Organisationstypen war eng miteinander verbunden, sie werden daher im Folgenden stets im Bezug zueinander betrachtet. Der Prototyp nationalistischer Organisierung war bis 1914 nicht die Partei, sondern der öffentlich arbeitende Verein bzw. nach 1871

5 Düding (1993: 72) erwog, diesen Terminus einzuführen, gebrauchte ihn aber nicht systematisch. Im Anschluss an seine Überlegung wird er im Folgenden zur Strukturierung des nationalistischen Vereinswesens verwendet.

der Verband. Zur wichtigsten öffentlichen Ausdrucksform des organisierten Nationalismus wurde neben verschiedensten Zeitungen und Publikationen das Nationalfest.

Burschenschaften und Turner als Träger

Der organisierte Nationalismus gewann die ersten Anhänger unter Intellektuellen und erfasste dann Teile der Studentenschaft, die sich in den seit Beginn des 19. Jahrhunderts entstehenden Burschenschaften neue, erstmals explizit nationalistische Organisationen schuf. In den zu »Volkskriegen« (Arndt 1813a) stilisierten Kämpfen gegen Napoleon und durch die von Friedrich Jahn initiierte (kryptopolitische) Turnerbewegung fand der organisierte Nationalismus schnell größere Anhängerschaft. Die Gründung der ersten Burschenschaft datiert auf das Jahr 1815. In Jena schlossen sich im Juni 150 nationalistische Studenten zusammen. Bis 1818 organisierten sich in 14 deutschsprachigen Universitätsstädten bis zu 4.000 Burschenschaftler, die sich im Oktober des Jahres in der »Allgemeinen Deutschen Burschenschaft« (ADB) zusammenschlossen. Parallel stieg die Mitgliederzahl des 1811 von Jahn gegründeten Berliner Turnvereins bis 1815 auf 778 Mitglieder. Der Turnverein diente einerseits dem Ziel der nationalistischen Willensbildung, andererseits der paramilitärischen Ausbildung. Explosionsartig breiteten sich bis 1818 Turnvereine in 150 Städten aus, in denen sich 12.000 Aktive organisierten. Turner und Burschenschafter waren personell eng miteinander verbunden. Beide Organisationen rekrutierten ihre Anhänger aus dem jugendlichen bildungsbürgerlichen Milieu und hatten ihre organisatorischen Zentren in Preußen (Düding 1993: 71 ff.; Echternkamp 1998: 353 ff.). Im Oktober 1817 trafen erstmals organisierte Nationalisten zu einem überregionalen Fest auf der Wartburg bei Eisenach zusammen. Das nationalistische Fest mit seiner symbolischen Inszenierung der Nation avancierte angesichts des Verbots nichtstaatlicher politischer Versammlungen zur Ersatzform. Die Nationalisten richteten sich offen gegen die bestehende Ordnung. Doch die Monarchie reagierte. Auf Initiative Metternichs verfügte der Bundestag 1819 mit den Karlsbader Beschlüssen eine verschärfte Zensur und das Verbot der Turnvereine und Burschenschaften. Damit kam der organisierte Nationalismus nach wenigen Jahren zu seinem vorläufigen Ende.

Die sozialgeschichtlichen Ursachen dafür, dass die Nation seit Anfang des 19. Jahrhunderts zu einer attraktiven Vorstellung, ja zu einem Erlebnis wurde, das sich in Festen, Vereinen, in der Mode oder Haartracht manifestierte, können hier nur angedeutet werden. Neben dem Einfluss der Französischen Revolution und der antinapoleonischen Kriege zählen zu den wesentlichen Gründen für die Ausbreitung nationalistischen Denkens: 1. die Entstehung einer bildungsbürgerlichen Funktionselite, die keinen festen Platz mehr in der ständischen Ordnung fand, 2. die Herausbildung eines literarischen Marktes und neuer gesellschaftlicher Organisationen und Kommunikationsnetze sowie 3. der geschichtsphilosophische Fortschrittsgedanke (vgl. Echternkamp 1998: 42 ff., 483 ff. und 493 ff.). Fünf Männer gaben die wichtigsten Impulse für den frühen deutschen Nationalismus: Neben dem »Turnvater« Jahn waren dies Ernst Moritz Arndt, Johann Gottlieb Fichte, Friedrich Daniel Schleiermacher und Heinrich Luden (Düding 1983: 22 ff.). Ihre Ideen wurden in der Zeit der antinapoleonischen Kriege und in den folgenden Jahren nicht nur in der intellektuellen Elite, sondern auch in Teilen des wachsenden Bürgertums begeistert aufgenommen. In ihren Reden und Publikationen radikalisierten sie den deutschen Nationalismus in Anknüpfung an aufklärerische und romantische Ideen.

Arndt und Luden als Vordenker

Arndt war vor allem für die weitere Biologisierung politischer Kategorien verantwortlich. Denn für ihn stand nicht mehr das politisch Realisierbare im Vordergrund, sondern das angeblich Natürliche – so etwa wenn es um die heikle Frage der Grenzen »Deutschlands« ging: »Die einzige giltige Naturgrenze [eines Volkes] macht die Sprache« (Arndt 1813b: 148). Mit dieser Setzung wandte sich Arndt gegen die von französischer Seite ebenfalls mit dem Argument der Natürlichkeit propagierte geomorphologische Grenzziehung. Neben Arndt war der Historiker Heinrich Luden der am stärksten von den Burschenschaften verehrte Intellektuelle. Luden forderte, dass Volks- und Staatsgrenzen übereinstimmen müssten. Nur ein Staat, der diese Bedingung erfüllte, konnte für Luden ein »Vaterland« sein. Als warnendes Gegenbeispiel verwies er auf die Juden: Sie müssten sich, weil sie »sich nicht zum Staat verbunden« hätten, »elend und gebückt durch die Welt drücken, ohne Ansehen, ohne Ehre, ohne Würde, dem Übermütigen zum Hohne, dem Leichtsinnigen zum Spotte, und dem Verständigen zu Mitleide und Erbarmen« (zitiert nach Kluckhohn 1934: 174 f. und 178; vgl. Düding 1983: 162 ff.). Waren Ludens Ausführungen noch nicht antisemitisch, wenn sie auch die Juden als bemitleidenswert stigmatisierten, so führte bei anderen Wortführern des Nationalismus wie Arndt oder Fries (vgl. Quelle im Internet) die ethnische Definition des Deutschseins nicht nur zu Franzosenhass, sondern auch zu manifester Judenfeindschaft. Zusammen mit den Juden wurden kosmopolitische Intellektuelle, die dem nationalistischen Trend nicht folgen wollten, aus der Gemeinschaft der guten Deutschen ausgeschlossen.

Dass der Antisemitismus bereits im frühen 19. Jahrhundert in der nationalistischen Bewegung verbreitet war, zeigte sich auch im Widerstand gegen Emanzipationsgesetze. Nicht eine »progressive« Bewegung von unten führte zur rechtlichen Besserstellung der Juden, sondern die Bürokratien setzten die Emanzipation durch, und gerade nationalistische Liberale in den Landtagen opponierten häufig dagegen. Dabei argumentierten sie mit der Idee ethnischer Reinheit. Emanzipation sollte nur gewährt werden bei vollständiger Assimilation, wozu der Übertritt zum Christentum gehörte. Vor dem Hintergrund der Idee, ein Nationalstaat müsse ethnisch und religiös homogen sein, forderten führende Nationalisten, etwa der wegen seiner Beteiligung am Wartburgfest (1817) suspendierte Philosoph Jakob Friedrich Fries, bereits die Ausweisung der nicht assimilationswilligen Juden (Fries 1816: 248 und 260). Beileibe nicht alle deutschen Nationalisten waren Antisemiten, aber die ethnische Fundierung der Nation führte – konsequent zu Ende gedacht – zum Antisemitismus.

Immer häufiger wurde seit den 1810er Jahren die gemeinsame Sprache als »Zeugnis der gemeinschaftlichen Abstammung« begriffen, die Abstammung moderner Völker bis zu Stämmen in grauer Vorzeit zurück verlängert und Volkszugehörigkeit als vererbte Eigenschaft verstanden. Der rheinische Katholik Joseph Görres etwa nannte 1814 acht gleichberechtigte europäische »Hauptgeschlechter« oder »Stämme«: »der Slavische, der Griechischthrakische, jener der Magyaren, der Deutsche mit allen seinen Verzweigungen, der Bretonische, der Gallische, der Hispanische und der Italische«. Sie seien »im Wesen« miteinander unvereinbar, so dass sie auch »nicht zusammenfließen wollen«. Jeder dieser »großen Völkerstämme« habe das Recht auf Einheit und Unteilbarkeit. Aus jedem Absatz seines Textes klingt eine körperliche Sicht auf die Völker, die Biologisierung der politischen Sprache.[6]

Jahns Volkstumsbegriff

Der von Friedrich Ludwig Jahn eingeführte Begriff des »Volksthums«, der die spezifischen Eigenheiten einer Nation bezeichnen sollte, setzte sich im frühen 19. Jahrhundert schnell durch. Die Betonung der Einheitlichkeit aller Mitglieder eines Volkes und die Zuschreibung von Charaktereigenschaften basierten auf einem Dogma der deutschen idealistischen Philosophie: der Parallelisierung von Onto- und Phylogenese, also der Entwicklung von Individuen und Völkern. Das individualisierte Kollektiv »Volk« wurde dabei sehr konkret körperlich gedacht. Wie im menschlichen Körper habe jedes Organ eine spezifische Funktion zu erfüllen. Zugleich existiere aber eine »natürliche« Hierarchie der Körperteile. Diese Metaphorik hatte weitreichende politische Implikationen: Die Menschen sollten die Erfüllung ihrer individuellen Wünsche und Bedürfnisse zurückstellen zugunsten der Nation, die zu einer höheren Form der Individualität stilisiert und den Angehörigen der Nation als Ersatzidentität angeboten wurde. So ließ sich sowohl politische Ungleichheit legitimieren als auch die Nicht-Austragung innergesellschaftlicher Konflikte postulieren.

Schließlich wurden mit der Individualisierung der Völker die körperlichen Wahrnehmungen »innen« und »außen« auf den nationalen Freund-Feind-Gegensatz projiziert. Deutlich wird dies wiederum bei Arndt, der sich bereits 1813 der Blutmetaphorik bediente, um die Körperlichkeit des nationalistischen Volksbegriffes zu unterstreichen: In einem seiner nationalistischen Aufrufe heißt es: »Fühlet die heiligen und unzerreißlichen Bande desselben Blutes, derselben Sprache, derselben Sitten [...], welche die Fremden haben zerreißen wollen.« (Arndt 1807: 141)

6 Joseph v. Görres (1814), *Die Verhältnisse der Rheinländer zu Frankreich.* Zur Tradition und zu den ideengeschichtlichen Implikationen des Rekurses auf die »germanische Natur« der Deutschen vgl. Echternkamp 1998: 318 ff.

Fichte: Die Deutschen als Urvolk

Zwei neue Elemente machten in Verbindung mit den Kriegen gegen Frankreich den Nationalismus seit 1800 aggressiver und massenwirksamer. Erstens wurde immer häufiger die Überlegenheit der Deutschen über andere Nationen behauptet und daraus eine kulturelle Mission abgeleitet. Neben zahllosen Appellen von Arndt, Jahn, Luden und anderen gilt dies auch für zwei philosophische Ideologeme, nämlich Fichtes Charakterisierung der Deutschen in seinen einflussreichen »Reden an die deutsche Nation« als »Urvolk«, also als wenig zivilisiert und kaum durch fremde Einflüsse verdorben[7], und Hegels Prognose, die kommende weltgeschichtliche Epoche sei die der germanischen Völker (*Rechtsphilosophie*, Frankfurt/M. 1970, §§ 346 ff.). Auch wenn sie später häufig überinterpretiert wurden, ist die nationalistische Grundtendenz beider Ideologeme nicht zu bestreiten. Beide sollten die Überlegenheit und besondere Mission der eigenen Nation in Abgrenzung von anderen begründen. Wenn Fichte etwa erklärte, »nur der Deutsche – der ursprüngliche und nicht in einer willkürlichen Satzung erstorbene Mensch«, habe »wahrhaft ein Volk«, nur er sei »der eigentlichen [...] Liebe zu seiner Nation fähig«, so wurde damit die eigene Nation aus allen anderen als vorbildlich herausgehoben (Fichte 1807/08: 104 und 127).

Religiöse Aufladung des Nationalismus

Das zweite, neue Moment, das den Mobilisierungsschub des Nationalismus erhöhte, war seine religiöse Aufladung, die einer von vielen Intellektuellen der Zeit befürchteten Säkularisierung entgegenwirken sollte. Zur Nationalstaatsgründung gehörte nach Ansicht der nationalistischen Vordenker eine Überwindung der Konfessionsspaltung, die als eine der Hauptursachen für die verlorene deutsche Einheit und Macht angesehen wurde, durch eine »freigläubige, einige Deutsche Kirche« (Jahn). Auch wenn

---

7 Luden etwa unterschied in Anlehnung an Fichte die Deutschen als »Urvolk« von den Franzosen als »Mangvolk« – da durch Völkermischung, die negativ konnotiert war, entstanden (zit. nach Kluckhohn 1934: 174). Etwas drastischer formulierte es Arndt: »Die Deutschen sind nicht durch fremde Völker verbastardet, sie sind keine Mischlinge geworden, sie sind mehr als viele andere Völker in ihrer angeborenen Reinheit geblieben [...]; die glücklichen Deutschen sind ein ursprüngliches Volk« (zitiert nach ebd.: 136; ähnlich Arndt 1813a).

die religiöse Aufladung des Nationalismus also integrativ wirken sollte, sind antikatholische wie antisemitische Züge von Anfang an unübersehbar. Dass beide Religionsgemeinschaften mit ähnlichen Argumenten zu Gegnern der nationalkirchlichen und nationalstaatlichen Einigung erklärt wurden, hat die Forschung bisher kaum beachtet. Katholiken wie Juden, aber auch allen kosmopolitisch Denkenden wurde – wie 50 Jahre später der Sozialdemokratie – ihre angebliche Orientierung an transnationalen Instanzen vorgeworfen. In nationalistischer Perspektive war jedoch der Nationalstaat das vollkommene Kollektiv, und jeder Versuch, über ihn hinauszugreifen, gefährdete nicht nur dessen politische Autonomie, sondern auch die durch ihn garantierten Freiheiten (Giesen 1993: 227 f.).

Die religiöse Aufladung des Nationalismus zeigt sich exemplarisch in seinem Liedgut. So bezeichnete Theodor Körner den Krieg gegen Napoleon als »Kreuzzug« oder »Heiligen Krieg« (Düding 1983: 107). Seine Lieder wurden ebenso wie Strophen von Arndt und anderen Nationalisten, die sich zur Popularisierung ihrer Ideen häufig der Liedform bedienten, von der Sänger- und Turnerbewegung angenommen und bei zahlreichen Anlässen öffentlich vorgetragen. Auch in den Ritualen des frühen Nationalismus – etwa Gedenkfeiern für die sogenannte »Völkerschlacht« oder Turnfeste – ist die Übernahme religiöser Formen unverkennbar. Neben christlichen Überlieferungen wurden bei diesen Ritualen vermeintlich germanische Traditionen der Naturverehrung aufgenommen. Man traf sich im Freien, vorzugsweise bei großen Bäumen und bekränzte sich mit Eichenlaub. Der Ablauf der Feiern war von großem Gesangsenthusiasmus geprägt, wobei sich protestantische Kirchenlieder und nationalistische Hymnen abwechselten. An Gottesdienste erinnerten die predigthafte Ansprache durch ein herausragendes Mitglied der Bewegung und der Wechsel zwischen einem Vorredner, der sich mit kurzen Aufrufen an die Versammelten wandte, und der Gemeinde, die mit ritualisierten Formeln im Chor antwortete (ebd.: 92 f. und 111 ff.; Mosse 1993: 154 ff.). Populäre nationalistische Texte lehnten sich an religiöse Vorbilder an und waren oft wie ein Katechismus aufgebaut.

Follen: Demokratie und Nationalismus

Nicht nur von der insgesamt eher unpolitischen Hauptströmung im Nationalismus der 1810er Jahre wurde die Nation als natürlich gewachsene ethnisch-religiöse Wertegemeinschaft verstanden. Dasselbe galt für die stärker politische Minderheitsströmung, wie die *Grundzüge für eine künftige deutsche Reichsverfassung* des radikalen Burschenschafters Karl Follen von 1819 zeigen. Paragraph 1 definierte die Nation: »Deutsche sind ein Volk, d.h. mit gleichen Anlagen des Geistes und des Leibes begabte Menschen [...]; zum deutschen Volk gehören auch Schweizer, Elsässer, Friesen etc.« Follens Verfassung stellte das Volk in seinem der deutschen Sprache eigentümlichen Doppelsinn, als *demos* und *ethnos*, in den Mittelpunkt seiner Verfassung. Sie war sowohl radikal demokratisch als auch radikal nationalistisch. Ihre Realisierung hätte nicht nur eine Revolution in den Staaten des Deutschen Bundes erfordert, sondern ebenso die Auflösung mehrerer Nachbarstaaten oder die kriegerische Herauslösung der von Deutschen bewohnten Territorien. Zugleich war für den Radikalen Follen wie für die konservative Berliner »Christlich-Teutsche Tischgesellschaft« selbstverständlich, dass der deutsche Nationalstaat auf christlicher Grundlage errichtet werden musste. Das Wahlrecht wollte Follen an den »Mitgenuß des hl. Abendmahl[s]« binden, und in Paragraph 10 hieß es über die vorgesehene Staatskirche: »Die einzelnen Glaubenssekten lösen sich in eine christlich-deutsche Kirche auf; andere Glaubenslehren, welche den Zwecken der Menschheit zuwider sind, wie die jüdische [...], werden in dem Reiche nicht geduldet« (Quellen zum politischen Denken III, 1979: 121 ff.).

Nur eine *politische* Definition der Nation, also die Erklärung aller im Staatsgebiet lebenden Menschen unabhängig von Sprache, Religion oder Abstammung zu gleichberechtigten Bürgern, konnte vor den Weiterungen der ethnischen Reinheitsvorstellungen bewahren. Im nationalistischen Diskurs, der seit den antinapoleonischen Kriegen nicht nur die gesellschaftlichen Eliten erfasst hatte, sondern über die Turner- und Sängerbewegung in die Mitte der bürgerlichen Gesellschaft vordrang, schaukelten sich »die Demokratisierung des ehedem ständestaatlichen Volksbegriffs und die Politisierung des ehedem vorstaatlichen Nationsbegriffs«[8] gegenseitig hoch.

8 Koselleck u.a. 1992: 388. Dort wird dieses Phänomen allerdings in die 1860er Jahre verlegt, also um 50 Jahre zu spät.

2.3 Radikalisierung und Differenzierung der nationalistischen Bewegungen im Vormärz und 1848/49

Die 30 Jahre zwischen Wiener Kongress und Revolution sind nach der Enttäuschung der Nationalisten darüber, dass die Fürsten die deutsche Einigung nicht voranbrachten und ihre Freiheitsversprechen großenteils brachen, von einer Radikalisierung der Opposition gekennzeichnet. Nach der Phase breiter Politisierung und Organisierung wurde jedoch seit den Karlsbader Beschlüssen von 1819 die politische Öffentlichkeit zunehmend eingeschränkt. Erst ein Jahrzehnt später trat der organisierte Nationalismus in Folge der Julirevolution in Frankreich 1830 wieder deutlich wahrnehmbar an die Öffentlichkeit.

Wiederbelebung des Nationalismus seit 1830

Bereits während der Restaurationsphase kam es im Kontext der nationalen Unabhängigkeitsbestrebungen Griechenlands und Polens in drei Wellen 1821, 1826 und 1830/31 zur Gründung deutscher Hilfskomitees. Die ad hoc gegründeten Vereine belebten die nationalistische Diskussion. Viele Mitglieder der Polenvereine beteiligten sich Anfang 1832 an der Gründung des »Preß- und Vaterlandsvereins«, der mit 5.000 Mitgliedern größten explizit politischen Vereinigung des organisierten Nationalismus im Vormärz. Das primäre Vereinsziel, den Kampf für die Pressefreiheit, verband der Preß- und Vaterlandsverein mit deutlich nationalistischen Forderungen. Die nationalistische Ausrichtung des Vereins trat auf dem von diesem im Mai 1832 organisierten Hambacher Fest, dem mit etwa 25.000 Teilnehmern größten nationalen Fest vor der Revolution, deutlich in den Reden und im Festzug hervor. Die staatliche Reaktion folgte abermals umgehend. Der Verein wurde verboten, seine Mitglieder verfolgt (Echternkamp 1998: 412 ff.).

Vor dem Hintergrund anhaltender Verfolgung erlangten mit den seit Anfang der 1830er Jahre expandierenden Männergesangsvereinen und den Anfang der 1840er wieder belebten Turnvereinen kryptopolitische Organisationen erhebliche Bedeutung. Die nationalistische Organisierung blieb unter dem Deckmantel der Geselligkeit von unmittelbarer Repression verschont. Die knapp

300 Turnvereine organisierten am Vorabend der Revolution 80.000 bis 90.000 Personen. In über 1.100 Männergesangsvereinen schlossen sich mehr als 100.000 Sänger zusammen. Der organisatorische Schwerpunkt lag nun in den südwestlichen Staaten. Überregionale Nationalfeste blieben auch in den 1840er Jahren die wichtigste öffentliche Ausdrucksform der Nationalisten (Düding 1983: 180 ff.; 225 ff.).

1848/49: Die Nationalisierung der Gesellschaft

Die Revolutionen 1848/49 trafen die organisierten Nationalisten weitgehend unvorbereitet. In den Kämpfen des März 1848 dominierten die von sozialem Protest getriebenen unterbürgerlichen Schichten. Der revolutionäre Protest schuf aber die Räume für eine neue Entwicklung im Vereinswesen. Deutlich erkennbar ist der plötzliche Bedeutungsverlust der kryptopolitischen Vereine. Mit der Aufhebung des Vereinsrechts in der Revolution und der Möglichkeit zum ungehinderten politischen Zusammenschluss erlebten neu entstehende politische Vereinigungen einen kurzen, aber fundamentalen Bedeutungszuwachs. Bis zu 1,5 Millionen Männer organisierten sich in der Revolution im außerösterreichischen Bundesgebiet in politischen Vereinen der Demokraten und Liberalen. Im Gegensatz zu den preußisch-patriotischen Konservativen überlebten aber weder liberale noch demokratische Vereinigungen die 1849 einsetzende Reaktion (Biefang 1994: 31 ff.).

Die Rheinkrise 1840 und vor allem die Revolution 1848 führten zur Wiederaufnahme eines breiten, gesamtdeutschen nationalpolitischen Diskurses. Seine wesentlichen Züge werden anhand der Debatten in der ersten demokratisch gewählten Vertretung des deutschen Volks, der in der Frankfurter Paulskirche tagenden Deutschen Nationalversammlung, skizziert (vgl. Wollstein 1977). Dass ihr mit Arndt und Jahn die beiden noch lebenden Ideologen des frühen Nationalismus angehörten und zahlreiche Abgeordnete Burschenschafter waren, belegt die Kontinuität zur Bewegung der 1810er Jahre. Anders als in der aus Polen- und Griechenbegeisterung stärker kosmopolitischen Bewegung von 1830 war nach der Eskalation der deutsch-französischen Gegensätze in der Rheinkrise der 1840er Jahre in der Paulskirche, wie der Abgeordnete Wurm festgestellt hat, nicht »Freiheit«, sondern »Gott sei Dank, die Nationalität das vorwaltende Prinzip« (Stenogr. Bericht 1848–49: 1111).

Bestimmung der deutschen Grenzen

Die in den Paulskirchendebatten über die Grenzen des künftigen Nationalstaats vorgebrachten Argumente sind äußerst widersprüchlich. Sie verband vor allem das Bestreben, das künftige Reich so zu gestalten, dass es zu der in Mitteleuropa dominanten Macht und – wie man auch bereits sagte – zur Weltmacht wurde. Breite Einigkeit bestand dahingehend, dass dem künftigen Nationalstaat das gesamte Territorium des Deutschen Bundes sowie Schleswig, Ost- und Westpreußen und der größte Teil der Provinz Posen angehören sollten. Durch die Attraktivität einer freiheitlichen Verfassung und wirtschaftliche Prosperität sollte dieses Kerngebiet allmählich wie ein Magnet weitere Territorien, in denen »Deutsche« wohnten, anziehen. Gedacht wurde dabei an das Elsass, die Niederlande, die deutschsprachigen Kantone der Schweiz und die russischen Ostseeprovinzen. Durch die Schaffung einer starken Flotte sollten außerdem weltweit Kolonien erobert werden. Die große Mehrheit in der Paulskirche wünschte, abgesehen von England, Skandinavien und der iberischen Halbinsel, in Europa nur drei Großstaaten: Frankreich, Deutschland und Russland, die zugleich die drei großen Völker der Romanen, Germanen und Slawen verkörpern würden (Wollstein 1977: 325 f.).

Um dieses weitgesteckte Ziel zu erreichen, argumentierten die Abgeordneten opportunistisch: Territorien, in denen es keine deutschsprachige Bevölkerungsmehrheit gab, wie Böhmen und Mähren, Triest und der Süden Tirols, wurden mit dem Argument historisch gewachsener Zugehörigkeit zum Deutschen Bund für den künftigen Nationalstaat reklamiert. Der österreichische Demokrat Franz Schuselka betonte: »Wir müssen auf dem Standpunkt der Territorialpolitik stehen, denn ein großes Volk braucht Raum, um seinen Weltberuf zu erfüllen« (Stenogr. Bericht 1848–49: 1160). Während die breite Mehrheit einerseits historisch-territorial argumentierte, so beanspruchte sie andererseits mit ethnischen Argumenten die preußischen Ostprovinzen und Schleswig, die nicht zum Deutschen Bund gehörten und mehrheitlich von Polen bzw. Dänen bewohnt wurden. Nur die radikale Linke vertrat einen politischen Nationsbegriff, demzufolge strittige Gebiete in freier Selbstbestimmung über die Staatszugehörigkeit abstimmen sollten.

Besonders klar prallten die Gegensätze in der berühmten Polendebatte in der Paulskirche am 24. bis 27. Juli 1848 aufeinander. Nur eine kleine Minderheit der Deutschen Nationalversammlung ging von der Idee friedlicher Kooperation der Nationen aus, die in der Historiographie dem frühen, liberalen Nationalismus zugeschrieben wird. Die Minderheit, die eine friedliche Zusammenarbeit der Nationen für möglich hielt, unterlag mit 31 gegen 342 Stimmen der antagonistischen Strömung, die Kriege zur Lösung der nationalen Interessengegensätze für unvermeidlich hielt. Zwei Auszüge aus den Protokollen der Polendebatte enthalten die zentralen Argumente der kooperativen Richtung, für die Robert Blum steht, und der antagonistischen Nationalisten, deren wichtigster Redner Wilhelm Jordan war:

»*Robert Blum*: [...] Wir haben wahrscheinlich wichtigere Beschlüsse gefaßt, als der heutige ist, [...] aber wir werden schwerlich irgend einen fassen, bei dem die Gerechtigkeit so laut und so gewaltig an unser Herz schlägt mit ihren Anforderungen, und bei der möglicherweise ein Zwiespalt entsteht, zwischen den Forderungen der Gerechtigkeit und denjenigen, die das Nationalgefühl macht. [...] Ich will nur fragen, wenn wir hier Angelegenheiten der europäischen Politik [...] entscheiden, nach welchem Principe handeln Sie denn da? Ist es die territoriale Auffassung der Dinge, die Sie bestimmt, wie das z.B. hinsichtlich Schleswig-Holstein's, der Slaven [in Böhmen], Triest's der Fall gewesen zu sein scheint? [...] Oder ist es der National-Gesichtspunkt, der Sie leitet? – Nun, dann sein Sie auf der andern Seite so gerecht, und wenn Sie Posen durchschneiden, um die [dort lebenden] Deutschen zu reclamiren, so schneiden Sie auch Schleswig durch [...] und trennen Sie auch Südtyrol von Deutschland. [...]

Wilhelm Jordan: [...] Ich sage, die Politik, die uns zuruft: gebt Polen frei, es koste, was es wolle, ist eine kurzsichtige, ein selbstvergessene Politik, eine Politik der Schwäche, eine Politik der Furcht, eine Politik der Feigheit. Es ist hohe Zeit für uns, endlich einmal zu erwachen, aus jener träumerischen Selbstvergessenheit, in der wir schwärmten für alle möglichen Nationalitäten [...], zu erwachen zu einem gesunden Volksegoismus, um das Wort einmal gerade heraus zu sagen, welcher die Wohlfahrt und Ehre des Vaterlandes in allen Fragen oben an stellt. [...] dieser Volksegoismus, ohne den ein Volk niemals eine Nation werden kann. [...] Denn, aufrichtig gesagt, mir kommen die Satzungen des principiellen Rechts nirgends erbärmlicher vor, als wo sie sich anmaßen, das Schicksal der Nation zu bestimmen. Mit ihrer Hilfe den Völkern ihre Bahnen vorzuschreiben, das heißt, Spinnengewebe ausspannen, um darin Adler zu fangen. (*Unruhe auf der linken Seite.*) Nein, ich gebe es ohne Winkelzüge zu: Unser Recht ist kein anderes, als das Recht des Stärkeren, das Recht der Eroberung.«

(Stenogr. Bericht 1848–49: 1141 f., 1145 f. (aus einer sehr langen Rede); 1160 (vgl. weitere Auszüge im Internet)

Die deutschlandpolitischen Debatten der Paulskirche verdeutlichen auch die Unvereinbarkeit verschiedener Elemente des ethnisch fundierten deutschen Nationalismus. Am auffälligsten war der Widerspruch zwischen den Zielen der ethnischen Homogenität und der Integration aller deutschsprachigen Gebiete. Wollte man die Formel aus Arndts berühmtem Lied, das 1848 zur inoffiziellen Nationalhymne wurde, verwirklichen und Deutschland einen, »soweit die deutsche Zunge klingt« (Wollstein 1977: 316), so schloss ein solches großdeutsches Reich Millionen anderssprachige Untertanen ein. Nationaldemokraten wie der Württemberger Moriz Mohl benutzten zur Auflösung dieses Widerspruchs das hegelianische Argument vom Vorrecht der großen Völker, dessen sich in der Revolutionszeit auch Karl Marx und Friedrich Engels bedienten. Die Minderheiten, die dem großdeutschen Nationalstaat angehören würden, seien nur »zerbröckelte kleine Nationalitäten« (Stenogr. Bericht 1848–49: 4621). Sie sollten assimiliert werden.

Politischer Nationalismus

Exemplarisch lässt sich die Differenz zwischen der Minderheit, die die Nation politisch, und der Mehrheit, die sie ethnisch verstand, analysieren anhand der Positionen zweier prominenter Achtundvierziger, die bis in das Kaiserreich hinein zu den meinungsführenden Publizisten innerhalb der bürgerlichen Linken gehörten: Ludwig Bamberger und Jakob Venedey. Bamberger bezog in einem kurz nach der Niederschlagung der Revolution geschriebenen Artikel das Argument, mit dem die Propagandisten des Nationalstaats den »kleinen Völkern« das Recht auf nationale Einigung absprachen, auf die Deutschen: Sie hätten »keine Geschichte«. »Deutschland als politische Einheit« sei »in der Geschichte unbekannt«. Bamberger verwarf nicht nur die historischen Begründungen für die deutsche Einheit, sondern auch die ethnischen Argumente der Mehrheitsströmung: »Ich leugne *jene* Einheit, die Gegenstand eines idealisierenden Kults, einer mystischen Religion, einer romantischen Liebe ist, mit einem Wort: ich leugne sie als Frage der Nationalität. Aber ich bejahe sie als unsere erste revolutionäre Aufgabe, als die Grundbedingung unserer Existenz, mit einem Wort: ich bejahe sie als vordringliche politische und administrative Reform.« 1848/49 war deutlich geworden, dass die historische oder ethnische Begründung der Grenzen »Deutschlands« in unlösbare Interessenkonflikte mit anderen Nationen führte, die ebenfalls das Selbstbestimmungsrecht in Anspruch nahmen. Deshalb lehnte Bamberger es ab, im Rekurs auf historische, romantische oder »mystische« Argumente das gesamte Gebiet des Deutschen Bundes und eventuell darüber hinaus Territorien, in denen »Deutsche« lebten, in einen Nationalstaat integrieren zu wollen.

Nur eine Minderheit teilte Bambergers strikt politische Begründung für die Notwendigkeit der staatlichen Einigung. Diese Strömung attestierte dem Nationalismus in Italien, Polen, Böhmen und Ungarn einen zum Scheitern verurteilten oder in die Reaktion führenden Irrtum, weil sie die Staatsbildung als eine Frage der Nationalität ansahen. Es gehe – so wiederum Bamberger – dort wie in Deutschland nicht um »die *Wiederherstellung nationaler Einheit*«, die nur eine ideologische Mystifikation sei, sondern um »die *Herstellung politischer Einheit*«. Im Deutschen Bund heiße dies, »die 34 Souveräne zu verjagen und Deutschland zu einem einzigen Staat zu vereinigen«. Der Appell an nationalistische Emotionen hingegen lenke von den wirklich wichtigen Fragen ab und liege deshalb allein im Interesse der Reaktion. Bamberger knüpfte an die angelsächsische Tradition an und stellte sich gegen den religiös-revolutionären Voluntarismus Mazzinis oder Kossuths, für die sich zur selben Zeit viele Achtundvierziger begeisterten.[9]

Ethnische Definition der Nation

Ähnlich wie für die prominenten Anführer der italienischen und der ungarischen Einigungsbewegung war für den rheinischen Linksliberalen Jakob Venedey die mit hohem emotionalem Engagement diskutierte Schleswig-Holstein-Frage ein Anlass, »den Gesichtspunkt der Nationalität« zur deutschlandpolitischen Leitlinie zu erklären. Venedey kritisierte, dass die gemäßigten Liberalen die historisch gewachsenen Grenzen nicht antasten und deshalb ganz Schleswig-Holstein in den deutschen Nationalstaat

---

9 Ludwig Bamberger, »Lettre sur l'unité allemande et le Parlement de Erfurth«, in: *La Voix du Peuple*, Paris, 4.3.1850, Sp. 3, und 11.3.1850, Sp. 2 ff. (eigene Übersetzung). Vgl. die vollständige Quelle im Internet.

integrieren wollten, obwohl es nur in Teilen des Landes eine deutschsprachige Bevölkerungsmehrheit gab. So erzeuge man nur neue Ungerechtigkeiten, da in einem unabhängigen Schleswig-Holstein die Dänen ebenso eine Minderheit bilden würden wie die Deutschen in Dänemark. Venedey plädierte deshalb statt der historischen für ethnisch-sprachliche Grenzen. Er akzeptierte als Konsequenz einer solchen »rationalen« Grenzziehung den Verlust Nordschleswigs sowie der von Polen bewohnten Teile der Provinz Posen und wurde deswegen von stärker machtorientierten Liberalen angefeindet. Obwohl die ethnisch begründete Grenzziehung eine rationale Lösung des Schleswig-Holstein-Konflikts sein sollte, verfiel Venedey in seiner Argumentation in jenen Irrationalismus und jene Mystifikation des Volksbegriffs, gegen die sich Bamberger gewandt hatte. Die norddeutschen »Volksstämme« erklärte Venedey »zu dem Edelsten, was deutsche Art je schuf«. Sie hätten »in beispiellosen Schlachten die Bluttaufe ihres Deutschthums erneuert«.[10]

Neben diesen beiden in unterschiedlicher Weise vom »Volk« her argumentierenden Richtungen gab es eine dritte historisch argumentierende, die die gewachsenen territorialen Grenzen möglichst nicht antasten, vielmehr die bestehenden Staaten zu einem engeren Zusammenschluss bringen wollte. Statt der Unterscheidung von Patriotismus und Nationalismus oder zwischen Liberal- und Radikalnationalismus, die die strukturellen Gegensätze innerhalb der nationalistischen Bewegung und ihre Entwicklung verzerrt, eignet sich deshalb zur Charakterisierung der unterschiedlichen Strömungen die Unterscheidung von *ethnischem, politischem* und *historischem* Nationalismus weitaus besser, wobei der prinzipielle Unterschied zwischen einer ethnischen Fundierung einerseits und der politischen bzw. historischen andererseits liegt. Der historische Nationalismus erscheint unter dieser Perspektive als eine Variante des politischen.

10 Jakob Venedey, »Die Diplomatie in der schleswig-holstein'schen Frage«, in: *Deutsche Monatsschrift für Politik, Wissenschaft, Kunst und Leben*, Stuttgart 1850/I, 8 ff. und 30 f. Vgl. die vollständige Quelle im Internet.

Das Dilemma des ethnischen Nationalismus

An Venedeys Argumentationsweise lässt sich das Dilemma des ethnischen Nationalismus ablesen: Wer in dem Sprachen-, Religions- und Kulturengemisch Mitteleuropas mit seinen von Krieg zu Krieg wechselnden Territorialgrenzen versuchte, den Volks- oder Nationsbegriff ethnisch-sprachlich zu definieren, handelte sich Probleme ein, die der Verwirklichung der liberalen Utopie eines friedlichen Zusammenlebens der Menschen in freiheitlichen Verhältnissen entgegenstanden. Der Versuch, in Mitteleuropa ethnisch homogene Staaten zu schaffen und ethnisch begründete Grenzen zu ziehen, bedeutete Zwangsassimilierung, Umsiedlung und Krieg um strittige Gebiete. Anders als in Großbritannien und Frankreich, deren äußere Grenzen weitgehend unangefochten waren, bestand in Mitteleuropa, wo die Nationsbildung der Nationalstaatengründung vorausging, auch nicht die Möglichkeit, ein heterogenes Staatsvolk durch nationalistische Ideen und Geschichtspolitik in eine sprachlich-kulturell möglichst homogene Nation umzubilden.

1848/49 hätte nur die Entscheidung für einen politischen Nationalismus im Sinne Bambergers in Verbindung mit einer realistischen Bewertung der eigenen Möglichkeiten und der europäischen Mächtekonstellation Chancen für eine nachhaltige Lösung der deutschen Fragen, zum Beispiel in Form eines Zusammenschlusses der Staaten des Dritten Deutschlands – also aller Territorien, die nicht zu den Großmächten Preußen und Österreich gehörten – auf der Basis der Frankfurter Reichsverfassung, geboten. Dies hätte jedoch eine Selbstbescheidung erfordert, die mit den nationalistischen Aspirationen der breiten Mehrheit in der Paulskirche so unvereinbar war, dass sie erst in den letzten Wochen der Beratungen überhaupt in Erwägung gezogen wurde. Zu diesem Zeipunkt war die Niederlage der Revolution jedoch bereits unabwendbar.

Etwas zugespitzt kann man sagen: Einer der größten Erfolge der 48er Revolution im Deutschen Bund war es, verhindert zu haben, dass Preußen wie Frankreich, Großbritannien, Schweden und andere zu einem Nationalstaat umdefiniert werden konnte. Die ethnische Definition der Nation war spätestens 1848 so tief verankert, dass ein preußischer Nationalstaat undenkbar war. Die Auffassung, die *Mutter*sprache schaffe den Sinn fürs *Vater*land, der Hang des deutschen Idealismus zu einer organologischen Metaphorik, der Doppelsinn des deutschen Wortes »Volk« – dies alles trug in Verbindung mit den spezifischen historischen Bedingungen zu einer frühen Ethnisierung des deutschen Nationalbewusstseins bei. Gesamteuropäische Entwicklungen wie der Paradigmenwechsel zu naturwissenschaftlichen Erklärungsmodellen verstärkten diese Tendenzen zu einer Biologisierung des Politischen, die zum Kern des völkischen Denkens gehört. Zwar waren keineswegs alle ideengeschichtlichen Tendenzen, die die Verbreitung einer völkischen Mentalität in Deutschland förderten, spezifisch deutsch, und es gab im deutschen Nationalismus auch starke Gegenbewegungen. Dennoch ist im europäischen Vergleich feststellbar, dass diese Gegengewichte zu schwach waren und mit zu ungünstigen Bedingungen zu kämpfen hatten, um eine *politische* Definition dessen, was »deutsch« sei, durchzusetzen und die Ausbreitung der völkischen Mentalität zu stoppen.

2.4 Unterdrückung, realpolitische Reorganisation und Reichsgründung

Im August 1851 besiegelte der reaktivierte Deutsche Bund das Ende der Revolutionsperiode. Der organisierte Nationalismus war bereits zuvor durch die Emigration vieler Achtundvierziger entscheidend geschwächt; die weiterarbeitenden Gruppen wurden verfolgt und verboten. Der Bundesreaktionsbeschluss vom August 1851 und der Bundesbeschluss vom 6. Juli 1854 verboten jede politische Vereinsbildung. Nichtpolitische Vereine hatten ihre Existenz gegenüber den Behörden zu rechtfertigen. Verbindungen zwischen den Vereinen wurden verboten. Der eigens zu diesem Zweck gegründete »Polizeiverein der deutschen Staaten« überwachte die Einhaltung der Beschlüsse. Doch in der zweiten Hälfte der 1850er Jahre kündigte sich eine neue Entwicklung an. Der Krimkrieg 1855 belebte die Politik im Bund. Seit 1857 debattierten Nationalisten in privaten Zusammenkünften und in neuen Presseorganen über die Möglichkeiten politischer Reorganisierung. In Preußen,

Bayern und Baden führten Regierungswechsel in den Jahren 1858/59 zu einer Lockerung der harten Repression. Und der italienische Einigungskrieg gegen Österreich entfachte schließlich 1859 die öffentliche nationalistische Diskussion im deutschsprachigen Raum (Jansen 2000: 255–315).

Der »Deutsche Nationalverein«

Der organisatorische Durchbruch gelang im September 1859 mit der Gründung des »Deutschen Nationalvereins« in Frankfurt (für das Folgende vgl. Na'aman 1987; Biefang 1994). Der Verein mit Sitz in Coburg besaß eine einheitliche Mitgliedschaft und eine straffe Führung durch einen Ausschuss, in dem viele Achtundvierziger saßen. Der Nationalverein wollte, dass ein liberales Preußen die 1848/49 gescheiterte kleindeutsche Lösung realisiere. In einem hierfür zu entfachenden »Nationalkrieg« sollte Preußen die Reichsverfassung von 1849 in Kraft setzen. Für diese Ziele wollte der Nationalverein möglichst breite bürgerliche Kreise mobilisieren.[11] Bereits 1860 hatte er 5.369 Mitglieder; seinen Höhepunkt erreichte der Nationalverein 1863 mit rund 25.000 Mitgliedern. Der regionale Schwerpunkt lag in Preußen. Größere Verbreitung fand der Verein aber auch in Thüringen, Baden und Hessen sowie mit Abstrichen in Bayern und Württemberg. Das Besitzbürgertum stellte, gefolgt von Bildungsbürgern, die größte soziale Gruppe im Nationalverein. Die unteren Schichten, durch hohe Beiträge ausgeschlossen, sollten sich dem Führungsanspruch des Nationalvereins entsprechend in den Vereinen der Turner und Schützen und in den neu entstehenden Arbeiterbildungsvereinen organisieren. Diese Vereine verstand der Nationalverein als Vorfeldorganisationen, die seiner Politik folgen sollten. Seit dem Turnfest in Coburg 1860 versuchte der Ausschuss des Nationalvereins diesen Führungsanspruch gegenüber seinen »Satellitenorganisationen« (Na'aman) unter dem Schlagwort der »Wehrpolitik« systematisch umzusetzen. Führende Mitglieder des Nationalvereins machten ihren Einfluss in den Vereinsspitzen der kryptopolitischen Organisationen geltend. Äußerst unglücklich

11 Die Führung des Nationalvereins bemühte sich wiederholt, außenpolitische Krisen durch nationalistische Stimmungsmache zu eskalieren. Vgl. die Quelle im Internet.

blieb der Versuch der Einflussnahme auf die wachsenden Arbeiterbildungsvereine. Erfolgreicher verlief dagegen die Machtstrategie in den einzelstaatlichen Landtagen. Ab Ende 1861 in Preußen, ab 1862 auch in anderen Staaten gewann der Nationalverein mit der »Fortschrittspartei« eine parlamentarische Vertretung. Der Nationalverein organisierte größtenteils den Wahlkampf für die Fortschrittspartei, die keine Basisorganisationen hatte, sondern nur aus der Parlamentsfraktion bestand. Von 1861 bis 1866 stellte die Partei die stärkste Kraft im preußischen Abgeordnetenhaus.

Nationalistische Organisationen im Umfeld des Nationalvereins

In engem Zusammenhang zum Nationalverein standen die Gründungen dreier kleinerer nationalistischer Organisationen. Sowohl der »Kongress deutscher Volkswirte« und der »Deutsche Handelstag« als auch der »Deutsche Abgeordnetentag« blieben bei ihren jährlichen Versammlungen zwar auf wenige hundert Personen beschränkt, aber nicht ohne Einfluss. Charakteristisch für die Organisationen waren starke personelle Überschneidungen mit dem leitenden Ausschuss des Nationalvereins. Innerhalb des Nationalvereins und der assoziierten Organisationen formierte sich so erstmals in den frühen 1860er Jahren eine handlungsfähige nationale Funktionselite (Biefang 1994: 298 ff.).

Die Entwicklung der kryptopolitischen Vereinigungen war in den 1860er Jahren eng mit Aufstieg und Niedergang des Nationalvereins verbunden. Das Nationalfest blieb die wichtigste öffentliche Ausdrucksform des organisierten Nationalismus. Die Zahl der Turnvereine stieg nach dem Fest in Coburg 1860 explosionsartig an. In nur zwei Jahren entstanden bis 1862 mehr als 1.000 neue Vereine. Die nun 1.284 Vereine verfügten über 134.507 Mitglieder. Zwei Jahre später war die Zahl der Vereine um 650, die Zahl der Turner um weitere 30.000 gestiegen. Die Männergesangsvereine, regional in Sängerbünden zusammengeschlossen, schufen sich mit dem 1862 gegründeten »Deutschen Sängerbund« (DSB) eine nationale Dachorganisation. Die Zahl der aktiven Sänger belief sich 1865 auf 58.120, ging in den folgenden Jahren aber langsam zurück. Mit der Gründung des »Deutschen Schützenbundes« trat 1861 die nationalistische Entwicklung eines Teils der traditionsreichen Schützenvereine offen zutage. In der dritten der nach wie vor bürgerlich geprägten kryptopolitischen Vereinigungen organisierter Nationalisten agierten 1862 knapp 10.000 Schützen in 326 Ortsvereinen.[12] Die großen Feste der 1860er Jahre, das Schützenfest in Frankfurt (1862) mit 8.000 Schützen, das Leipziger Turnfest (1863) mit 20.000 Turnern und das Sängerfest zu Dresden (1865) mit 16.000 Aktiven zogen jeweils mehr als 100.000 Besucher an. Die vom Nationalverein angestrebte Führungsrolle blieb nicht ohne Widerspruch. Insbesondere innerhalb der Turnerschaft widersetzten sich große Teile der politischen Unterordnung.

Bismarck und der deutsche Nationalismus

Mit der Ernennung Bismarcks zum preußischen Ministerpräsidenten trat im Herbst 1862 der für die kommenden Jahre entscheidende Akteur auf die politische Bühne. Die kleindeutschen liberalen Nationalisten lehnten die Heeresreform der preußischen Regierung ab. Der Heereskonflikt wuchs zum Verfassungskonflikt, der fast zum Rücktritt von König Wilhelm I. geführt hätte. Die Ernennung des als Politiker der feudalistischen Rechten bei den Liberalen verhassten Bismarck verhärtete die Frontstellung zwischen preußischer Regierung und Nationalbewegung weiter. Die im November 1863 durch die dänische Annexion ausgelöste Krise um Schleswig-Holstein bot den organisierten Nationalisten im festgefahrenen Konflikt die Möglichkeit, die Initiative zurückzugewinnen. Die Frage der Zugehörigkeit Schleswig-Holsteins einte den organisierten Nationalismus. Im sogenannten »36er-Ausschuss« fanden die Vertreter der divergierenden nationalistischen Richtungen zusammen, scheiterten aber mit dem Versuch, eigene Truppenverbände zur Lösung des Konflikts aufzustellen. Bismarck zog Österreich mit nationalistischer Stimmungsmache an Preußens Seite in den Krieg gegen Dänemark und errang einen glänzenden militärischen Sieg. Er hatte seine »Trumpfkarte« erfolgreich gespielt, die organisierten Nationalisten waren paralysiert.

Nach der gescheiterten militärischen Mobilisierung in der Schleswig-Holstein-Krise mussten vor allem die Turnvereine massive Mitgliederverluste hinnehmen. Von dem »Schock [...] militä-

12 Artikel »Deutsche Turnerschaft«; »Deutscher Schützenbund«; »Deutscher Sängerbund«; in: *Lexikon zur Parteiengeschichte 1983–86*. Die Geschichte der Schützenvereine in den 60er Jahren ist kaum befriedigend erforscht. Vgl. das materialreiche, aber unstrukturierte Werk von Michaelis 1993.

risch nicht gebraucht zu werden« (Langewiesche 2000: 128), erholten sie sich nicht. In den militärischen Auseinandersetzungen der kommenden Jahre spielten die drei Vereinigungen keine Rolle. Handelstag, Abgeordnetentag und der Kongress der Volkswirte büßten ihre nationalpolitische Bedeutung ein. Auch der innerlich in Unterstützer und Opponenten Bismarcks gespaltene Nationalverein verlor bis Ende 1865 mehr als die Hälfte seiner Mitglieder. Im »Bruderkrieg« zwischen Preußen und Österreich 1866 gelang es keiner nationalistischen Organisation, über die Beobachterrolle hinaus Einfluss auf die politischen Ereignisse zu nehmen (Jansen 2000: 413–595).

1866: Lösung der deutschen Fragen

Nach dem preußischen Sieg bei Königgrätz, dem Ausschluss Österreichs aus dem Prozess der deutschen Nationsbildung und der Konstitution des Norddeutschen Bundes sah sich der organisierte Nationalismus endgültig in einer schweren Legitimationskrise. Die Mitgliederzahl des Nationalvereins sank im Oktober 1867 auf 1.004 Personen. Mitte Oktober löste sich der innerlich gespaltene Verein auf. Führende Mitglieder des Ausschusses gründeten in Preußen die »Nationalliberale Partei«, verzichteten 1867 aber ebenso wie die Fortschrittspartei auf die Organisation einer breiten Mitgliederbasis. Das Scheitern des Nationalvereins und die Entscheidung der Liberalen gegen den Typus der Mitglieder- und für die Honoratioren- oder Komiteepartei ohne Ortsvereine schwächten den Liberalismus im Deutschen Reich auf lange Zeit. Den Deutsch-Französischen Krieg und die Reichsgründung 1871 verfolgten die zuvor organisierten Nationalisten nur noch als Kommentatoren oder Beobachter.

Im Zuge der neuerlichen Politisierung und der Neuformierung nationalistischer Organisationen gewann auch in den 1860ern erneut »ein militantes, den nationalen Selbstbehauptungsgedanken akzentuierendes Gemeinschaftsideal« die Oberhand, das an die Tradition der antinapoleonischen Kriege anknüpfte und »im Kern auf dem Tugendbild des Tatkraft beweisenden ›deutschen Mannes‹ im Sinne eines der Nation treu ergebenen Kriegers« beruhte (Klenke 1995: 448).

Breiter Konsens im organisierten Nationalismus bestand darüber, dass ein Nationalstaat nur mit Hilfe eines Krieges zu erlangen sei. Aber diesen Preis war die große Mehrheit zu zahlen bereit, zumal wenn es sich um einen »Volkskrieg« wie 1813 handeln würde, der die Nation zusammenschweißen sollte.

Der »notwendige« Krieg gegen Frankreich

Der liberale Nationalismus hielt auch das Gedenken an den Kampf gegen Frankreich durch regelmäßige Gedenkfeiern aufrecht. An Fichtes 100. Geburtstag und den 50. Jahrestag der Leipziger »Völkerschlacht« erinnerte sie 1862 bzw. 1863 jeweils mit Großveranstaltungen. Der religiös überhöhte, ethnisch begründete und nach außen aggressive Nationalismus, der zum integrativen Fundament des Kaiserreichs wurde, war bereits vor der Reichsgründung voll ausgebildet. Die historischen Mythen, Legenden und Stereotypen dieses Nationalismus machten vor allem Wilhelm Heinrich Riehl, Gustav Freytag und Heinrich v. Treitschke populär. Sie prägten etwa die Bilder vom reichsgründenden »Volk in Waffen«, von der »ehrlichen nationalen Arbeit«, von den »Ahnen aus früher Zeit« oder vom »angeborenen konservativen Charakter« der deutschen Bauern. Dieses »Hohe Lied« (Lepsius 1990) von Nation, Vaterland, Reich und »Volksthum« war stets unterlegt mit antisemitischen Tönen. Der tolerante Liberalnationalismus, den Wehler idealtypisch konstruiert, befand sich in den nationalistischen Organisationen der nachrevolutionären Epoche in der Minderheit und verlor seit 1863 immer stärker an Einfluss.

Nationalismus in der Arbeiterbewegung

In der deutschen Arbeiterbewegung, die sich Anfang der 1860er Jahre – enttäuscht vom Paternalismus der bürgerlichen Linken – von deren Organisationen abwandte, operierte anfangs eine nationalistische Strömung, deren Kopf Ferdinand Lassalle war, ebenfalls mit dem Doppelsinn des deutschen Wortes »Volk«. Für Lassalle waren »Autonomie, Selbstgesetzgebung des Volkes nach innen« nur möglich, wenn der Volksstaat auch nach außen unabhängig war: »Das Prinzip der freien, unabhängigen Nationalitäten ist also die Basis und Quelle, die Mutter und Wurzel des Begriffs der Demokratie überhaupt.« Für Lassalle konnte ein demokratischer Staat nur ein Nationalstaat sein; er übernahm auch den biologischen Jargon: Über die hier zitierten Metaphern »Quelle«,

»Mutter« und »Wurzel« hinaus nannte er an anderer Stelle die Nationalität den »Boden und Lebensquell« der Demokratie. Ganz hegelianisch sah der nationaldemokratische Arbeiterführer Völker als Individualitäten: »Das Prinzip der Nationalität wurzelt[e]« für ihn »in dem Recht des Volksgeistes auf seine eigene geschichtliche Entwicklung und Selbstverwirklichung«. Ähnlich wie Hegel selbst, aber auch Marx und Engels, gestand Lassalle nur großen, sogenannten weltgeschichtlichen Völkern dieses Recht auf Selbstverwirklichung zu. Andere, darunter Nationen mit einer so glanzvollen Geschichte wie die Tschechen, waren nurmehr »Trümmer«, und die Nachbarvölker hatten das »Recht«, deren Gebiete zu erobern. Die Probe auf das Recht zur Eroberung sei im Falle »eines Volkes verschiedener Rasse mehr das Aussterben, bei der Eroberung eines Volkes derselben Rasse mehr die Assimilierung desselben«. Mit diesem Argument rechtfertigte Lassalle nicht nur die Kolonisierung Amerikas und Indiens durch »die angelsächsische Rasse«, die Nordafrikas durch die Franzosen und die der Slawen durch die Deutschen, sondern er akzeptierte auch den Verlust des Elsass und Lothringens an Frankreich. Hingegen schürte er den in den Augen aller Nationalisten 1848–50 so schmachvoll beendeten Konflikt um Schleswig-Holstein: Er verlangte, dass Preußen, ebenso wie Frankreich in Italien, einen Krieg gegen Dänemark mit dem Ziel der Befreiung Schleswig-Holsteins beginnen.[13]

Das Ergebnis von 1867/1871

Die Gründung des Norddeutschen Bundes 1867 nach den zwei erfolgreichen »Einigungskriegen« Preußens, die von Vertretern des *politischen* Nationalismus wie Bamberger oder Arnold Ruge begeistert aufgenommen wurde, hätte eine nachhaltige, mit der europäischen Machtbalance verträgliche Lösung der deutsche Frage sein können. Aber sie konnte die von der Einigungsbewegung erzeugten Erwartungen in keiner Weise befriedigen. Sowohl großdeutsche Demokraten als auch süddeutsch-katholische Föderalisten beklagten, dass der neue Staat viele »deutsche« Gebiete ausschließe und durch einen »Bruderkrieg« gegründet worden sei.

13 Ferdinand Lassalle (1859), »Der italienische Krieg und die Aufgabe Preußens« in: ders.: *Gesammelte Schriften und Reden*. Hg. v. Eduard Bernstein, Bd. 1. Berlin 1919, S. 31 ff., 46 und 107.

Mit der Annexion Elsass-Lothringens 1871 kam Bismarck irredentistischen[14] und antifranzösischen Forderungen der Nationalisten entgegen. Dennoch fand auch nach 1871 die Klage, das Reich sei ein »unvollendeter Nationalstaat«, große Resonanz, weil große Teile des deutschen Sprachraums nicht integriert seien (so etwa Edmund Jörg, vgl. Büsch/Sheehan 1985: 32).

Die ethnische Fundierung des Nationsbegriffes und seine weitere Biologisierung im letzten Drittel des 19. Jahrhunderts bis hin zur rassischen Definition des Volks war in Deutschland nie die Sache weniger völkischer Extremisten und Außenseiter, sondern in der Mitte der Gesellschaft, vor allem in den bürgerlichen Bildungsschichten, tief verankert. Die Kontinuität zwischen den territorialen Träumen deutscher Nationalisten von den 1810er Jahren über die Paulskirche und die Einigungsbewegung der 1860er Jahre bis hin zu den alldeutschen Phantasien am Ende des Kaiserreichs ist augenfällig. Sie bedürfte einer genaueren Untersuchung.

2.5 Funktionswandel des Nationalismus im Kaiserreich

Mit der Reichsgründung wurde der Nationalismus in Deutschland, was er in anderen Staaten längst geworden war: Legitimationsideologie einer europäischen Großmacht. Das bedeutete in der Tat einen grundlegenden Funktionswandel: War er bis zur Entstehung eines Nationalstaates immer eine Oppositionsideologie gewesen und hatte sich selbst als Kraft der Veränderung (»Bewegungspartei«) und des »Fortschritts« begriffen, so identifizierten sich nun erstmals Liberale und Nationalisten mit einem bestehenden deutschen Staat. Viele Nationalisten rückten in Regierungsfunktionen ein. Die wachsende Bismarck-Begeisterung verstärkte die Identifikation und lud sie religiös in dem Sinne auf, dass der bestehende Nationalstaat das Ziel der deutschen Geschichte

14 Irredentisten fordern den Anschluss abgetrennter Gebiete (*irredento* = unerlöst).

gewesen sei. Hinzu kam, dass die legitimistischen und deshalb dem Nationalismus kritisch gegenüberstehenden Konservativen nun ihrerseits die neue Integrationsideologie übernahmen (Langewiesche 1992: 372). Nationalistische Forderungen, etwa eine konsequente Germanisierungspolitik gegenüber den ethnischen Minderheiten und eine imperialistische Weltpolitik, wurden Teil der Politik des Deutschen Reichs. Andere Teile des nationalistischen Programms, die das Reich aus politischer Rationalität heraus nicht umsetzte, etwa der Antisemitismus und die Pflege irredentistischer Ressentiments, wurden von einer neuen völkischen Opposition aufgenommen. Sie entstand wie der Nationalismus zu Beginn des 19. Jahrhunderts wiederum in der akademischen Intelligenz und baute dann, über dieses Ursprungsmilieu hinausstrahlend, eigene Organisationen auf.

»Kulturkampf«, Sozialistengesetze und Antisemitismus

Die organisierten Nationalisten arrangierten sich rasch mit dem von Bismarck geschaffenen Reich, auch wenn ihm wesentliche Elemente des von der Einigungsbewegung ersehnten Nationalstaates fehlten. So gab es keine einheitliche Staatsbürgerschaft und keine einheitliche Armee, wie überhaupt die Kompetenzen des Reichs, das verfassungsrechtlich ein Fürstenbund war, sehr begrenzt waren. Auch da ihre Möglichkeiten, die staatlichen Institutionen auszubauen und zu liberalisieren – wie sich in den Konflikten mit Bismarck im Rahmen der Verfassungsberatungen von 1867 und 1871 gezeigt hatte – sehr begrenzt waren, beschränkten sich die Nationalliberalen auf die Fortsetzung der inneren Nationsbildung. Gemeinsam mit dem Reichskanzler riefen sie zum Kampf gegen »innere Reichsfeinde«. Auf den »Kulturkampf« gegen den politischen Katholizismus, die Beschneidung des Einflusses der katholischen Kirche durch mehrere nationalliberale Gesetzesinitiativen in den frühen siebziger Jahren, folgte das Vorgehen gegen die aufsteigende Sozialdemokratie, gipfelnd im Sozialistengesetz von 1878. Als »vaterlandslose Gesellen« ausgegrenzt, gingen die Sozialdemokraten ihrerseits zum neuen Staat auf Distanz, ohne jedoch selbst ihren positiven Bezug auf »das Vaterland« aufzugeben (vgl. Conze/Groh 1966: 114 ff.).

Die ideologischen Verschiebungen begünstigten zusammen mit den periodischen Wirtschaftskrisen des Kaiserreichs neue radikale nationalistische Organisationsbemühungen. Von der Tendenz zur ideologischen Radikalisierung zeugte die antisemitische Mobilisierung Ende der 1870er Jahre. Die kurzlebige »Stoecker-Bewegung« propagierte den Ausschluss »der Juden« aus dem ethnisch definierten »deutschen Volk« (vgl. Jochmann 1997). In der zur selben Zeit aufkommenden, sehr populären Forderung nach einer imperialistischen Außenpolitik fand der Nationalismus mit der Abgrenzung gegenüber dem Ausland sein zweites Standbein. Erste kolonialistische Vereinigungen formierten sich noch 1878 (Chickering 1984: 29–32). Als erster nationalistischer Verband propagierte der aus dem Berliner Antisemitismusstreit heraus gegründete »Kyffhäuserverband der Vereine Deutscher Studenten« (KVDS) die militante Abgrenzung nach innen und außen. 1882 nahm er den Ausschluss von Juden in seine Statuten auf. Als Wegbereiter des radikalisierten Nationalismus gewann der KVDS eine über seine Mitgliederzahl weit hinausgehende Bedeutung (Hering 2003: 65 f.).

Der »Alldeutsche Verband«

Im Kontext des Rücktritts Bismarcks und der Aufhebung der Sozialistengesetze 1890 formierten sich mit den nationalistischen Massenverbänden neue große Vereinigungen des organisierten Nationalismus. Anders als organisierte Nationalisten vor 1871 strebten sie nicht die Gründung, sondern die Ausdehnung und Umgestaltung des bestehenden Nationalstaates an (vgl. Echternkamp/Müller 2002: 131–148). Im Zentrum dieser Entwicklung stand der 1891 als »Allgemeiner Deutscher Verband« gegründete, 1894 umbenannte »Alldeutsche Verband« (ADV). Angetreten mit dem Anspruch, das Erbe des Nationalvereins zu übernehmen, konnte der ADV bereits im ersten Jahr seines Bestehens 21.000 Mitglieder organisieren. Mit seiner hierarchischen Organisationsstruktur auf mehreren Ebenen besaß er Modellcharakter für den neuen Typus nationalistischer Vereinigungen. Einzelmitglieder schlossen sich zu Ortsgruppen, diese zu Gauverbänden zusammen. Den geschäftsführenden Ausschuss ernannte das auf wenige Personen beschränkte Führungsgremium; die alleinige Führung lag beim Vorsitzenden (Puschner 1996: 302–308). Nach finanziellen Problemen und rapidem Rückgang der Mitgliederzahlen konsolidierte sich der ADV mit der Umbenennung 1894.

Bis 1900 erreichte er wieder den Mitgliederbestand von 21.000, den er bis 1914 halten konnte (Hering 2003: 112–118). Seine besondere Stellung erlangte der ADV jedoch nicht durch seine Mitgliederzahlen, sondern durch seinen dezidierten Führungsanspruch. Mehrere Pläne zur Vereinigung der nationalistischen Verbände blieben zwar ohne dauerhaften Erfolg, dem Einfluss des ADV konnte sich aber keine der verwandten Organisationen entziehen (Eley 1980: 48–58).

Neue nationalistische Massenverbände

Eng mit dem Aufstieg des ADV verbunden war die Entwicklung zweier bereits in den 1880er Jahren gegründeter Organisationen. Sowohl im 1881 als »Allgemeiner Deutscher Schulverein« gegründeten und 1908 umbenannten »Verein für das Deutschtum im Ausland« (VDA) als auch in der 1887 aus kleineren Vorläuferorganisationen hervorgegangenen »Deutschen Kolonialgesellschaft« (DKG) nahmen führende Köpfe des ADV leitende Funktionen wahr. Beide Vereine betrieben im Sinne des ADV Propaganda für einen expansiven Nationalismus. In der Vorkriegsdekade erreichten beide einen Mitgliederbestand zwischen 30.000 und 40.000 (*Lexikon zur Parteigeschichte* 1983: 85). Der 1894 als Reaktion auf Konzessionen der Regierung an die polnische Minderheit gegründete »Deutsche Ostmarkenverein« (DOV) agierte trotz inhaltlicher Nähe zum ADV relativ autonom (Eley 1980: 58 ff.; 101).

Als größte der neuen nationalistischen Vereinigungen entstand der »Deutsche Flottenverein« (DFV) Ende April 1898 nur drei Wochen nach dem Beginn des deutschen Schlachtflottenprogramms. Ziel des Vereins war es, die Flottenpolitik ohne Rücksicht auf Parteitaktik mittels nationalistischer Argumentation soweit wie möglich zu radikalisieren. Das Auftreten als überparteiliche, im Namen »des Volkes« an »die Öffentlichkeit« appellierende Organisation war nicht nur für den DFV charakteristisch (Eley 1991: 148 f.). Innerhalb von zwei Jahren stieg die Mitgliederzahl auf 270.000, am Vorabend des Weltkriegs organisierte der DFV mehr als 330.000 Einzelmitglieder. Ein besonders beim Flottenverein hervorstechendes Merkmal war allen nationalistischen Organisationen gemein: die korporative Mitgliedschaft. Durch die Mitgliedschaft zahlreicher Verbände betrug die tatsächliche Mitgliederzahl des DFV 1914 nach Vereinsangaben 1,1 Millionen.[15] Die nationalistischen Vereinigungen waren durch die korporativen Mitgliedschaften eng miteinander verzahnt. Auf der Funktionärsebene der Verbände sammelte sich eine geschlossene, handlungsfähige Elite erfahrener Berufspolitiker, überwiegend aus dem gehobenen Bildungsbürgertum (Eley 1980: 121 f.). Denn auch nach der Reichsgründung blieb das Bürgertum die Hauptträgerschicht des organisierten Nationalismus. Bildungsbürger dominierten die lokalen Vereinsstrukturen, neben diesen stellten Beamte, Kaufleute, Gewerbetreibende und Angestellte das Gros der Mitglieder.

Die Reichstagswahl von 1903 als Einschnitt

Einen Einschnitt in der Geschichte der nationalistischen Verbände bildet das Jahr 1903. Nach dem Reichstagswahlsieg der SPD gaben die nationalistischen Verbände den bis dahin gewahrten Schein der Überparteilichkeit, der suggerierte, dass es nur um gemeinsame, nationale Anliegen gehe, auf und traten nun offen als politische Aktivistenorganisationen auf. Die Verbände griffen aktiv in die Wahlkämpfe ein und warben für nationalliberale und konservative Kandidaten. Im Gegenzug sicherten diese ihre Unterstützung für die Ziele der Nationalisten zu. Der eigens zu diesem Zweck im Mai 1904 von mehreren Verbandsführern gegründete »Reichsverband gegen die Sozialdemokratie« hatte bereits Ende 1905 81.747 Mitglieder, vier Jahre später organisierte er 205.000 Nationalisten (*Lexikon zur Parteiengeschichte*, Bd. 4: 63–77). Im Reichstagswahlkampf 1907 erreichte diese Entwicklung ihren Höhepunkt. Die Nationalisten um den ADV gingen in der Folgezeit aber zunehmend auf Distanz zur Reichsleitung und ihrer Politik. Hielt sich die Kritik an dem 1909 zum Reichskanzler ernannten Bethmann Hollweg anfangs noch in Grenzen, so wechselten die nationalistischen Verbände nach 1912 endgültig auf die vom ADV propagierte Linie der »Nationalen Opposition«. Trotzdem gehörten den nationalistischen Verbänden nach wie vor zahlreiche nationalliberale und konservative Reichstagsabgeordnete an (Peters 1992: 141–150).

15 *Lexikon zur Parteiengeschichte*, Bd. 2: 67–89. Der ADV hatte beispielsweise neben seinen Einzelmitgliedern im Jahre 1909 150.000 korporative Mitglieder.

Parallel zum Aufkommen der nationalistischen Verbände formierten sich Mitte der 1890er Jahre berufsständische Interessensverbände mit dezidiert nationalistischer Ausrichtung. Der 1893 gegründete »Bund der Landwirte« (BdL) zählte bereits 1894 fast 180.000 Mitglieder. Bis 1913 stieg die Mitgliederzahl auf 328.000 (*Lexikon zur Parteiengeschichte*, Bd 1: 241–270). Der im selben Jahr gegründete »Deutschnationale Handlungsgehilfenverband« (DHV) wuchs bis 1914 kontinuierlich auf über 160.000 Mitglieder. Viele seiner Ortsgruppen waren personalidentisch mit jenen des ADV, 1908 trat der DHV schließlich dem ADV als korporatives Mitglied bei (Chickering 1984: 200).

Die krypto-politischen Verbände

Auch auf der kryptopolitischen Ebene arrangierten sich die organisierten Nationalisten nach 1871 zunächst mit den Machthabern. Ihren deutlichsten Ausdruck fand diese Entwicklung in der von den Geselligkeitsorganisationen getragenen Denkmal- und Festkultur. Sedanfeier und Kaisergeburtstag waren seit den siebziger Jahren die wichtigsten nationalen Festtage. In den neunzigern manifestierten an die 400 errichtete Kaiser-Wilhelm- und über 700 Bismarck-Denkmäler den neuen Bezug auf den »Reichsnationalismus« (Hardtwig 1994: 193–97). Als Stifter der Denkmäler trat mit den nach 1871 gegründeten Kriegervereinen ein neuer Typ des kryptopolitischen Nationalismus in Erscheinung. Zunächst lediglich lokal organisiert, schlossen sich die Vereine im Laufe der 1870er Jahre zu Landesverbänden und 1899 zum reichsweiten »Kyffhäuser-Bund der Deutschen Landeskriegerverbände« (KB) zusammen. Die zentralistische Führung garantierte eine straffe Verbandspolitik. Im KB waren 1900 1.840.209 Mitglieder organisiert, das entsprach 15,3 Prozent der Wahlberechtigten im Reich. Bis 1913 stieg die Mitgliederzahl kontinuierlich auf 2.837.944 Männer an. In der Sozialstruktur dominierten untere Schichten. Parallel zum Aufkommen der nationalistischen Verbände setzte die Politisierung der Kriegervereine ein. Bis dato lediglich durch eine nationalistische Grundhaltung geprägt, schlossen die Vereine ab Mitte der 1890er Jahre Sozialdemokraten aus ihren Reihen aus. 1903 rief die Führung des KB ihre Mitglieder zur Wahl der Konservativen auf. Die Verbandspresse warb für den Kolonial- und den Flottenverein, nach 1907 näherte sich die KB-Führung den nationalistischen Verbänden noch weiter an (Rohkrämer 1990: 27–55 und 271 ff.).

Die Verbände der Turner und Sänger konnten sich nach 1871 nach einer kurzen Phase der Desorientierung konsolidieren, obwohl beide Teile ihrer Mitgliedschaft an die neu entstehenden Arbeiterkulturvereine verloren. Nach dem Austritt der Arbeiter dominierte die bürgerliche Mitte die Vereine (Klenke 1998: 17 f.). Die »Deutsche Turnerschaft« (DT) erreichte erst 1880 wieder Mitgliederzahlen wie in den 1860er Jahren. Danach wuchsen sie allerdings deutlich: 1898 überschritt die DT die Grenze von 600.000 Mitgliedern, im Sommer 1913 waren es 1.123.000 (*Lexikon zur Parteiengeschichte*, Bd. 2: 380–390). Die Verbandsführung beteiligte sich aktiv am propagandistischen Kampf gegen die »Reichsfeinde«, unterstützte Imperialismus und Flottenpolitik und förderte die Kriegsbereitschaft (John 1976: 77–92). Erst Ende der 1880er Jahre erhielten die Männergesangsvereine verstärkten Mitgliederzuwachs, um die Jahrhundertwende überschritt der DSB die Grenze von 100.000 Aktiven, bis 1914 verdoppelte sich die Mitgliedschaft auf 205.495 (*Lexikon zur Parteiengeschichte*, Bd. 2: 276–289). Parallel zum Anstieg der Mitgliedszahlen radikalisierten sich die Vereine. Der »deutsche Mann« und das »deutsche Lied« wurden kämpferisch in Stellung gebracht. Seit 1907 prägte eine aggressive kriegerische Stimmung die Vereinsfeste. Eine ähnliche Entwicklung durchliefen die Schützenvereine. Sie konnten den verbliebenen Mitgliederbestand von 4.000 im Jahre 1878 bis 1903 auf über 27.000 erhöhen (Michaelis 1993: 567). Auch bei den Schützen gewann nach 1903 die nationalistische Kriegsvorbereitung an Bedeutung. Der Schützenbund nahm das Schießen mit dem Militärgewehr in das Programm der Schützenfeste auf (Klenke 1994: 222 f.).

Die nationalistischen Verbände um den ADV erschienen den kryptopolitischen Organisationen nicht als Konkurrenten. Während Erstere sich in der Agitation auf die aktuellen politischen Entwicklungen konzentrierten, »widmeten sich die alten Verbände der rituellen Vergegenwärtigung des nationalkriegerischen Basiskonsenses« (ebd.: 212). Die Zusammenarbeit zwischen beiden in den Jahren vor dem Weltkrieg war trotz unterschiedlicher

Sozialstruktur der Mitglieder gewährleistet. Denn die Spitzen der kryptopolitischen Verbände entstammten ebenfalls der bildungsbürgerlichen nationalistischen Elite (Chickering 1984: 211).

Kriegsforderungen der »nationalen Opposition«

Seit 1912 nahm die »Nationale Opposition« Gestalt an. Die Führung des ADV wusste die nationalistischen Verbände und die kryptopolitischen Organisationen auf ihrer Seite. Rechte Abgeordnete und Parteien, allen voran die Freikonservativen, bemühten sich auf Initiative des ADV um das »Kartell der schaffenden Stände«, ein nationalistisches Parteienbündnis; auch der BdL ging im Juli 1913 ein Bündnis mit dem ADV ein. Zur Verbesserung der deutschen »Wehrfähigkeit« und zur Steigerung der Kriegsbegeisterung gründeten die Verbandsführer bereits im Januar 1912 nach dem Vorbild des DFV den »Deutschen Wehrverein«. Im leitenden Ausschuss betätigten sich führende Alldeutsche. Bereits im Mai zählte der Verein 60.000 Einzelmitglieder. Im Sommer 1914 waren es 90.000 Einzel- und 260.000 korporative Mitglieder. Die Rüstungsforderungen zeigten Erfolg (Peters 1992: 141–165).

Durch die Mobilisierung der Öffentlichkeit für den Krieg schränkten die organisierten Nationalisten die Handlungsoptionen der Regierung ein. Ihre vehementen Kriegsforderungen stützten schließlich die in den Weltkrieg führende Risikopolitik der Reichsregierung in der Julikrise 1914.

Am 3. August 1914, dem Tag der deutschen Kriegserklärung an Frankreich, bejubelte der »Alldeutsche Verband« im Leitartikel seiner Zeitschrift unter der Überschrift »Waffensegen« den kommenden Krieg:

»Nun ist sie da, die heilige Stunde! Der Atem der Welt stockt, und jedes Volk zeigt, was es ist. Die Russen tückisch und falsch bis zum letzten Augenblick, die Franzosen – vor die überraschende Wirklichkeit gestellt – schlotternd und plötzlich die Rachelust vergessend, – England kalt wägend und zaudernd – das deutsche Volk aber jubelt.

Wer diese Tage mitgemacht hat, der ist seiner Deutschen sicher. Die Städter und das Landvolk, gleichbereit, selbstbewußt, kampfesfroh – prachtvoll die Ruhe und Selbstverständlichkeit, mit der die Kriegsverwaltung arbeitet, prachtvoll die Ruhe und Selbstverständlichkeit, mit der die militärischen Befehlshaber ihre Aemter antreten. Das macht uns niemand nach. So wie jetzt alles in Ordnung und Ruhe sich abspielt, wird sich der Aufmarsch vollziehen, und dann – dann folgt der Kampf.

Gewaltigstes bereitet sich vor, ein Riesenkampf, wie ihn die Weltgeschichte noch nicht gesehen hat, gegen den alles, was sie bisher an Völkerringen aufzuweisen hat, sich ausnehmen wird, wie das Geplänkel gegen die Schlacht – derartiges mitzuerleben, lohnet ein Leben. Aber dieser Lebensinhalt soll noch reicher werden durch das Ergebnis des blutigen Kampfes, den unser Volk in Waffen jetzt zu bestehen hat – reicher durch seine Taten, seinen Sieg!

Wir werden siegen – wir wollen, wir müssen siegen: das ist die Gewißheit, der Drang in Millionen und Abermillionen deutscher Menschen. Der ›furor teutonicus‹, von dem der Menschenkenner Bismarck so hoch dachte, ist erwacht und unsere Feinde sollen ihn zu spüren bekommen.

Der deutsche Kaiser hat das Schwert gezogen; das deutsche Volksheer rückt aus. Alle guten Geister mögen mit ihm sein, Gott selbst, der Schlachtenwalter, möge es segnen auf seinem blutigen Wege, beim schweren Werke! Die frommen Gebete, die heißen Wünsche derer, die zu Hause bleiben, begleiten die Tapferen, die jetzt hinausziehen; sie fassen in sich: Heil dem Kaiser! Heil dem deutschen Heere! Heil der deutschen Flotte! Segen den deutschen Waffen!«

(Alldeutscher Verband 1914: 1)

2.6 Nationalismus als Massenbewegung

Aus der Darstellung der Entwicklung des organisierten Nationalismus lassen sich drei allgemeine Ergebnisse hervorheben: Erstens verlief die Entwicklung nicht linear, sondern in Wellen. Sie war von kurzzeitigen Höhepunkten und tief einschneidenden Brüchen gekennzeichnet. Auf der Ebene der genuin politischen Organisationen sind die Brüche mit dem Verschwinden bisheriger und dem Auftauchen neuer Vereinigungen deutlich zu erkennen. Auf der kryptopolitischen Ebene spiegeln sich die Brüche darüber hinaus auch in organisatorischer Umstrukturierung und im plötzlichen Rückgang der Vereins- und Mitgliederzahlen wider. Als ein zentraler Faktor der Entwicklung erweist sich zweitens die Reaktion der herrschenden Ordnung. Dies gilt in zweifacher Hinsicht, zum einen durch die Mittel Repression und Verbot, zum anderen durch die Vereinnahmung des Nationalismus als Mittel der eigenen Machtpolitik. Der organisierte Nationalismus erreichte seine Höhepunkte aber jeweils in Opposition zur staatlichen Politik. Zuletzt ist drittens der tendenziell zunehmende, in Konfliktsituationen besonders hervortretende Bedeutungsverlust kryptopolitischer Organisationen gegenüber den dezidiert politischen Vereinigungen hervorzuheben.

Drei Höhepunkte nationalistischer Organisierung

Die Forschung bezeichnet üblicherweise die Rheinkrise von 1840 als »das einschneidende Datum beim Übergang des Nationalismus zur Massenbewegung« (Hardtwig 1994: 49; Schulze 1985: 207; Dann 1996: 128). Eine Analyse der vorhandenen Zahlen zeigt aber, dass dies eine zu lineare Vorstellung ist und wir es eher mit drei kurzen organisatorischen Höhepunkten der nationalistischen Bewegung in drei Phasen zu tun haben: 1. zwischen Rheinkrise und Revolution[16], 2. im Kontext der Schleswig-Holstein-Krise 1863/64 und 3. im Zeichen der »Nationalen Opposition« seit 1912. Offensichtlich erreichte die nationalistische Organisierung im Kontext gesellschaftlich-politischer Konflikte ihre Höhepunkte:

Vor dem Hintergrund der 1832 nochmals erneuerten Karlsbader Beschlüsse konnten sich die Nationalisten im Vormärz lediglich in den Turn- und Gesangsvereinen organisieren. Ab 1842 erhielten beide Vereinsformen immensen Zulauf. Am Vorabend der Revolution waren bis zu 190.000 Personen in über 1.400 Vereinen organisiert. Beiden Vereinigungen gelang es aber mit Ausnahme der Teilnahme an regionalen bzw. vereinzelten überregionalen Festen nicht, dauerhafte nationale Zusammenschlüsse zu bilden. Eine überregional agierende Führungsstruktur war nicht zu erkennen. Auch die nationalpolitische Zielsetzung blieb diffus. Die Forderung nach Einheit war unterschiedlich besetzt.

Im März 1848 zeigte sich deutlich, dass die organisierten Nationalisten des Vormärz nicht in der Lage waren, im nationalen Rahmen politische Akzente zu setzen. Die Revolutionäre agierten auf anderen Schauplätzen in anderen Strukturen. Die Turn- und Gesangsvereine trugen gewiss zur wachsenden Verbreitung der Ordnungsvorstellung Nation in den 1840er Jahren bei, doch trotz der großen Mitgliedschaft in den nationalistischen Organisationen

16 In der Revolution selbst zeigte sich, wie ausgeführt, schnell die Schwäche des organisierten Nationalismus. Vgl. dazu die immer noch gültigen Ausführungen von Wolfram Siemann in: Dann 1994: 31 f.

kann für diesen Zeitraum von einer politisch handlungsfähigen Massenbewegung keine Rede sein.[17]

Im historischen Kontext der Schleswig-Holstein-Krise bot sich eine andere Konstellation. Neue politische Organisationen konnten nun trotz anhaltender Überwachung relativ ungehindert agieren. Im Zentrum nationalistischer Organisierung stand der Nationalverein mit Ende 1863 mehr als 25.000 Mitgliedern. In den Vereinigungen der Turner, Sänger und Schützen waren zur selben Zeit mehr als 230.000 Personen organisiert. Die Organisationsstruktur erstreckte sich über weite Teile des außerösterreichischen Bundesgebietes. Seinem Führungsanspruch entsprechend plante der Nationalverein die kryptopolitischen Organisationen in seine politische Strategie ein. Von einer dezidiert nationalistischen Überzeugung bei der Mehrheit unter deren Mitgliedern kann anders als beim Nationalverein aber nicht zwingend ausgegangen werden. Anders als innerhalb der jeweils führenden Gruppe der Funktionäre rückte für viele die soziale Funktion der Vereinsmitgliedschaft in den Mittelpunkt (Goltermann 1998: 62 f.; Langewiesche 2000: 129). In den Verbandsspitzen sammelte sich jedoch eine deutlich erkennbare nationalistische Elite. Die Handlungsfähigkeit und die Möglichkeit, das selbst gesetzte Ziel der Einheit herbeizuführen, stießen in der Krise allerdings an ihre Grenzen. Im Vergleich zum Vormärz sind in der Schleswig-Holstein-Krise Strukturelemente der Massenbewegung deutlich zu erkennen. Der Führungsanspruch über die entwickelten Strukturen der Massenbewegung scheiterte jedoch an mangelnder Einheitlichkeit hinsichtlich Ziel und Strategie (Jansen 2000: 464–471).

Erst im Vorfeld des Weltkrieges präsentierte sich der organisierte Nationalismus als entwickelte und handlungsfähige Massenbewegung. Erst nach der Reichsgründung erweiterte sich die organisa-

17 Die Frage nach der nationalistischen Überzeugung der Mitglieder unterhalb der Funktionärsebene ist für diesen Zeitraum überhaupt nicht gestellt worden. Insofern ist nahezu allen Forschungsarbeiten zu diesem Zeitraum vorzuwerfen, dass sie bei ihrer Verwendung des Begriffs »Massenbewegung« nicht zwischen der organisatorischen Entwicklung und der Ausbreitung der Idee Nation in der Bevölkerung unterscheiden. Vgl. z. B. Langewiesche 1998: 175.

torische Basis über das Bürgertum hinaus auf weitere Schichten. Die Gesamtzahl organisierter Nationalisten vor 1914 lässt sich aufgrund der korporativen Mitgliedschaften und des bislang in der Forschung nicht untersuchten Problems der Doppelmitgliedschaften lediglich abschätzen. Die politischen Organisationen zählten über eine Million Mitglieder.[18] Die kryptopolitischen Vereinigungen organisierten weit mehr als drei Millionen Personen.[19] Doch auch jetzt bestand an der Basis das Spannungsfeld zwischen dem nationalistischen Anspruch und der Geselligkeitsfunktion (Klenke 1994: 211). Beide Vereinstypen verfügten reichsweit über ein engmaschiges Netz von Ortsgruppen, mit dem BdL erstmals auch in den ländlichen Regionen.[20] Alle Vereinigungen besaßen nationale Dachverbände und eine zentralistische Führung. Mit dem ADV reklamierte eine straffe Organisation den Führungsanspruch. Die nationalistische Elite setzte sich aber weniger aus dem ADV allein als vielmehr aus den Spitzenfunktionären aller eng miteinander kooperierenden Vereinigungen zusammen. Die Zielsetzung der »Nationalen Opposition« richtete sich auf öffentlichen Druck zugunsten von Aufrüstung und Weltkrieg. Die organisierten Nationalisten waren erfolgreich. An der Mobilisierung öffentlicher Begeisterung und dem Druck auf die Regierung für die Kriegspolitik hatte der organisierte Nationalismus nun als Massenbewegung erheblichen Anteil.

Die verbreitete Ansicht zur Massenbewegung in den 1840er Jahren muss revidiert werden. Erst für die 1860er Jahren lassen sich Strukturen einer Massenbewegung erkennen. Erfolgreich handelte der organisierte Nationalismus als Massenbewegung erst im Vorfeld des Ersten Weltkrieges.

18 Grundlage dieser Schätzung ist die Mitgliederzahl der DFV (1913: 1,1 Millionen), dem die meisten der nationalistischen Vereinigungen angehörten (Zahlen nach: *Lexikon zur Parteiengeschichte).*

19 Allein der KB zählte 1913 2,8 Millionen Mitglieder, die DT 1,1 Millionen (ebd.).

20 Der BdL zählte nahezu 30.000 Ortsgruppen. Vgl. Grießmer, Axel (2000), *Massenverbände und Massenparteien im wilhelminischen Reich. Zum Wandel der Wahlkultur*, Bonn, S. 43.

Wie lässt sich dieser Befund erklären? Zunächst ist davon auszugehen, dass die Entwicklung des Nationalismus zur Massenbewegung im Zuge der Nationsbildung (vgl. Kap. 1.3) kontinuierlich verlief, denn die Entwicklung der *inneren Nationsbildung* in ihrer wirtschaftlichen, sozial-kulturellen und politischen Dimension gestaltete sich als Verdichtungsprozess. Im Vorfeld der drei herausgestellten Hochphasen des organisierten Nationalismus lassen sich aber keine rapiden Veränderungen erkennen. Im Gegenteil beschleunigte sich die Nationsbildung mit dem wirtschaftlichen Aufschwung nach 1850 und der Reichsgründung 1871 erst *im Anschluss* an die organisatorischen Höhepunkte. Die Nationsbildung verbreiterte kontinuierlich die Basis des organisierten Nationalismus. Durch die Einigungsprozesse verfügten die organisierten Nationalisten über eine wachsende Zahl potenzieller Mitglieder und über immer bessere Möglichkeiten, ihre Ziele zu propagieren. Plausibel wird so, warum für eine Massenbewegung vor dem Weltkrieg bessere Ausgangsbedingungen bestanden als während der beiden vorangegangen organisatorischen Höhepunkte. Aber warum erreichte der organisierte Nationalismus genau jene drei Höhepunkte?

Kriegerische Abgrenzung

Als möglicher Erklärungsfaktor kann die in den jeweiligen Phasen dargestellte ideologische Ausrichtung des deutschen Nationalismus herangezogen werden. Innerhalb des organisierten Nationalismus gewann eine Strömung an Gewicht, welche der nationalistischen Selbstbehauptung, der kriegerisch zu erlangenden Einheit aller Deutschen, existenzielle Bedeutung beimaß (Klenke 2003: 399–422). In der Rheinkrise 1840 richtete sich die mobilisierende Feindmarkierung gegen Frankreich. Im Vorfeld und in der Revolution ließ dann unter anderem der Konflikt um Schleswig-Holstein Forderungen nach einem nationalen Krieg gegen Dänemark Verbreitung finden. Der im April 1848 eskalierende Krieg um Schleswig-Holstein wurde bereits hier zum Symbol der nationalen Einigung. Nach 1859 wuchs die nationalkriegerische Selbstbehauptung zur hegemonialen Ideologie des organisierten Nationalismus. Die Propaganda militanter Abgrenzung steigerten Einzelne bereits in den 60er Jahren bis zum Rassismus; Turner und Schützen übten für den nationalen Krieg (Jansen 2000:

347–351). Die gemeinsame Feindmarkierung und der als notwendig angesehene Krieg überwanden bestehende ideologische Gegensätze zwischen »Klein-« und »Großdeutschen« (Buschmann 2000: 109 f.).

In Folge der Reichsgründung erfuhr der »nationalkriegerische Basiskonsens« (Klenke 1994: 212) nochmals eine deutliche Radikalisierung. Zur Grundlage der Abgrenzung wurde nun die rassistische Definition des »deutschen Volkes«. Neben den äußeren Feinden richtete sich der Nationalismus nach 1871 gegen die vermeintlichen inneren Reichsfeinde. Im Vorfeld des Weltkrieges propagierten die organisierten Nationalisten die militante Abgrenzung sowohl gegen die ausgemachten Feinde im Reich, »die Juden«, Sozialdemokraten und nationale Minderheiten als auch gegen England, den »Erbfeind« Frankreich und Russland. Als Ausweg aus der Bedrohung durch die vermeintliche Einkreisung der Feinde forderten die Nationalisten den Weltkrieg (vgl. dazu grundlegend Jeismann 1992 und die Studien zu ausgewählten Feindbildern in: Krumeich/Lehmann 2000).

Mit zunehmender Intensität trat das Gewicht der Ideologie militanter Abgrenzung, die »volkschaffende Potenz des Krieges« (Hoffmann 1993: 19), hervor. Vor allem die nationalistischen Organisationen des Kaiserreichs bewertete die Forschung lange als Manipulationsinstrumente der herrschenden Klasse. Demgegenüber ist zu betonen, dass die Nationalisten die militante Abgrenzung in allen drei Kontexten auch in Opposition zur Regierung forcierten. Die Konzentration auf die nationalistische Ideologie als Erklärungsansatz der konkreten Mobilisierung zur Massenbewegung ist kein ausschließendes Argument gegen sozial-strukturelle Erklärungsfaktoren. Hervorzuheben ist aber, dass die Vereinseliten als führende Protagonisten des nationalistischen Protests ebenso wie viele bürgerliche Vereinsmitglieder nicht zu den von der wirtschaftlichen Modernisierung negativ Betroffenen zählten, sondern »in der Regel aus solid bürgerlichen Verhältnissen« (Eley 1991: 169) kamen.

Abschließend wird auch auf dieser Ebene deutlich, dass sich die These eines grundlegenden Wandels des Nationalismus Ende der 1870er Jahre nicht aufrechterhalten lässt. Mit Blick auf die

Nationsbildung lässt sich der konservative Bezug auf die Nation seit 1878/79 als eine machtpolitische Notwendigkeit im Zuge der fortschreitenden Verbreitung der nationalistischen Idee erklären. Auch die militante Abgrenzung gegen alles Fremde (»Undeutsche«) war keine Neuschöpfung des Kaiserreichs. Nach der Revolution radikalisierte sich der Nationalismus bereits zu Beginn der 1860er Jahre und dann verstärkt Ende der 1870er Jahre. Klenke konstatiert daher völlig zu Recht, dass »Kriegsbereitschaft und Kriegsoptionen auf der einen und bürgerlich-liberales Partizipationsstreben auf der anderen Seite unter den deutschen Bedingungen eng aufeinander bezogen waren und sich wechselseitig bedingten« (Klenke 2003: 433; bahnbrechend für diese Sichtweise war Langewiesche 1994; vgl. Kap. 3.5.1).

Nationalistischer Höhepunkt August 1914

Mit dem Ausbruch des Ersten Weltkriegs erreichte der deutsche Nationalismus im »Augusterlebnis« seinen vorläufigen Höhepunkt. Der verbreitete Nationalismus der Massen äußerte sich nicht allein in der massenhaft öffentlich artikulierten Kriegsbegeisterung, sondern parallel ebenso in Furcht, Sorge und kollektiven Panikreaktionen der Bevölkerung.[21] Sowohl der überwiegend vom männlichen Bürgertum getragene Jubel über die Mobilmachung als auch die Antikriegskundgebungen der SPD beanspruchten jeweils für sich, im Namen der Nation zu sprechen. »Die Wirkung der allseitigen Berufung auf die Nation war vieldeutig« (Müller 2002: 70), eindeutig hingegen war, dass sich die Nation als anerkannter Höchstwert in der Bevölkerung durchgesetzt hatte.

Die hier eingenommene Perspektive führt zu dem Befund, dass sich die nationalistische Ideologie in Deutschland weitaus weniger verändert hat, als es die herrschende Lehre annimmt. Insofern plädieren wir dafür, sich von dem Konstrukt einer Entwicklung vom »progressiven« zum »reaktionären« oder vom »linken« zum »rechten« Nationalismus zu lösen und von

21 So wurden Anfang August im gesamten Reichsgebiet mindestens 28 Menschen als vermeintliche »Goldautofahrer«, als französische Agenten, welche angeblich Gold nach Russland transportierten, auf offener Straße erschossen (vgl. Müller 2002: 67 f.).

der politischen Ambivalenz *allen* nationalistischen Denkens auszugehen. Die Ausschließung des Fremden sowie Gewaltanwendung nach außen und innen sind dem Konzept der Nation per se inhärent. Eine Typologie der unterschiedlichen Ausprägungen des Nationalismus lässt sich allein aus denjenigen Faktoren ableiten, die für seine verschiedenen Richtungen die Zusammengehörigkeit begründeten: Zu fragen ist daher, ob die Zugehörigkeit zu Volk oder Nation von angeblich natürlichen oder angeborenen, also ethnischen oder gar rassischen Eigenschaften abhängig gemacht wurde, oder ob sie allein auf historisch gewachsenen oder politisch definierten territorialen Kriterien basierte, also darauf, dass jemand in den Grenzen eines Landes und im Geltungsbereich seiner Verfassung lebte. Haben wir es also mit *ethnischem* oder mit *politischem* Nationalismus zu tun?

3. Nationalismustheorien

Was ist eine Nation? Was ist Nationalismus? Wie entstehen beide Phänomene? Welche Eigenschaften, welche Qualitäten werden ihnen zugeschrieben? Im Anschluss an die Darstellung des deutschen Nationalismus und im Vorgriff auf die folgenden europäischen Fallbeispiele führt dieses Kapitel in die derzeit wichtigsten und meistgelesenen Theorien und theoretischen Ansätze der Nationalismusforschung ein. In einem ersten Abschnitt werden die Grundzüge und zentralen Ideen der Nationalismustheorien von Karl W. Deutsch, Ernest Gellner, Benedict Anderson und Anthony D. Smith vorgestellt. Der zweite Abschnitt skizziert theoretische Ansätze zu den Bereichen Nationalismus, Gewalt und Partizipation; Nationalismus und Religion; Nation und Geschlecht sowie Nationalismus als soziale Bewegung.

3.1 Karl W. Deutsch: Soziale Kommunikation und Nationalismus

Der aus Böhmen stammende, 1938 wegen der Nationalsozialisten in die USA emigrierte Karl W. Deutsch (1912–1992) gilt als einer der bedeutendsten Politikwissenschaftler des 20. Jahrhunderts. Der Nationalismus bildete einen zentralen Untersuchungsgegenstand seiner wissenschaftlichen Arbeit. Sein Hauptwerk zum Nationalismus ist die 1953 erschienene Dissertation *Nationalism and Social Communication* (Deutsch 1953).

Das Aufkommen der Nation verortet Deutsch am Beginn der Moderne, innerhalb des allgemeinen Integrationsprozesses der

Menschheit vom Stamm über das Reich zur Nation. Schlüsselbegriffe sind soziale Mobilisierung, kulturelle Assimilation und politische Integration. Der sozialen Kommunikation schreibt Deutsch in diesem Prozess eine zentrale Bedeutung zu. In vergleichender Perspektive stellt er allgemeine Entwicklungsmuster heraus.

Die Nation, so Deutschs schlichte Definition, ist ein Volk im Besitz eines Staates. Das Volk ist dabei nicht ethnisch definiert, Deutsch beschreibt es als ein »Allzweckkommunikationsnetz von Menschen« (Deutsch 1975: 50), die sich über große Entfernung aufgrund gemeinsamer Kommunikationsgewohnheiten, Sprache und Kultur zu unterschiedlichen Themen verständigen können. Der Nationalismus, so Deutsch weiter, ist eine Geistesverfassung, welche der nationalen Kommunikation und nationalen Nachrichten Priorität vor allem anderen einräumt.

Strukturbedingungen der Nationsbildung

Die vornationale Gesellschaft ist Deutsch zufolge nach einem strikt hierarchischen Muster organisiert. Einer dünnen elitären Herrscherschicht steht der Großteil der Bevölkerung passiv gegenüber. Im einsetzenden ökonomischen und politischen Umbruch werden die bislang passiven Akteursgruppen mobilisiert. Als allgemeine Grundlage der Nationsbildung beschreibt Deutsch sechs parallel verlaufende Prozesse:

1. Die Entstehung von Ländern, geballt um ökonomische Zentren, vereint durch Verkehrswege und Austauschbeziehungen.
2. Die Entwicklung einer standardisierten Sprache aus unterschiedlichen Dialekten.
3. Die Durchsetzung der Sprache durch eine Gruppe nationalistischer Intellektueller.
4. Die Ausweitung des Gemeinschaftsgefühls auf Grundlage sozialer Kommunikation, gemeinsamer Erfahrungen und Bedeutungsmodi der Sprache.
5. Die darauf basierende Konstituierung des Volkes.
6. Die politische Integration von Verwaltungseinheiten zu Staaten.

An anderer Stelle präzisiert Deutsch die Merkmale des Aufkommens der nationalen Gesellschaft: Übergang von der Subsistenz-

zur Tauschwirtschaft; Abwanderung der ländlichen Bevölkerung in die Zentren; Wachstum der Städte und rasante Zunahme sozialer Mobilität; Akkumulation und Konzentration von Kapital; individuelle Entwicklung ethnischen Bewusstseins; Akzeptanz nationaler Symbole und politische Unterdrückung von Minderheiten. Der Ausbreitung und Akzeptanz einer einheitlichen Sprache und Kultur misst Deutsch höchste Bedeutung bei. Als ebenso wichtig erscheint ihm die Akzeptanz staatlichen Handelns durch die Bevölkerung. Volk und Staat bestärken sich gegenseitig in ihrer Macht. Die soziale Mobilisierung prägt das Gruppenbewusstsein, dieses reproduziert sich in den Kommunikationsnetzen.

Als aktiv Handelnde im Nationsbildungsprozess benennt Deutsch zunächst intellektuelle Pioniere, also Dichter, Schriftsteller, Historiker. Es folgen erste kleine Organisationen, später Kultur- und Sportvereine. Parallel verbreiten sich nationale Symbole, Fahnen und Lieder, schließlich werden sie der Bevölkerung und den Kindern über Gruppenzwang und Massenmedien vermittelt. Die Anfälligkeit der Individuen für den Nationalismus steigt Deutsch zufolge mit sozialer Mobilisierung rapide an. Die moderne Gesellschaft verlangt die Anpassung an die vorherrschende Kultur. Die Abhängigkeit von Dienstleistungen in der arbeitsteiligen Gesellschaft befördert zudem das individuelle Interesse, diese durch politisches Engagement zu sichern.

Grundfunktionen des Nationalstaats

Der Nationalismus als Antwort auf die neue Unsicherheit ist nach Deutsch sowohl kollektiv-rationale Machtpolitik als auch individuell stabilisierend. Der geschaffene Nationalstaat erfüllt sieben Funktionen: Er schafft Ordnung, sichert sich die Akzeptanz der Bevölkerung durch Reaktion auf ihre Bedürfnisse, bietet Sicherheit durch Bereitstellung von Dienstleistungen, schützt vor äußeren Bedrohungen und gilt als Reaktionsinstanz darauf, sichert die Standards und Interessen der Bürger, fördert soziale Mobilität und vertikalen Aufstieg und gilt als Quelle individuell-psychologischer Befriedigung. Zwar gibt es gewaltige Unterschiede zwischen den Nationen, sie verfügen aber allgemein über eine höhere Leistungsfähigkeit als ihre Vorgängergesellschaften: »Die Nation repräsentiert eine effektivere Organisation als die supranationale, aber weitgehend passive Schichtkuchengesellschaft.« (Deutsch 1972 [1969]: 45)

Neben der Integration benennt Deutsch mit der Sezession einen weiteren möglichen Pfad der Nationenbildung. Unter bestimmten Bedingungen kann Sezession aus der Wechselwirkung von sozialer Aktivierung und Assimilation hervorgehen. Wie dargelegt, muss das aus den alten Bindungen herausgerissene Individuum kollektiv und politisch handeln, um seine Bedürfnisse befriedigen zu können. Die soziale Aktivierung setzt gewaltige Energien frei. Kann die Assimilation, eingeleitet durch die Anpassung an die Sprache, gekennzeichnet durch gleiche Entwicklungsmöglichkeiten für alle Gruppen, mit der Geschwindigkeit der sozialen Aktivierung nicht mithalten, wird eine Minderheit also bezüglich ihrer Ansprüche und Erwartungen beständig diskriminiert, so entsteht nach Deutsch politischer Sprengstoff. Es kommt zum Konflikt, die Sezession als nationaler Entwicklungsweg kann die Folge sein.

Sezession als Entwicklungspfad

Deutsch verzichtet auf eine allgemeine Typologie des Nationalismus, betont aber die unterschiedliche Ausgangslage und Entwicklung in West- und Osteuropa. Während im Westen große Gebiete mit relativ homogener Sprachstruktur existierten, glich Osteuropa einem »Flickenteppich« von Minderheiten. Die nationale Idee des Westens prallte dort auf die soziale Isolation der breiten Bevölkerung. Die Gesellschaft war nicht nur hierarchisch gegliedert, sondern auch kulturell strikt differenziert: ein am Westen orientierter Adel, »ausländische« Fachkräfte (erst Deutsche, dann Juden) und eine politisch passive Bevölkerung, überwölbt durch darüber errichtete Großreiche. In diesem Kontext formierten sich bis zum Ende des Ersten Weltkriegs zwar die Nationen, in allen Staaten gab es aber Minderheiten, deren vertikale Mobilisierung erschwert wurde. Konflikte, so Deutsch, waren unter diesen Bedingungen vorprogrammiert. Neben der Unterscheidung zwischen West- und Osteuropa hebt Deutsch einen »extremen Nationalismus« vom übrigen Nationalismus ab. Die Deutsch zufolge kommunikationswissenschaftlich messbare, verzerrte Realitätswahrnehmung des extremen Nationalismus kann katastrophale Folgen nach sich ziehen. Als Beleg für diese Fehlentwicklung benennt Deutsch den Ersten Weltkrieg. Neben der Modernisierungsleistung birgt der Nationalismus folglich auch destruktives Potential.

Differenzen zwischen West- und Osteuropa

Deutsch in der Nationalismusforschung

Ein Verdienst Karl W. Deutschs liegt darin, bereits in den 1950er Jahren die bestehenden Erkenntnisse unterschiedlicher Disziplinen zu Ursachen und Entstehungskontext von Nation und Nationalismus zusammengetragen zu haben. Zentral sind seine Verortung der Entstehung des Nationalismus im Prozess gesellschaftlicher Modernisierung und die Hervorhebung der sozialen Kommunikationsprozesse als den die Nation hervorbringenden Faktor. Der Schwerpunkt seiner empirischen Forschung, dies tritt bereits in der Dissertation deutlich hervor, liegt in der quantitativ-empirisch fundierten Verlaufsanalyse, der Entwicklung nationaler Integration der Bevölkerung bzw. der Sezession einer neuen Nation. Deutsch bietet einen grundlegenden und viel gelesenen Einstieg in die Thematik, die Kenntnis seines Ansatzes ist aber keine Voraussetzung zum Verständnis des Nationalismus nach den neuen Nationalismustheorien der 1980er Jahre. Deutsch hält implizit an der Kontinuität zwischen den Formen ethnischer Gemeinschaftsbildung in früheren Epochen und den modernen Nationen fest. Außerdem verkennt er die prinzipielle Janusköpfigkeit des Nationalismus und sieht lediglich einen »extremen Nationalismus« als Abweichung vom normalen Nationalismus als Integrationsideologie im Prozess der Modernisierung.

3.2 Ernest Gellner: Nationalismus, Kultur und Macht in der Industriegesellschaft

Ernest Gellner (1925–1995) lehrte 1949–1984 an der London School of Economics, anschließend Sozialanthropologie in Cambridge. 1993 wurde er Direktor am neu gegründeten Zentrum für Nationalismusforschung in seiner Heimatstadt Prag. Gellner befasste sich seit den 1960er Jahren mit dem Studium des Nationalismus. Sein Hauptwerk zum Thema ist das 1983 erschienene *Nations and Nationalism* (deutsche Übersetzung: Gellner 1991). Posthum erschien 1999 unter dem Titel *Nationalismus, Kultur und Macht* Gellners zweites Hauptwerk zum Thema.

Nationalismus als politisches Prinzip

Der »Nationalismus ist vor allem ein politisches Prinzip, das besagt, politische und nationale Einheiten sollten deckungsgleich sein« (Gellner 1991: 8). Er ist eine »Form des politischen Denkens, die auf der Annahme beruht, daß soziale Bindung von kultureller Übereinstimmung abhängt« (Gellner 1999: 17). Die pragmatischen Definitionen zu Beginn seiner Hauptwerke fassen den Kern von Gellners Nationalismustheorie zusammen. Gellner stellt zwei sozialanthropologische Konstanten heraus: erstens die auf Macht ausgerichtete gesellschaftliche Organisation und zweitens die Kultur, welche die Tradierung von Eigenarten und Verhaltensmustern ermöglicht. Organisation und Kultur gelten ihm als »Rohmaterial allen sozialen Lebens« (Gellner 1999: 16). Während beide in irgendeiner Form immer existierten, sind Staat und Nation historisch relativ junge Phänomene. Ohne den Staat als Monopolisten legitimer Gewalt bzw. ohne das Denken in staatlichen Kategorien ist die Nation nicht vorstellbar. Die Nation – Gellner verzichtet zunächst bewusst auf eine Definition – gilt gemeinhin als natürlicher Teil gesellschaftlicher Ordnung, ist jedoch ein rein modernes Phänomen, das Ergebnis bestimmter sozialer Verhältnisse. Ihr Ursprung ist im Übergang von der Agrar- zur Industriegesellschaft zu suchen.

Von der Agrar- zur Industriegesellschaft

In der Agrargesellschaft bildet sich, so Gellner, eine Klasse schriftkundiger Spezialisten für unterschiedliche Bereiche heraus. Der herrschenden Klasse, bestehend aus kleinen voneinander getrennten Gruppen der Machthaber und Gelehrten, steht die große Masse der Bevölkerung als landwirtschaftliche Produzenten gegenüber. Kultur in der Agrargesellschaft dient in allen Bereichen der Differenzierung, sowohl zwischen den Machtgruppen als auch gegenüber der ihrerseits regional-kulturell differenzierten Bevölkerung. Kennzeichnend für die staatliche Organisation ist das Nebeneinander von Großreichen und lokaler Selbstverwaltung. Macht und Kultur sind nicht aufeinander bezogen. Als Element der Binnenhierarchisierung kann Kultur nicht zur Abgrenzung der Gesamtbevölkerung nach außen herangezogen werden. So entwickelten sich in allen vormodernen Gesellschaften zwar Kulturen, aber keine homogene Kultur. An dieser bestand auch kein Interesse. Mit dem Wandel zur Industriegesellschaft verändert sich die Beziehung zwischen Macht und Kultur grundlegend: »Eine Hochkultur durchdringt jetzt die gesamte Gesellschaft, definiert sie und muß vom Gemeinwesen aufrechterhalten werden. *Das* ist das Geheimnis des Nationalismus« (Gellner 1991: 33).

Eine neue Hochkultur

Wie entwickelt sich diese Hochkultur? Im Übergang zur kapitalistischen Industriegesellschaft gewinnen Rationalisierung, Ordnung und Effizienz an Bedeutung. Die Gesellschaft verlangt nach permanentem Wachstum, Fortschritt wird zur Leitidee. Die Folge ist eine unaufhaltsame soziale Mobilisierung. Die Mobilisierung der Bevölkerung führt zum Zerfall der bestehenden hierarchischen Ordnung, sie erzeugt Egalität. Es bildet sich eine neue spezifische Art der Arbeitsteilung heraus, Arbeitsplätze erfahren eine rasante Diversifizierung. Im Vergleich zur Agrargesellschaft, so Gellner, sind die Unterschiede zwischen den Spezialisten aber weitaus geringer. Ein Großteil der Ausbildung ist allgemeiner Art. Lesen, Schreiben, Rechnen etc. werden zu allgemeinen Qualifikationen. Eine exogene, nicht familiäre Ausbildung wird so zur universellen Norm, präzise Kommunikation zum notwendigen Standard. Die moderne Gesellschaft macht *»jede(n)* zum Schriftgelehrten« (ebd.: 52). Die durch Ausbildung vermittelte Kultur als gemeinsames Medium schafft soziale Ordnung. Die Sicherung dieser neuen vereinheitlichten und schriftbasierten Hochkultur kann, so Gellner weiter, nur der Staat garantieren. Aus der Notwendigkeit der universellen Ausbildung der Bevölkerung ergibt sich die für den Nationalismus charakteristische Verbindung von Staat und Hochkultur.

Kulturelle Homogenität

Ein wesentlicher Begleitumstand dieser Entwicklung ist kulturelle Homogenität. Die Idee kultureller Homogenität wird nach Gellner nicht erst durch die Nationalisten aufgebracht, sie ist bereits mit der Entstehung des Nationalismus verbunden und wird zu seiner Voraussetzung, denn sie ergibt sich aus den Anforderungen der Industriegesellschaft. Daher »mußte das Zeitalter des Übergangs zum Industrialismus [...] auch ein Zeitalter des Nationalismus sein« (ebd.: 64), eine zwangsläufig konfliktreiche Phase der kulturellen und politischen Anpassung an den nationalistischen Imperativ. Die meisten bestehenden Kulturen, so Gellner weiter, erwiesen sich in dieser Phase als zu schwach, sie verschwanden. Der Nationalismus ist, anders als von den Nationalisten postuliert, kein »Erwachen« schlafender Kräfte, sondern eine *neue* soziale Organisationsform. Welche Kulturen sich als transformierte Hochkulturen durchsetzten, war nicht vorhersagbar. »Nationalismus als solcher ist zur Vorherrschaft bestimmt, aber nicht *ein* bestimmter Nationalismus« (ebd.: 74).

Erst an diesem Punkt widmet sich Gellner der Frage nach der Nation. Die bekannten Definitionskriterien, der »subjektive« Wille zum Zusammenschluss oder der Bezug auf vermeintlich »objektive« Kriterien wie Kultur, Sprache oder Tradition reichen jedes für sich genommen nicht aus. Beide beschreiben nicht die Nation allein, sondern auch unzählige andere gesellschaftliche Gruppen.

Gellners einfache wie logische Folgerung: »Nationen können nur im Zeitalter des Nationalismus definiert werden«, denn »es ist der Nationalismus, der die Nation hervorbringt, und nicht umgekehrt« (ebd.: 86 f.). Erst die nationalistische Fusion von politischem Willen und einer schon durchgesetzten Hochkultur schafft demzufolge die Nation. Allerdings verstärkt die Verbreitung der Idee Nation ihrerseits den Nationalismus.

Der Übergang zur Industriegesellschaft besitzt nach Gellner eine entropische Qualität, das heißt, der Zerfall der vormodernen Ordnung und die rasche Fluktuation erzeugen Ungewissheit und Unsicherheit. Die Nation erlangt in dieser Situation höchste Bedeutung, sie wird attraktiv, bietet Halt, vermittelt Identität, indem sie loyale und kompetente Mitglieder der Gemeinschaft hervorbringt. Kann die Unsicherheit durch die dauerhafte Ausgrenzung bestimmter gesellschaftlicher Gruppen nicht durch Sezession oder Assimilation überwunden werden, so entwickeln sich höchst gefährliche gesellschaftliche Konflikte (ebd.: 98 ff.). Zu denken wäre etwa an die Situationen der jüdischen Bevölkerung in den meisten europäischen Staaten.

Entwicklungsstadien

Gellner betont, dass die Entwicklung der Nationen nicht einheitlich verlief, stellt aber mit der fiktiven Geschichte der »Ruritanier«[1] im Reich »Megalomania« ein in seinen Augen typisches Ver-

1 Das englische »Ruritania« gilt als Begriff für den typischen mitteleuropäischen Kleinstaat (vgl. Gellner 1995: 35).

laufsmuster heraus, welches deutliche strukturelle Parallelen zum Phasenmodell von Hroch aufweist und offensichtlich vor dem Hintergrund der ostmitteleuropäischen Entwicklung, der nationalistischen Abspaltung aus Großreichen, konstruiert wurde. Als eine Triebkraft der Abspaltung erkennt er ähnlich wie Deutsch bestehende Kommunikationsgrenzen, die im Zuge der Industrialisierung spaltende Wirkung entfalten (ebd.: 90 ff.). Später nennt er zwei Übergangsstadien zu entwickelten nationalistischen Gesellschaften in Mitteleuropa: Das erste Stadium ist die »Wiener Situation« von 1815. Zwar begannen Rationalisierung und der Ausbau von Bildungswesen und Bürokratie die Verhältnisse zu verändern, nationalistische Erwägungen spielten in den Friedensverhandlungen aber noch keine Rolle. Das zweite Stadium ist das »Zeitalter des Irredentismus«. Der Nationalismus versuchte, die politische Landkarte zu verändern, bis 1914 setzte er sich auf ideologischer und literarischer Ebene weitgehend durch. Die Entwicklung seit dem Ersten Weltkrieg teilt Gellner in drei Phasen: das »Zeitalter von Versailles und Wilson«, in dem die nationalistische Doktrin zugunsten der Siegermächte angewendet wurde, Minderheitenprobleme aber bestehen blieben. Dann bis 1945 ein Stadium »ethnischer Säuberungen«, und für die Zeit nach dem Zweiten Weltkrieg die »Schwächung nationaler Gefühle« (Gellner 1999: 81 ff.).

Vier Typen des Nationalismus

In *Nationalismus, Kultur und Macht* unterscheidet Gellner vier in Nord-Süd-Richtung verlaufende Zonen unterschiedlicher Typen des Nationalismus in Europa[2]: Erstens verortet Gellner entlang der Atlantikküste einen durch starke dynastische Staaten und damit weitgehend identische Sprach- und Kulturzonen gekennzeichneten Typ. Die Hochkulturen mussten nicht gegen Konkurrenten ankämpfen (Portugal, Spanien, Frankreich, Großbritannien). Zweitens existierten im Gebiet des ehemaligen Heiligen Römischen Reiches zwar entwickelte Hochkulturen, aber keine Staaten, es herrschte politische Uneinigkeit. Ziel der Nationalisten war die Anpassung (»Einigung«) der Staaten an die Hochkul-

2 Gellner (1991: 133 ff.) hat eine Typologie aus den Kombinationsmöglichkeiten von Macht und Kultur für mono- und bikulturelle Gesellschaften (Teilhabe ja/nein) entwickelt. Der praktische Nutzen dieser logischen Typenbildung scheint aber begrenzt.

turen (Deutschland, Italien). Drittens verortet Gellner im durch Großreiche geprägten Ostmitteleuropa eine Zone der Gewalt und Brutalität. Hier existierten weder ausgeprägte nationale Staaten noch Kulturen, beide mussten erst gewaltsam geschaffen werden, für Gellner »das beste Rezept für eine Katastrophe« (ebd.: 96). Im früheren Einflussgebiet der Sowjetunion verortet Gellner schließlich einen vierten Typ, der ähnlich dem dritten die Phase des Irredentismus durchlief, dann aber durch den Bolschewismus vorerst gestoppt wurde und nach Ende des Kalten Krieges vor einer ungewissen Zukunft steht.

Ideologie und Gewalt

Zu Beginn der 1980er Jahre maß Gellner der nationalistischen Ideologie keine Bedeutung bei. Die nationalistischen Denker würden sich kaum unterscheiden, »ihre eigentlichen Doktrinen sind die Analyse kaum wert« (Gellner 1991: 182). Seine Typologie steht aber vor dem selbst erkannten Problem, vor allem für die zweite geographische Zone, von der im 20. Jahrhundert mit Nationalsozialismus und Faschismus massivste Gewalt ausging, eine vergleichsweise ruhige Entwicklung zu prognostizieren. In *Nationalismus, Kultur und Macht* werden Ideologien daher viel stärker gewichtet. Die deutsche Romantik, zunächst als kultureller, später als politischer Gegenentwurf zur Aufklärung, stellte die kulturellen Eigenheiten, die »Wurzeln« eines Volkes, der Vernunft gegenüber. In Kombination vor allem mit dem Darwinismus entwickelte sich eine extreme Sprengkraft. Die Gemeinschaft wurde biologisch bestimmt, Aggressivität galt als Ausdruck nationalistischer Vitalität. Es formierte sich eine völkische Politik, welche »die Staatsbürgerschaft von den ›Wurzeln‹ abhängig macht, und die Verfolgung der ›Wurzellosen‹ rechtfertigt« (Gellner 1999: 124).

Gellner in der Nationalismusforschung

Gellner gelingt es, das nationalistische Konstrukt der »Natürlichkeit« der Nation plausibel zu widerlegen. Zu Recht verortet er die Entstehung des Nationalismus im Übergang zur Industriegesellschaft. Erst in dieser bringt der Nationalismus die moderne Nation, die staatlich gesicherte homogene Hochkultur hervor. Gellner arbeitet mit der staatlich organisierten Ausbildung ein Kernelement der Verbreitung und Sicherung der Idee Nation heraus. Sein streng funktionalistischer Ansatz tut sich zugleich schwer damit, den Nationalismus als soziale Bewegung und die Entstehung der nationalistischen Gemeinschaftsvorstellung zu erklären – insbesondere dort, wo es keine Industriegesellschaft gab.

3.3 Benedict Anderson: Die Nation als vorgestellte Gemeinschaft

Benedict Anderson (geboren 1939), Professor für International Studies an der amerikanischen Cornell University, veröffentlichte 1983 – im selben Jahr erschien Gellners *Nations and Nationalism* – sein Hauptwerk *Imagined Communities*. Es liegt in deutscher Sprache in vierter, erweiterter Auflage vor. Der Titel der Übersetzung, *Die Erfindung der Nation* (Anderson 2005 [1983]), verleitet allerdings zu einem Fehlschluss. Anderson vertritt keineswegs die These, die Nation sei die Erfindung einer gesellschaftlichen Gruppe. Er erkennt in ihr – so die Aussage des englischen Originaltitels – vielmehr eine neue Form gesellschaftlicher Beziehungen, die »vorgestellte Gemeinschaft«.

Nation als kulturelles System

In einem ersten Schritt arbeitet Anderson die allgemeinen Grundlagen seiner Theorie, die kulturellen Wurzeln und Ursprünge des Nationalbewusstseins heraus. Als ein Problem der Nationalismusforschung benennt Anderson den Umstand, dass der Nationalismus wie eine Weltanschauung behandelt wird, er hingegen schlägt vor, ihn als »kulturelles System« zu betrachten, ähnlich wie die gemeinschaftsbildenden Vorstellungen »Verwandtschaft« und »Religion«.

Die Nation, so Andersons häufig zitierte Definition, »ist eine vorgestellte politische Gemeinschaft – vorgestellt als begrenzt und souverän« (Anderson 2005 [1983]: 15). Die Nation existiert demnach nur in den Köpfen, da ihre Mitglieder sich nicht kennen können und trotzdem die Vorstellung einer Gemeinschaft haben. Die Nation wird vorgestellt als *begrenzt*, da sich der Nationsbegriff stets auf ein bestimmtes Territorium bezieht, als *souverän*, da sie letztlich auf das Ziel eines unabhängigen und mächtigen Staates ausgerichtet ist, und als eine Gemeinschaft jenseits materieller und anderer Unterschiede.

Die Entstehung des kulturellen Systems Nation verortet Anderson im Zusammenhang mit dem Zerfall der zuvor als nicht hinterfragbar geltenden Systeme »religiöse Gemeinschaft« und »dynastisches Reich«. Die großen Religionen des Mittelalters verkörperten riesige vorgestellte Gemeinschaften, Medien der Vorstellung waren die heiligen Schriften (etwa die Bibel oder der Koran) und deren Sprachen (Latein bzw. Arabisch). Eine kleine grenzüberschreitende Schicht Schriftkundiger vermittelte das Verständnis der Welt über diese »Wahrheitssprachen«. Im Spätmittelalter schwand in Europa der durch dieses System erzeugte Zusammenhalt vor allem aus zwei Gründen. Zum einen verdeutlichten die Entdeckungsreisen, dass ein anderes Leben jenseits des eigenen Systems denkbar war, zum anderen erfuhr die als heilig geltende Sprache selbst eine Degradierung gegenüber den übrigen Sprachen. Parallel zum Bedeutungsverlust der Religion verlor auch die »von Gott gegebene« Herrschaft der Dynastien seit dem 17. Jahrhundert ihre »natürliche« Legitimation.

Druckgewerbe und Sprachen

Die Nation ging aber nicht einfach aus dem Zerfall der alten Ordnung hervor. Als zentral, so Anderson, erwies sich eine neue Wahrnehmungsform der Zeit: Die »Gleichzeitigkeit von Vergangenheit und Zukunft in einer unmittelbaren Gegenwart« (ebd.: 32). Erst diese ermöglichte es, sich die Nation vorzustellen. Nach Anderson entwickelte sich diese Form der Wahrnehmung erst Mitte des 18. Jahrhunderts. Jetzt lieferten die »beiden Formen des Vorstellens, [...] Roman und Zeitung [...] die technischen Mittel, d.h. die Repräsentationsmöglichkeiten für das Bewußtsein von Nation« (ebd.: 32). Der Roman vermittelt den Lesern das Bild gleichzeitig handelnder Charaktere, eingebettet in einen gesellschaftlichen Kontext, im Roman wird also »die unmittelbare Vorstellung einer Gemeinschaft erzeug[t]« (ebd.: 35). Über das Lesen der Zeitung erhalten Tausende Leser täglich die Fiktion, gleichzeitig an einer Massenzeremonie teilzunehmen. »Kann man sich ein anschaulicheres Bild für die säkularisierte, historisch gebundene und vorgestellte Gemeinschaft denken?« (ebd.: 41) Als stärkste Triebkraft dieses Wandels der Gemeinschaftsvorstellung identifiziert Anderson das Druckgewerbe.

Mittels der Druckerzeugnisse war grundsätzlich eine horizontalsäkulare und historische Gemeinschaft vorstellbar. Warum aber entwickelte sich gerade der Typ der Nation? Wo liegen die Ursprünge des Nationalbewusstseins? Nach Anderson war hierfür der Kapitalismus der ausschlaggebende Faktor. Im Druckgewerbe erkennt er eine Frühform kapitalistischen, wachstumsorientierten Unternehmertums. Nachdem der relativ kleine Markt der lateinkundigen Schichten gegen Mitte des 17. Jahrhunderts gesättigt war, drängte das Druckgewerbe auf die Erschließung des riesigen Marktes der einsprachigen Massen. Zwei weitere Faktoren förderten die Zersetzung der alten Ordnung: der Protestantismus, welcher mit den Bibelübersetzungen in Landessprachen erstmals eine Massenleserschaft erreichte, und die langsame Etablierung einheitlicher Landessprachen, resultierend aus der bürokratischen Zentralisierung der absolutistischen Herrschaft. Der Nationalismus, so Anderson, ist aber auch ohne diese beiden Faktoren erklärbar, er ist die Folge der »eher zufälligen, doch explosiven Interaktion« (ebd.: 49) der Produktionsweise Kapitalismus, der Technologie des Buchdrucks und der Existenz verschiedener Sprachen. Die massenhaft verbreitete Schriftsprache förderte das Nationalbewusstsein. Sie ermöglichte die gleichzeitige und ausschließliche Verständigung Millionen gleichsprachiger Menschen. Der Buchdruck verlangsamte den Sprachwandel und fixierte schließlich die Sprache. Die der Schriftsprache nahen Dialekte – etwa das Hochdeutsch – bildeten sich als neue Macht- und Kultursprachen heraus. Die Voraussetzungen für den Aufstieg des Nationalismus waren damit gegeben. Vor diesem theoretischen Hintergrund entwickelt Anderson ein Vier-Phasen-Modell zur Entstehung der modernen Nationalstaaten, aus dem hier die ersten drei von besonderem Interesse sind.[3]

Nationalismus in Amerika

Anders als die meisten Nationalismustheoretiker lässt Anderson sein Verlaufsmodell nicht in Europa, sondern in den neu entstehenden Staaten Nord- und Südamerikas beginnen. Noch vor dem Durchbruch des europäischen Nationalismus, der im Allgemeinen auf die antinapoleonischen Kriege seit 1809 datiert wird, führten

3 Die vierte Phase beschäftigt sich mit der Entwicklung des Nationalismus in den postkolonialen Staaten nach 1945.

die »dreizehn Kolonien«, aus denen die USA entstanden, von 1775 bis 1783 sowie die lateinamerikanischen Kolonien von 1810 bis 1824 erfolgreich Unabhängigkeitskriege. Die häufig für die Nationsbildung in Europa angeführten Kriterien, dass Nationen sich über eine exklusive Sprache und Kultur voneinander abgrenzen würden und dass die Mittelschichten Träger des Nationalismus seien, gelten in Amerika nicht. Ein weiteres Spezifikum ist, dass es sich (abgesehen von Brasilien 1822–1889) um republikanische Nationsbildungen handelte. Der amerikanische antikolonialistische Nationalismus war nicht nur in dieser Hinsicht »ein Vorläufer der neuen Staaten Afrikas und teilweise Asiens« (ebd.: 59), sondern auch darin, dass Provinzen mit relativ willkürlich gezogenen Grenzen ein nationales Zusammengehörigkeitsgefühl entwickelten. Aufgrund spanischer Verbote des grenzüberschreitenden Handels hatten sie sich allerdings auch zu ökonomisch abgeschlossenen Einheiten entwickelt. In den nord- und lateinamerikanischen Kolonien waren nicht so sehr die Mittelschichten die Träger des Nationalismus, sondern Angehörige der einheimischen (»kreolischen«) Eliten. Ihnen blieben aufgrund einer »den modernen Rassismus vorwegnehmenden Denkweise« (ebd.: 65), allein weil sie in Übersee geboren waren, Karrierechancen und Entfaltungsmöglichkeiten im Mutterland verwehrt, obwohl sie »praktisch dieselbe Beziehung zu Waffen, Leiden, Christentum und europäischer Kultur besaßen« (ebd.: 65). Gezwungen, in ihrem Herkunftsterritorium Karriere zu machen, wurde für die »kreolischen Funktionäre« durch »Reisen«[4] aus ihrer Provinz ein »Vaterland« – genauso wie die vormodernen vorgestellten Gemeinschaften, die großen Religionen durch Pilgerreisen erfahrbar wurden. Dem Durchbruch des Nationalismus in Amerika ging wie in Europa eine »Revolution« des Marktes für Zeitungen und andere Druckerzeugnisse voraus. Im 18. Jahrhundert entstanden in Amerika mehr als 2.000 Zeitungen neu, von denen knapp 500 über mehr als zehn Jahre erschienen sind. Zeitungen wurden zum zentralen Medium, über sie verbreitete sich die vorgestellte

4 »Reisen« steht hier auch als Metapher für die Karriere. Für »Kreolen« endete sie bestenfalls in der Provinzhauptstadt, da ihnen eine Stellung im Mutterland verwehrt war.

Gemeinschaft der neu entstehenden amerikanischen Nationen. Weder ökonomische Interessen noch freiheitliche Ideen, so Anderson, konnten allein die gegen das Mutterland zu verteidigende Gemeinschaft der lateinamerikanischen Nationen schaffen; vielmehr spielten die kreolischen Funktionäre und Provinzdrucker die entscheidende Rolle.

Nationalismus in Europa

Parallel zu den antikolonialen Befreiungsbewegungen in Amerika begann Anfang des 19. Jahrhunderts das Zeitalter des Nationalismus in Europa. Im Mittelpunkt stand die Sprache, und die Vorstellung der Nation fußte hier auf historischen Vorbildern. Die Nationsbildung und der Nationalstaat wurden zu bewusst verfolgten Zielen. Anderson benennt den großen Einfluss Herders für die Idee der Abhängigkeit einer Nation von einer exklusiven Sprache. Nicht allein das Latein, alle Sprachen waren nun der Verehrung durch ihre Sprecher und Leser würdig. War die Entwicklung der Sprachen zuvor ein zufälliger, von Verwaltungsanforderungen bestimmter Prozess, so entwickelte sich im späten 18. Jahrhundert eine vergleichende Sprachwissenschaft. Sprachwissenschaftler und Literaten produzierten für den schriftkundigen Markt, für den Adel und das aufsteigende Bürgertum. Während der Adel es noch vermochte, mittels Verwandtschaft und Klassensolidarität zu einer konkreten Vorstellung seiner selbst zu gelangen, wurde die Schriftsprache zum Medium der Bourgeoisien, der »ersten Klassen, die Solidarität auf einer wesentlich vorgestellten Grundlage herzustellen vermochten« (ebd.: 82). Universitäten und Schulen wurden zu den wichtigsten Vermittlungsinstanzen für den Nationalismus. Im dynastischen Europa stimmten Sprach- und Landesgrenzen aber selten überein. In einigen Dynastien zog die Durchsetzung einer einheitlichen Landessprache explosive Folgen nach sich. Die Protagonisten des Nationalismus versuchten die Massen zu begeistern. Mit der literarischen Verbreitung der Geschichte der Amerikanischen und der Französischen Revolution und ihrer Ideen stand ab den 1820er Jahren ein »Modell« für die Entstehung des unabhängigen Nationalstaats zur Verfügung, Standards waren gesetzt. Aus diesem Grund, so Anderson, besaßen die Nationalbewegungen in Europa im Vergleich zu jenen in Amerika einen besonders populistischen Charakter.

Nationalismus als Legitimation

Die Herrscher stellte das Aufkommen des Nationalismus vor erhebliche Legitimationsprobleme. Die »lexikographische Revolution« (ebd.: 88) forderte das Recht auf Selbstbestimmung jeder Sprachgruppe. Anderson verweist auf die Tendenz der Herrscher, sich den Nationalismus anzueignen. Die dritte Phase, der »offizielle Nationalismus« als »reaktionärer Modellierungsprozess« (ebd.: 92), erfolgte als Antwort auf den »Volksnationalismus«, auf Druck der Nationalbewegungen. Im Verbund mit dem Imperialismus erzeugte der offizielle Nationalismus gewaltige Widersprüche, etwa in den englischen Kolonien zwischen der Idee des Empire und jener der Nation, aber auch im Innern der Dynastien. Als einer unter Gleichen konnte der Herrscher die Sakralität als Grundlage seiner Herrschaft schwerlich begründen. Nach 1918, spätestens nach 1945 brachen die Dynastien zusammen, in den Kolonien regte sich ihrerseits der Nationalismus.

In den Neuauflagen seines wissenschaftlichen Bestsellers hat Anderson weitere Elemente behandelt, die die vorgestellte Gemeinschaft der Nation stützen. Auf nationalstaatlicher Ebene fungieren Volkszählungen und Landkarten nach Anderson als auf Totalität zielende Klassifikationen. Beide vereinheitlichen, setzen und vermitteln die Grenzen der Nation. Die Landkarte wirkt als Logo des Landes und ist ein wichtiges Identifikationssymbol. Museen werden zu den wichtigsten Vermittlungsinstanzen der Nationsvorstellung. Volkszählungen, Landkarten und Museen schaffen Raster, mit deren Hilfe man immer von etwas sagen könne, »daß es dieses und nicht jenes ist, daß es hier an diese Stelle gehört, und nicht an jene« (ebd.: 185).

Vereinnahmung der Vergangenheit

Hinzu kommt die nationalistische Vereinnahmung der Vergangenheit. Während die frühen Nationalisten in Amerika und während der Französischen Revolution eine *neue* Ordnung schaffen wollten und ihnen deshalb der Bezug auf die Vergangenheit fremd war, bezogen sich die späteren europäischen Nationalisten sehr gern auf die Geschichte. Das europäische Bild der »erwachenden« Nation war Anderson zufolge attraktiv, weil es erlaubte, das Zuspätkommen gegenüber Amerika und Frankreich sowie den starken Bezug auf die jeweilige Sprache zu rechtfertigen. Jede historische Begründung einer Nation erzeugt das

Paradoxon von Erinnern und Vergessen. Die Geschichte wird mit Bezug auf gegenwärtige Vorstellungen vermittelt. So wird beispielsweise zwar jedem englischen Schulkind Wilhelm der Eroberer als Gründungsvater Englands vorgestellt. Vergessen werden muss zugleich aber, dass dieser kein Englisch sprach, die englische Sprache nicht einmal existierte, und dass die einzige moderne Antwort auf die Frage, was er erobert hat, lauten müsse, er sei der Eroberer Englands, »was den alten normannischen Räuber in einen Vorläufer von Napoleon oder Hitler verwandeln würde« (ebd.: 203). Kontext und Selbstbild historischer Akteure müssen ausgeblendet werden, um die Geschichte für den nationalistischen Diskurs handhabbar zu machen. Die Biographie einer Nation hat weder Anfang noch Ende, die Geschichte wird rückwärts interpretiert.

Anderson in der Nationalismusforschung

Andersons Theorie der Nation als vorgestellter Gemeinschaft setzt gegenwärtig, stärker noch als Gellners Werk, den theoretischen Maßstab der Nationalismusforschung. Für viele jüngere Fachpublikationen und Einzelfallstudien zum Nationalismus liefert sie das theoretische Rahmenkonzept. Auch in anderen Disziplinen wurde der Ansatz der »imagined communities« breit rezipiert und übernommen. Anderson gelingt es nicht nur, das kulturell Neue der Vorstellung von der Nation herauszustellen, sondern er bietet auch eine plausible materialistisch gestützte Erklärung des Wandels der Gemeinschaftsvorstellungen an. Die Stärke von Andersons Ansatz liegt vor allem darin zu erklären, wie sich neue Gemeinschaftsvorstellungen in den kulturellen Eliten durchsetzten. Wie diese Ideen allerdings zu politischen Bewegungen und schließlich zu Massenphänomenen werden, interessiert ihn weniger. Darüber hinaus ist Andersons Theorie auch unter den Spezialisten nicht ohne Widerspruch geblieben. Unter den Nationalismustheoretikern stammt die prominenteste Kritik an Anderson wie an der neuen Nationalismustheorie insgesamt von Anthony D. Smith.

3.4 Anthony D. Smith: Die Kontinuität der Ethnie und ihr Einfluss auf den Nationalismus

Anthony D. Smith studierte bei Gellner und ist Professor of Ethnicity and Nationalism an der London School of Economics. Gegenüber der von Deutsch, Gellner und Anderson entwickelten Verortung der Entstehung des Nationalismus in der Moderne vertritt er eine abweichende Perspektive. Mit seinem Ansatz des »ethno-symbolism« hält er als Gegenentwurf zur Dekonstruktion der Nation an deren ethnischen Ursprüngen und ihrer Prägekraft fest. Smith wiederholt seine Theorie in mehreren Publikationen. Anhand seiner Werke *The Nation in History* (Smith 2000) und *Nationalism* (Smith 2001) wird dieser Ansatz im Folgenden nachgezeichnet. Erstaunlicherweise ist bisher keines dieser im angelsächsischen Sprachraum breit rezipierten Bücher auf deutsch erschienen.

Nach Smith kennzeichnen drei große Kontroversen die Nationalismusforschung. Erstens: Basiert die Nation auf organisch-kultureller Grundlage, oder ist sie eine Willensgemeinschaft? Zweitens: Ist der Nationalismus ein historisch langlebiges oder ein modernes Phänomen? Und drittens, daraus resultierend: Ist die Nation ein modernes Konstrukt, oder fußt sie auf ethno-symbolischer Vorprägung? Welche Rolle spielt die Vergangenheit in der Gegenwart und für die Zukunft der Nation?

»Ethnische Ursprünge«

In seinen Definitionen von Nation und Nationalismus versucht Smith zwischen den Standpunkten der beiden erstgenannten Kontroversen zu vermitteln. Die Nation wird definiert als eine »named human community occupying a homeland, and having common myths and a shared history, a common public culture, a single economy and common rights and duties for all members« (Smith 2001: 13). Den Nationalismus versteht Smith als »an ideological movement for the attainment and maintenance of autonomy, unity, and identity on behalf of a population deemed by some of its members to constitute an actual or potential ›nation‹« (Smith 2000: 3). Ein sich allein auf den Willen stützendes Nationsverständnis muss nach Smith empirisch versagen, da es den zentralen, vehementen Bezug der Nationalisten auf die »heiligen Ursprünge« ihrer Nation nicht erklären kann. Zwar sei ein allein auf organischen, natürlichen Ursprüngen basierendes Verständnis der Nation nicht mehr haltbar, damit sei jedoch nicht jeder Verweis auf vormoderne Wurzeln des Nationalismus entkräftet. Die ethnische Gemeinschaftsform entfalte auch in der Nation ihre »Kontinuitätskraft«.

Jede Nation basiere nicht allein auf dem Willen, sondern zugleich auf »ethnischen« Ursprüngen. Aus diesem Verständnis ergibt sich die vermittelnde Position im Streit um die Verortung der Nation in der Moderne. Die Nation ist Smith zufolge zwar eine zu komplexe Gemeinschaft, um sie mit vormodernen kollektiv-kulturellen Identitätsformen gleichzusetzen, aber die Beziehungen zwischen diesen älteren Formen und der modernen Nation müssen beachtet werden.

Kritik am Dekonstruktivismus

Smith richtet sich damit direkt gegen die seit den 1980er Jahren vorherrschende Perspektive auf den Nationalismus, die Gellner und Anderson begründet haben. Explizit greift er zwei Positionen an, zum einen den von Eric Hobsbawm geprägten Begriff der »invented traditions«, zum anderen Andersons »imagined communities«. Hobsbawm und Terence Ranger stellen heraus, dass Nationalisten die Vergangenheit in ihrem Sinne vereinnahmen und interpretieren, nationale Traditionen »erfinden« (Hobsbawm/Ranger 1997). Smith hält ihnen vor, dass die Traditionen als Erfindungen nicht die Wirkungskraft entfalten könnten, die von ihnen ausgeht. Zudem gebe es Beweise, dass bestimmte Traditionen nicht erfunden sind. Anderson entgegnet er, die einseitige Darstellung einer vorgestellten Gemeinschaft übersehe tradierte und äußerst vitale Heimatgefühle. Smith stellt drei generelle Kritikpunkte an den von ihm als sozialkonstruktivistisch bezeichneten Theorien heraus. Erstens: Wenn der Nationalismus so leicht zu dekonstruieren ist, warum glauben dann die meisten Menschen nach wie vor an ihn? Er ist tief in Alltagssprache und Lebenswelten eingebettet. Zweitens: Die Analyse des Nationalismus als von Eliten vorangetriebene Idee übersieht den Einfluss der unteren Schichten und kann die tiefe emotionale Bindung an die Nation nicht erklären. Drittens, und das ist zentral: Die »sozialkonstruktivistischen« neuen Nationalismustheorien schotten sich gegen vormoderne Faktoren ab, für sie determiniert die Gegenwart den Blick auf die Vergangenheit. Aber gerade die Vergangenheit, so Smith, formt die Art und Weise, wie die Nation in der Gegenwart vorgestellt wird.

Ethnosymbolischer Ansatz

Smith stellt mit seinem ethno-symbolischen Ansatz die Verbindungen und Wirkungen früherer Gemeinschaftsformen heraus: »The relationship of the past, especially of the ›ethnic past‹ or pasts, to the national present is crucial« (Smith 2000: 63). Er erkennt drei Wirkungsmuster: Die Wiederkehr früherer, der Nation sehr ähnlicher Gemeinschaftsformen – Smith nennt die antiken jüdischen und armenischen Gemeinschaften, die institutionelle Kontinuität in Bezug auf Territorien, Mythen, Kultur, sowie die Aneignung »ihrer« Vergangenheit durch spätere Generationen. Der Begriff der »Ethnie« ist nicht im Sinne des deutschen Begriffs »Volk« als Abstammungsgemeinschaft zu verstehen. Smith definiert die Ethnie als »a named human population with myths of common ancestry, shared historical memories, one or more elements of shared culture, a link with a homeland, and a measure of solidarity, at least among the elites« (ebd.: 65). Im Gegensatz zur Nation, ihrer Bindung an allgemeine öffentliche Kultur und ein Territorium wird die Ethnie primär durch ihre Herkunft, Geschichte und Abstammungsmythen bestimmt. Die Nation beinhaltet nach Smith ethnische und staatsbürgerliche Elemente, sie kann aus einer oder mehreren Ethnien hervorgehen, wobei meist sehr starke Bezüge auf eine bestimmte Ethnie vorzufinden sind. Neben neuen nationalen Symbolen prägen über viele Generationen überlieferte ethnische Mythen und Symbole das Selbstverständnis der Nation.

Drei Typen von Völkern

Wie und wann entwickelten sich vor diesem Hintergrund die modernen Nationen? Die Mehrzahl entstand zwar nach Ende des 18. Jahrhunderts, es lässt sich jedoch keine simple Periodisierung feststellen. Die Entstehung der Nationen muss nach Smith auf der Grundlage einer Langzeitanalyse der ihnen vorausgehenden ethnischen Verbände betrachtet werden. Smith differenziert zwischen drei Typen von Völkern. In Osteuropa identifiziert er

»lateral-aristokratische« Völker. Sie sollen über ein weit gestrecktes Herrschaftsgebiet verfügen, in dem aber die sozio-kulturellen Strukturen von aristokratischen Eliten nicht flächendeckend durchgesetzt werden konnten. Beim zweiten, als »vertikal-demotisch« bezeichneten westeuropäischen Typ seien kulturelle Errungenschaften und Standards stärker durchgesetzt worden und deshalb eine nationalistische Mobilisierung der Bevölkerung leichter gewesen. Der »westliche Weg« bestand demnach in der langwierigen Einübung der Bewohner eines von einer Aristokratie beherrschten Territoriums mit Hilfe des Staatsapparates in die aus nationalstaatlicher Sicht erforderlichen Verhaltensweisen. Der »östliche Weg« bestand für Smith demgegenüber in der Mobilisierung durch eine oppositionelle Intelligenzija, die sich dazu alter Mythen und Symbole bediente. Als einen dritten Typ benennt er »fragmentarisch-emigrierte« Ethnien, vorzufinden in den USA oder Australien. Emigranten formten dort aus Fragmenten einer oder mehrerer Ethnien eine neue Nation. Im Bezug auf Europa kann diese Typologie keine neue Perspektive eröffnen, die über die in der Einleitung angeführte klassische Unterscheidung zwischen west- und osteuropäischen Typen hinausführen würde. Die hermetische Begrifflichkeit trägt zudem kaum zur Verständlichkeit und zur Verbreitung von Smiths Typologie bei.

Die Entwicklungswege der Nationen sind für Smith durch die ethnischen Ursprünge mitbestimmt, wenn auch nicht determiniert. Die Idee Nation selbst sei ein vitales Element, sie bleibe aber, das beweise nicht zuletzt ihre Symbolik, in ihren ethnischen Kontext eingebettet. Der ethno-symbolische Ansatz erlaube es, so Smith, die Binnenperspektive der Nationalismen nachzuvollziehen. Er ermögliche es, über die Langzeitperspektive den Einfluss der Vergangenheit auf die Nationsbildung zu erfassen. Er nehme das Problem kollektiver Leidenschaft und Bindung an die Nation in den Blick. So könnten Kontinuität und Wandel, aber auch Konflikte erklärt und gedeutet werden. Auch Smith weiß, dass es keine direkten Verbindungen zwischen den Ethnien früherer Zeiten und den modernen Nationen gibt. Zahlreiche ältere Ethnien erreichten nie die Stufe ökonomischer, rechtlicher und politischer Vereinheitlichung, die Voraussetzungen eines modernen

Nationalstaates sind, und Smith betont selbst, dass es zahlreicher Transformationen bedarf, damit eine Nation entsteht. Doch er besteht darauf, dass die objektive Realität einer ethnischen Identität für jeden Nationsbildungsprozess von Bedeutung ist: Nationalismus beziehe sich überwiegend auf vorhandene Identitäten, die er zwar selektiv gebrauche und manipuliere, aber nie völlig neu konstruiere.

Zwei kritische Einwände

Unabhängig davon, dass Smith weitgehend darauf verzichtet, seine Theorie empirisch zu fundieren, lassen sich theoretisch vor allem zwei Einwände formulieren. Einen ersten Einwand erhob Gellner bereits gegenüber seinem Schüler Smith: Wenn das Fortwirken der Ethnie tatsächlich eine zentrale Voraussetzung des entstehenden Nationalismus war, wie ist es dann zu erklären, dass sich in vielen Fällen im 19. Jahrhundert Nationalismen formierten und Nationen durchsetzten, in denen keinerlei Bezüge auf eine vorhergehende Ethnie existierten, in denen selbst der Name keine Kontinuität zu älteren Völkern aufweist, sondern erst im 19. Jahrhundert entstand? Exemplarisch nennt Gellner die estnische Nation (vgl. Smith/Gellner 1996: 357 ff.). Es bleibt offen, warum Smiths Erklärungsansatz der ethnischen Kontinuität plausibler sein soll als der Verweis auf die »invention of tradition«. Zweitens: Die Konzeption der Ethnie als ursprüngliche Gemeinschaftsform stößt in den Sozialwissenschaften auf ähnliche Kritik wie sie Anderson für die Nation entwickelt hat. Auch die Ethnie verfügt nicht über einen »natürlichen« Kern. Als Definitionskriterium bliebe einzig das Bewusstsein, zur Ethnie zu gehören (vgl. Elwert 1989). Voraussetzung für die postulierte Prägekraft wäre aber, dass die Bevölkerung diese Verbundenheit bereits vor Aufkommen des Nationalismus besaß. Doch ein solch vorgestelltes Gemeinschaftsgefühl vermittelte erst der Nationalismus. Alle wichtigen Institutionen, die eine nationale Identität vermitteln, sind spezifisch modern: Parlamente, populäre Literatur, Schulen, funktionierende Infrastruktur und (Massen-)Kommunikation; die älteren, überregionalen Institutionen (Kirche, Orden, Monarchie, Hanse) waren international (oder: interethnisch) ausgerichtet. Das heißt nicht, dass bestimmte Elemente vornationaler Gesellschaften (etwa staatliche Institutionen, Sprache usw.) nicht auch in der Nation existierten und dort identitätsstiftend wirken. Das jedoch haben auch Anderson und Gellner nicht bestritten.

3.5 Aktuelle Themen und Kontroversen

Die internationale wie die deutsche Nationalismusforschung erfahren seit den 1980er Jahren einen erheblichen Aufschwung. Neben den dargestellten Theorien von Gellner, Anderson und Smith brachte die Forschung teils in Reaktion auf Leerstellen dieser Theorien, teils als Ergänzung oder Korrekturen neue Theoreme und Kontroversen hervor. Im Folgenden werden vier zentrale Gegenstandsbereiche dieser neuen Ansätze und Diskussionen in den Blick genommen.

3.5.1 Nationalismus, Partizipation und Aggression

Bereits zu Beginn dieser Einführung stellten wir die Janusköpfigkeit des Nationalismus heraus. Auch Anderson und Gellner betonen in ihren Theorien, dass der Übergang zum und die Verbreitung des Nationalismus äußerst konfliktreich verläuft. Trotzdem gerieten sie in die Kritik jüngerer sozialwissenschaftlicher Ansätze. Der Nationalismus sei zu stark aus der Binnenperspektive des Einschlusses, zu wenig vom Ausschluss her gedeutet worden, Krieg und Gewalt als die Nation konstituierende Faktoren hätten zu wenig Beachtung erfahren.

Inklusion und Exklusion

Die Hervorhebung der Ausgrenzung ist dabei theoretisch eng an die Analyse der Nation als modernes Phänomen, an die Neuinterpretation als vorgestellte Gemeinschaft gekoppelt. Den Hintergrund dieses Ansatzes bildet die Systemtheorie als Theorie funktionaler Differenzierung mit ihren Termini von Inklusion und Exklusion (vgl. Luhmann 1994). Empirisch fundiert wird dieser Ansatz durch diskursanalytische Studien (vgl. Jeismann 1992).

Im Prozess der Modernisierung, der Auflösung der alten Ordnung, heben demnach der Nationalismus und die Idee der Nationalität bestehende gesellschaftliche Widersprüche auf und bilden »Brücken zur Integration trotz struktureller Desintegration« (Nassehi 1990: 269). Die Identitätsbildung erfolgt durch den Prozess von Inklusion und Exklusion. Inklusion ist aber nur durch Exklusion möglich. »Die Definition des Feindes ist daher gleichursprünglich mit der Definition der durch ihn bedrohten Einheit« (Hoffmann 1993: 22). Neue aufstrebende Machteliten forcieren diesen Prozess zur Durchsetzung ihres Herrschaftsanspruches. Die aus ihren alten sozialen Bindungen gelösten, in neuen unsicheren Verhältnissen stehenden Individuen versuchen, ihre Identität zu festigen. Die Abgrenzung ist aber nicht allein Strategie bestimmter Akteure, sie ist vielmehr in der Idee Nation selbst intendiert. Die nationalistische Mobilisierung bündelt die gesellschaftlichen Widersprüche auf ein vermeintliches Problem. Je dringlicher es erscheint, desto gewalttätigere Mittel ergreifen die Nationalisten zu dessen Lösung. Einen zentralen Mobilisierungsfaktor bilden nationalistische Stereotype »des Anderen« (vgl. Jeismann 1991: 87 ff.). Im Krieg, so die Schlussfolgerung, wird die Nation nicht bedroht, sondern es entsteht im Gegenteil die Möglichkeit, die Nation, das Volk zu konstituieren.

Nationalismus und Gewalt

Diese theoretische Grundannahme ist (nicht allein) am Beispiel des deutschen Nationalismus in vielen Fachpublikationen empirisch fundiert worden (bibliogr. Hinweise bei Langewiesche 1995: 192 ff.). »Kriegerische Gewalt und rhetorische Aggression [sind] unmittelbare Bestandteile der Entwicklung der modernen Nationen im 19. Jahrhundert« (Jeismann 1992: 16). Über diese Bewertung gibt es gegenwärtig einen breiten Konsens. Dass Nationalismus fast immer zu Krieg geführt hat, ist eines der stärksten Argumente für die prinzipielle Janusköpfigkeit des Nationalismus, von der die meisten neueren Nationalismustheorien ausgehen. Sie wenden sich explizit gegen das Nationalismusverständnis, welches zwischen einem frühen, demokratischen »linken« und einem Ende des 19. Jahrhunderts gewandelten, kriegerischen »rechten« oder extremen Nationalismus differenziert. Der Nationalismus ist jedoch immer ein doppelbödiges Phänomen. Er integriert nach innen und grenzt nach außen ab. In die Integration ist bereits die Ausgrenzung eingeschrieben, und in der Ausgrenzung konstituiert sich zugleich die eigene Gemeinschaft. Der Nationalismus entwickelt sich immer im »Spannungsfeld zwischen den beiden Hauptpolen [...] Partizipation und Aggression« (Langewiesche 1994: 10).

Rassismus und Antisemitismus

Der Nationalismus bedarf der Kriterien von Inklusion und Exklusion. Wie aber wird zwischen Eigen- und Fremdgruppe differenziert? Wie wird bestimmt, wer ein- und wer ausgeschlossen wird? Die jüngere sozialwissenschaftliche Rassismusforschung betont, dass es an diesem Punkt einen unweigerlichen Zusammenhang zwischen Nationalismus und modernem Rassismus gibt (vgl. Balibar 1987; Miles 1999). Die seit dem 18. Jahrhundert vorangetriebene Rassenkonstruktion gibt »Rasse« und »Kultur« als universelle, anthropologische Maßstäbe zur Differenzierung und Hierarchisierung der Weltbevölkerung aus. Die rassistische Ideologie projiziert historische und soziologische Unterschiede in die Natur. Die Funktion des Rassismus liegt darin, »daß bestimmten phänotypischen und/oder genetischen Eigenschaften von Menschen Bedeutungen dergestalt zugeschrieben werden, daß daraus ein System von Kategorien entsteht, wobei den unter diesen Kategorien subsumierten Menschen zusätzliche (negativ bewertete) Eigenschaften zugeordnet werden« (Miles 1990: 9). Mit der Abwertung »des Anderen« geht die Selbstaufwertung einher. Rassismus ist ebenso vielfältig wie dynamisch. So kann der explizit rassistische Diskurs auch hinter anderen Begriffen (»kulturelle Differenz«) verschwinden, ohne dabei seine Wirkung einzubüßen.

Rassismus und Nationalismus sind trotz augenfälliger funktionaler Parallelen nicht identisch. Dem Rassismus fehlt das politische Projekt des Nationalismus, wonach die Nation nur auf einem bestimmten Territorium, sich selbst regierend zur Geltung (als »begrenzte, souveräne politische Gemeinschaft«) kommt. Darüber hinaus kann der Rassismus auch als »Supra-Nationalismus« (Balibar), etwa im Bezug auf »die Weißen« oder die »arische Rasse«, über nationale Grenzen hinweg Gemeinschaften konstituieren. Balibar identifiziert im Rassismus eine für die Herausbildung des europäischen Nationalismus notwendige Tendenz. Keine Nation, kein Nationalstaat besaß eine »natürliche« ethnische Basis. Erst der Rassismus erzeugte einen Begriff von Ethnizität, definierte das Volk, um das sich die Nation organisieren konnte. Bedingung des modernen Rassismus ist dabei zugleich die nationalistische Vorstellung von Egalität. Denn diese Gleichheit galt nur nach innen, nach außen musste das nationale Kollektiv abgegrenzt werden. In der extremsten Form dieser Verknüpfung wurde die biologisch definierte »Rasse« selbst zum einzigen Bestimmungsfaktor der Nation (vgl. Mosse 1997). Ein ähnliches Verhältnis besteht nach innen gewendet – mindestens im deutschen Fall – für das Verhältnis von Antisemitismus und Nationalismus. *Die Konstruktion der Nation gegen die Juden* (Alter u.a. 1999) ermöglichte den Einschluss der Eigengruppe durch den Ausschluss der als »fremd« definierten (vgl. auch Hoffmann 2001).

Die Verbindung von Rassismus, Antisemitismus und Nationalismus ist demnach keine Pervertierung oder formale Veränderung des Letzteren, sondern eine historische Verknüpfung.

Rassismus und Antisemitismus ermöglichen die Konstruktion der nationalen Eigengruppe und gehen wiederum selbst fortwährend aus dem Nationalismus hervor. Diese Konstellation aber ist theoretisch nicht notwendig, Nationalismus ist auch ohne Rassismus und Antisemitismus denkbar. Doch die historische Betrachtung offenbart den seit dem Ende des 18. Jahrhunderts wirkenden Zusammenhang. Insofern wäre es im Anschluss an Balibar denkbar, mit Bezug auf die von der Forschung vermissten historischen Theorien und Theoretiker des Nationalismus, gerade auf Rassismus, Antisemitismus und ihre Propagandisten zu verweisen (vgl. Balibar 1987: 83).

3.5.2 Nationalismus und Religion

Wie oben ausgeführt, schlägt Benedict Anderson vor, den Nationalismus ähnlich wie die Religion als ein kulturelles System zu begreifen. Anderson sieht den Bedeutungsverlust der Religion als einen Auslöser für die Entstehung des Nationalismus an. Im deutschsprachigen Raum haben Wehler und andere die »Entwicklung des Nationalismus zur politischen Religion« (Wehler 2001: 32) betont.

Funktionale Ablösung?

Wehler interpretiert die Säkularisierung und den Aufstieg des Nationalismus über die Parallelen von Religion und Nationalismus. Die Grundlage liefert ein streng funktionalistischer Religionsbegriff. Kennzeichen der Religion »als ein kulturelles Deutungssystem« (ebd.: 32) sind demnach der »Entwurf eines umfassenden Weltbildes«, »umfassende Sinndeutung«, das »Versprechen der Sinnstiftung [...] bis hin zur Forderung des Märtyrertods« und das »Beharren auf dem Deutungsmonopol« bei einem gleichzeitigen »hohen Maß an Elastizität«. Des Weiteren nennt Wehler unter anderem die »Vergemeinschaftung zu einem Solidarverband« mittels »schroffer Abgrenzung«, gestärkt »durch Rituale, welche die Macht des Glaubens [...] erfahrbar machen« und den Trost für gegenwärtiges Leid durch Verweis auf »die Utopie eines Endzustandes« (ebd.: 32 f.). In nationalistischen Texten sind Vorstellungen, die einen religiösen Hintergrund haben, allgegenwärtig: Das eigene ist häufig ein von Gott privilegiertes, »auserwähltes« Volk, es hat eine »nationale Sendung«. Opfer spielen im nationalistischen Diskurs wie im Christentum eine zentrale Rolle. Stirbt jemand in einem Nationalkrieg, so hat er sich auf dem »Altar des Vaterlandes« geopfert. Der Nationalismus, so Wehler, habe ausgehend von seinen frühen westeuropäischen Trägern das Erbe der christlichen Religion und ihres jüdischen Kerns angetreten. Der Nationalismus adaptiere vor allem vier religiöse Elemente: erstens die Vorstellung von der Nation als »auserwähltes Volk«; zweitens den Bezug auf ein Territorium als »heiliges Land« und die daraus resultierende Wahrnehmung potenzieller Konkurrenten als »Todfeinde«; drittens die Übernahme der Prädestinationslehre, so dass jede Nation ihre Mission zu erfüllen habe; viertens den Gedanken der Brüderlichkeit, allerdings beschränkt auf die eigene Nation. Die Ideen des Nationalismus basieren, so Wehler, auf der »Säkularisierung religiöser Traditionsbestände« (ebd.: 29).

Nationalismus und Religion

Wolfgang Altgeld (1992: 10 ff.) übt an dieser von Wehler bereits in früheren Schriften vertretenen Religionsauffassung Kritik. Eine so weitgehende funktionale Entgrenzung des Religionsbegriffs, die alleinige Bestimmung über historisch-soziale Interessen, ließe es nicht mehr zu, von der Existenz christlicher Religion im nationalistischen Zeitalter auszugehen. Zudem definiere Wehler Religion aus säkularer Perspektive, also tendenziös. Vor allem der erste Vorwurf scheint begründet. Altgeld setzt den Funktionalisten einen historisch-substanziellen Religionsbegriff entgegen. Die Analyse dürfe Religion nicht als historische Konstante betrachten, sondern müsse die spezifischen Erscheinungsformen von Christen- und Judentum nach der Aufklärung und verschiedene Einflüsse und Spannungen zwischen den Konfessionen betrachten und sich dabei nicht allein auf das Kirchenchristentum beschränken. Subjektiv religiöse Einstellungen dürften nicht mit der Religion an sich gleichgesetzt werden.

Die These vom Zusammenhang zwischen Säkularisierung und dem Aufstieg des Nationalismus weist Altgeld zurück. Säkularisierung eigne sich nicht als historischer Abgrenzungsbegriff, sie sei ein nicht linearer, nicht in zeitlichen Grenzen verlaufender Prozess, sondern auch eine Wandlung innerhalb der Religion selbst. Der Nationalismus löse die Religion nicht als Äquivalent ab, vielmehr müssen beide in zeitlichem Zusammenhang gesehen werden. Denn »das 19. Jahrhundert [war] ebenso das Jahrhundert massenkultureller christ-religiöser Erneuerung wie das des Aufstiegs der modernen Ideologie, der politischen Massenbewegungen« (ebd.: 19). Schließlich betrachten die Nationalisten ihre Nation nicht als Gottesersatz, sondern sie versuchen oftmals, die Nation religiös zu legitimieren. Auf der Agenda stehe daher der »Versuch einer Rekonstruktion kollektiver Ideen zum Verhältnis von Religion und deutscher Nation« (ebd.: 24). Als eine einflussreiche Variante dieses Verhältnisses hebt Altgeld das »nationalreligiöse Denken« hervor. Die Nation wird als höchste Offenbarung Gottes sakralisiert, die Religion zugleich in der Idee einer eigentümlichen Nationalreligion aufgelöst.[5]

Nationalreligiosität

Den Nutzen dieser Kategorie für die Analyse des deutschen Nationalismus stellt Dietmar Klenke heraus (Klenke 2003). Anschließend an Altgeld konstatiert er die Verlagerung konfes-

5 Altgelds (1992: 63) These, ein stärkerer Bezug auf den Katholizismus hätte den »deutschen Sonderweg« bis zum Holocaust vermieden, ist zu simpel.

sionsübergreifender religiöser Anschauungen in nichtkirchliche Organisationsformen. »Nationalreligiosität«, so Klenke, habe sich zwischen Vormärz und Reichsgründung zur Grundhaltung eines beträchtlichen Teils der deutschen Nationalbewegung entwickelt und das Verhalten der nationalistischen Akteure maßgebend geprägt. Klenke identifiziert fünf Kernelemente des deutschen nationalreligiösen Denkens: die »Sprache als gottgewollte Grundlage«, die »Nation als höchste [...] Sittengemeinschaft«, »die Befreiungskriege [...] als heilsgeschichtlicher Wendepunkt«, »die Verpflichtung der Deutschen auf eine [...] Kampf- und Aufopferungsethik« sowie den »nationalreligiöse[n] Führerglaube[n]« (ebd.: 400). In Symboliken und Kommunikationsstilen, auf Festen und in Vereinen sei dieses Denken ausgelebt worden. Als einen wesentlichen Mobilisierungsfaktor benennt Klenke die aggressive außenpolitische Problemwahrnehmung und findet damit den Anschluss an die zuvor vorgestellten Ansätze: »Diese bellizistisch-religiöse Wertewelt verband sich [...] mit einem bildungsbürgerlichen Partizipationsverständnis« (ebd.: 425). Der Anspruch auf demokratische Teilhabe an politischer und wirtschaftlicher Macht innerhalb der Nation stand nicht im Widerspruch zur gewalttätigen Abgrenzung nach außen.

Bereits am deutschen Beispiel wird deutlich, dass Wehlers aus dem frühen westeuropäischen Nationalismus abgeleitete These der funktionalen Ablösung der Religion durch Nationalismus sich als zu einfach erweist, um sie zu generalisieren.

Jüngst hat Weichlein darauf verwiesen, dass in Europa kein einheitlicher Wirkungszusammenhang zwischen Religion und Nationalismus zu erkennen ist. Die Nation konnte gegen die Religion in Stellung gebracht werden, Konfessionen konnten innerhalb der entstehenden Nationen trennend wirken, der Nationalismus konnte religiös aufgeladen oder die Religion – insbesondere von Minderheiten – als mobilisierender Faktor der Abgrenzung herausgestellt werden (Weichlein 2006b: 19 ff.). Gegenüber einer allgemeingültigen Hypothese zum Verhältnis von Nationalismus und Religion scheinen aus diesem Grunde Einzelfallstudien wie jene von Klenke besser geeignet, die jeweils unterschiedlichen Beziehungen zwischen Nation und Religion herauszuarbeiten (vgl. auch Haupt/Langewiesche 2004).

3.5.3 Nation und Geschlecht

Struktur und Bedeutung der Geschlechterverhältnisse für politisch-gesellschaftliche Verhältnisse wurden in der historischen wie der sozialwissenschaftlichen Forschung über lange Zeit ausgeblendet. Die Nationalismusforschung stellt keine Ausnahme dar. Erst seit den frühen 1990er Jahren arbeiten vorwiegend Nationalismusforscherinnen kritisch die Bedeutung des Zusammenhangs von Geschlechterkonstruktion und Nation sowie die Rolle der Frauen im Nationsbildungsprozess und in den Nationalbewegungen heraus (Auswahlbibliographie in: Planert 2000a).

Soziale Konstrukte

Die theoretischen Grundlagen dieser Studien vermittelt die neuere (feministische) Geschlechterforschung. Im Mittelpunkt steht das konstruktivistische Verständnis von Geschlecht (»gender«).[6] In Kritik an biologistisch deklarierter Zweigeschlechtlichkeit und Heterosexualität stellt die Geschlechterforschung heraus, dass Geschlechter sozial, politisch und kulturell konstruiert und nicht »natürlich« determiniert sind. Geschlechtszugehörigkeit ist eine wichtige Bezugsgröße der Identität, sie muss aber als prinzipiell vielfältig, offen und wandelbar interpretiert werden. Männlichkeit wie Weiblichkeit als konstruierte Kategorien sind in spezifische historische Kontexte eingebettet und müssen innerhalb dieser betrachtet werden. Die Analyse des Geschlechts als Strukturkategorie fragt nach »jenen Ambitionen, deren Absicht es war, Geschlechtsidentitäten zu vereindeutigen« (Appelt 1999: 41). Grundlegend für die Nationalismusforschung ist die Annahme wechselseitiger Einflüsse bei der Konstruktion und Reproduktion von Geschlecht und Nation.

Nation und Transformation der Geschlechterverhältnisse

Ute Planert hebt in einer Bilanz jüngerer Forschungsergebnisse die starke geschlechtsspezifische Konnotation der Nation hervor. Frauen wurden jedoch keineswegs aus der Nation ausgeschlossen. Männlichem und weiblichem Geschlecht wurden bei eindeutiger Dominanz des Männlichen sich häufig funktional ergänzende Handlungsspielräume und Identitäten zugeschrieben. Die Forschung beschäftigt sich derzeit mit folgenden Bereichen: mit der »nationalisierten Kon-

6 Bei allen fachspezifischen Kontroversen herrscht über die folgenden Aussagen weitgehender Konsens (vgl. Appelt 1999: 29 ff.; Yuval-Davis 1997: 5 ff.).

struktion männlicher und weiblicher Geschlechtsidentität« bzw. mit dem Zusammenhang zwischen der Konstruktion der Nation und der Geschlechter, mit den »Formen weiblicher Partizipation an der nationalen Bewegung«, mit Fragen der »nationalen Symbolik und kulturellen Repräsentation der Geschlechter« sowie in Anlehnung an die angelsächsische Forschung mit der Frage nach dem »Verhältnis von Imperialismus und Geschlecht« (Planert 2000a: 17 ff.).

Erna Appelt interpretiert die Entstehung der Nation in direktem Zusammenhang mit einer Transformation der Geschlechterbeziehungen im Wandel zur Industriegesellschaft: »Die *Erfindung* der Nation [war] sozialgeschichtlich eng mit der *Erfindung* einer öffentlichkeitsorientierten modernen Männlichkeit verknüpft, die ihr Gegenstück in der in die Welt der Häuslichkeit verwiesenen Weiblichkeit hatte« (Appelt 1999: 135). Gewaltbereitschaft und Abgrenzung als zentrale Komponenten des Nationalismus konstituierten sich gerade über die diskursive Vorstellung des nationalen kriegerischen Mannes. Weibliche Attribute wurden auf innere und äußere Gegner der Nation übertragen, die Frau gegenüber dem Mann systematisch abgewertet. Die Nation kann so auch als Durchsetzung neuer Macht- und Geschlechterverhältnisse verstanden werden.

Restriktion und Emanzipation

Trotz männlicher Vorherrschaft waren Frauen in den durch die Nation geprägten Geschlechterverhältnissen nicht passiv. In der ihnen zugewiesenen Sphäre des Privaten, in ihrer Bedeutung für die familiäre Basis, den Nachwuchs und die Erziehung, waren sie nicht zu ersetzen. »Durch die Zuweisung öffentlicher Funktionen und national bedeutsamer Aufgaben unterlag das scheinbar Private einem kontinuierlichen Politisierungsprozess« (Planert 2000a: 25).

Die nationalistische Geschlechterkonstruktion »wirkte für Frauen limitierend und emanzipativ zugleich« (Planert 2000b: 389). Kennzeichnend für das Verhältnis von Geschlecht und Nation sind Wechselwirkungen. Die Nation richtet an die Geschlechter jeweils bestimmte restriktive Erwartungshaltungen, räumt damit aber auch dem weiblichen Geschlecht die Möglichkeit ein, sich im vorgegebenen Rahmen aktiv zu betätigen. Nira Yuval-Davis (1997) identifiziert diesen Zusammenhang aus internationaler Perspektive unter anderem in den Bereichen der biologischen und kulturellen Reproduktion und im Kriegs- und Konfliktfall.

Planert führt diese These am deutschen Beispiel aus. Bereits an der Wende zum 19. Jahrhundert bemühten sich einzelne Autorinnen, die Rolle der Frau für die Gemeinschaft zu politisieren. Schon in den antinapoleonischen Kriegen entwickelte sich das bis ins 20. Jahrhundert konstitutive Bild der Nation als erweiterter Familie, der Männer als Nationalkrieger, der Frauen als unterstützende Fürsorgerinnen. Die Mutterschaft und die Zuständigkeit der Frau für Erziehung und Traditionspflege werteten ihre Bedeutung für die Nation deutlich auf und ermöglichten es den Frauen, im Namen der Nation etwa das Recht auf eigene Bildung durchzusetzen. Die unterschiedlichsten Bereiche erfuhren eine zunehmende Politisierung. Mode- und Konsumpolitik erlaubten bzw. forderten den Bezug auf die Nation. Politische Caritas, etwa die Sammlung und Verwaltung von Spenden, bot Möglichkeiten, das weibliche Politikverbot zum Wohle der Nation zu unterlaufen, ebenso die Rolle der Frau als Sanitäterin im nationalen Krieg.

Das Zusammenspiel der Geschlechter bei männlicher Dominanz zeigt sich nach Planert auch in der Kultur der Nationalfeste. Zwar blieben militärische Symbolik und öffentliche Rede männliche Domänen, die Präsenz der Frauen als Teilnehmerinnen galt aber als unverzichtbar. Die Politisierung konnte nicht rückgängig gemacht werden. In den 1860er Jahren vollzog sich der institutionelle Aufbruch. Es formierten sich erste weibliche nationalistische Organisationen, so 1865 der »Allgemeine Deutsche Frauenverein«. Im Kaiserreich differenzierten sich die Frauenvereine politisch aus, gemeinsam blieb ihnen aber der Bezug auf die Nation. Krisen und Kriege wirkten auch auf die weibliche Politisierung beschleunigend, die Frauen trugen die aggressive Abgrenzung mit. Die organisierten Frauen versuchten, über die Erfüllung ihrer »nationalen Pflichten« die Gleichberechtigung zu erreichen, festigten damit aber zugleich die nationalistische Geschlechterhierarchie. Das Verhältnis von Nation und weiblichem Geschlecht war, so Planerts Fazit, von Dialektik gekennzeichnet. Insofern galt auch für das weibliche Geschlecht die Ambivalenz von Partizipation und Ausgrenzung (Planert 2000a: 25 ff.).

3.5.4 Organisierter Nationalismus als politische Bewegung

Eine in der Forschung weitgehend unbeachtete Problematik ist die theoretische Einbindung der Nationalbewegungen und die Bewertung ihrer Rolle in den Nationsbildungsprozessen. Dieses Manko spiegeln die vorgestellten Theorien wider. Sie erklären den Nationalismus über große gesellschaftliche Veränderungen. Nationalistische Akteursgruppen werden zwar aufgeführt, aber Fragen zu ihrer sozialen Struktur, Stärke und tatsächlichen Rolle beim Aufkommen und der Durchsetzung des Nationalismus bleiben ungeklärt. Als einer der wenigen Nationalismusforscher hat Miroslav Hroch auf dieses Missverhältnis hingewiesen: »Bei dieser Betrachtungsweise kann man [...] nicht stehen bleiben. Wenn die Nation undenkbar ist ohne ihre Angehörigen, die sich ihre Nationalität bewusst machen, dann ist ihre Bildung undenkbar ohne die Aktivitäten der Menschen« (Hroch 2005: 109). Bereits in den 1960er Jahren bemühte sich Hroch, diesem Anspruch gerecht zu werden. Als erster präsentierte er mit seiner Studie *Die Vorkämpfer der nationalen Bewegung bei den kleinen Völkern Europas* eine vergleichende sozialgeschichtliche Analyse der Nationalbewegungen und entwickelte das bereits in der Einleitung angeführte Drei-Phasen-Modell (Hroch 1968).

Hrochs Typologie

Zur Bedeutung und Entwicklung der Nationalbewegungen, so Hroch in seiner jüngsten Publikation, lassen sich hinsichtlich ihres Verhältnisses zum Nationalstaat und ihrer Stellung im Modernisierungsprozess trotz des äußerst lückenhaften Forschungsstandes erste hypothetische Überlegungen formulieren. Hroch differenziert mit Bezug auf die Faktoren Nationalstaátlichkeit, industrielle und bürgerliche Revolution zwischen unterschiedlichen Typen nationaler Bewegungen. In Nationen, die wie Frankreich aus der Umgründung eines bestehenden Staates in einen Nationalstaat hervorgingen, entstand demnach keine Nationalbewegung. Nur dort, wo der Nationalstaat als Ziel propagiert wurde, konnte sich eine Bewegung entwickeln. Hroch differenziert zwischen »nationalen Einigungsbewegungen« (Deutsche, Italiener); bürgerlichen, auf Abspaltung zielenden »integrierenden Nationalbewegungen« (Norweger, Tschechen, Ungarn); »verspäteten Nationalbewegungen«, die sich erst in der konstitutionellen Phase abspalteten und tendenziell reaktionär agierten (Slowenen, Litauer); »Aufstandsbewegungen« (Serben, Griechen, Iren), welche bereits vor der Industrialisierung im Kampf Massenunterstützung erhielten; sowie »desintegrierten Bewegungen«, Abspaltungsversuchen aus bestehenden Nationalstaaten (Katalanen, Flamen, Waliser, Basken, Schotten) (Hroch 2005: 105 ff.).

Nationalistische Akteursgruppen

Der soziale Hintergrund der nationalistischen Akteure lässt sich im Falle der Umgründung eines bestehenden Staates eindeutig benennen. In der Französischen Revolution agierte an der Spitze der Dritte Stand, die bürgerliche Klasse. In England verlief der Konflikt dagegen über eine längere Reformperiode zwischen Parlament und Monarchie. Die nationalistischen Akteure stammten sowohl aus dem Bürgertum als auch aus Fraktionen des Adels. Je nachdem, ob die Umgründung durch Revolution oder Reform erfolgte, dominierte das Bürgertum oder eine Koalition aus diesem und dem Adel. Die nationale Integration der Masse der Bevölkerung erfolgte in jedem Fall erst nach der Nationalstaatsgründung. Zu den Nationalbewegungen gehörten nach Hroch kaum Angehörige der herrschenden Eliten. An der Spitze standen Vertreter angesehener Berufe oder sozialer Gruppen. Hirschhausen und Leonhard heben demgegenüber hervor, dass auch in Osteuropa, namentlich im polnischen und ungarischen Nationalismus, Fraktionen des Adels eine zentrale Rolle spielten. Des Weiteren verweisen sie darauf, dass in Europa auch kleinbürgerliche und sogar bäuerlich geprägte Trägerschichten des Nationalismus existierten (Hirschhausen/Leonhard 2001: 29 f.). Die soziale Zusammensetzung nationalistischer Akteursgruppen bedarf einer genauen Analyse im Einzelfall.

Organisierter Nationalismus

Der von Hroch wie von den meisten Nationalismusforschern benutzte Terminus »Nationalbewegung« besitzt zwei zweifelhafte Implikationen. Zum einen suggeriert er, dass auch über den Bezug auf die Nation hinaus Einigkeit über die konkrete politische Umsetzung des Nationalismus geherrscht habe. Dies war aber selten der Fall. Verwiesen sei etwa im deutschsprachigen Raum auf die Dauerkonflikte zwischen »großdeutschen« und »kleindeutschen« Nationalisten oder auf Spannungen zwischen preußisch-protestantischen und süddeutschen katholischen Nationalisten. Zum anderen kam die Nationalbewegung mit der Verwirklichung ihres Hauptziels, der Gründung des Nationalstaats, zu ihrem Ende. Wie das deutsche Beispiel und die aggressive Propaganda im Vorfeld des Ersten Weltkriegs verdeutlichen, existierten nationalistische Akteure und Organisationen aber über die Nationalstaatsgründung hinaus und propagierten weiter offensiv ihre Ziele. Gegenüber dem zeitlich begrenzten Begriff Nationalbewegung bietet es sich daher an, alle nationalistischen Akteursgruppen unter dem Begriff »organisierter Nationalismus« (Düding 1983: 13) zusammenzufassen. Als programmatischer Konsens dieser Vereinigungen lassen sich die axiomatische Behauptung der Existenz der Nation als handelndes Subjekt der Geschichte, das Prinzip der geforderten Deckungsgleichheit politischer und nationaler Einheit und der Bezug auf die Nation als Letzt- und Höchstwert ausmachen.

Auch Hroch verzichtet auf die Analyse der konkreten Rolle organisierter Nationalisten im Nationsbildungsprozess. Detailstudien zur Wirkung ihres Handelns liegen nicht vor. Aus der Entwicklung des deutschen Nationalismus (siehe Kap. 2) lassen sich jedoch zwei allgemeine Hypothesen formulieren. Erstens: Der organisierte Nationalismus stand in dynamischer Wechselwirkung zum Prozess der Nationsbildung. Das nationalistische Agieren verstärkte und beschleunigte die nationale Integration. Die stetige Verbreitung der Idee der Nation führte den Vereinigungen zugleich eine wachsende Zahl von Anhängern zu. Zweitens: Die organisierten Nationalisten entfalteten zunehmend Druck auf die herrschenden Verhältnisse. Die nationalistische Agitation führte zur Übernahme ihrer Ziele durch die Herrscher, oder die Nationalisten schritten selbst zur direkten Aktion und versuchten, ihre Ziele zu realisieren. Die größte Wirkung erreichten organisierte Nationalisten im Kontext gewalttätiger Konflikte.

Die allgemeine Aussagekraft dieser Hypothesen bedarf einer empirischen Überprüfung. Die Analyse der nationalistischen Akteure und Organisationen scheint als Ergänzung zu den großen Theorien besonders geeignet, um einen Einblick in die jeweilige Dynamik des Nationalismus zu gewinnen. Ein großer Vorteil scheint darin zu liegen, dass die Analyse der Akteursebene auch zur Erklärung der ideologischen Ausrichtung des jeweiligen Nationalismus beitragen kann. Denn neben dessen intellektuellen Begründern waren es die organisierten Nationalisten, welche die nationalistischen Ziele reproduzierten und formulierten und damit die jeweilige Ausgestaltung von Partizipation und Ausgrenzung maßgeblich bestimmten.

4. Europäische Entwicklungspfade des Nationalismus und der Nationsbildung

Der Entwicklung der Nationsbildung und des Nationalismus in Deutschland werden in diesem Kapitel drei knappe Länderstudien zur Seite gestellt, um die vorgestellten Nationalismustheorien mit Leben zu füllen und sie zu überprüfen. Zunächst geht es um die französische Nationsbildung und den französischen Nationalismus vom Absolutismus bis zum Ersten Weltkrieg. Die Entwicklung in Frankreich wird in zahlreichen Nationalismustheorien und Darstellungen zur europäischen Geschichte der deutschen Entwicklung gegenübergestellt und wird in der Nationalismusforschung vielfach als Idealtypus des subjektiven Nationalismus präsentiert. Anschließend skizzieren wir mit der Nationsbildung in der Schweiz und in Makedonien zwei in der deutschen Forschungsdiskussion wenig beachtete Entwicklungspfade. In ihrer Differenz lassen sich beide als jeweils besonders drastische Beispiele dafür lesen, wie unterschiedlich sich die Adaption der idealtypischen »subjektivistischen« oder »objektivistischen« Nationsdefinitionen und der Bezug auf divergierende Konzeptionen des Nationalstaats im Nationsbildungsprozess auswirken konnten. Zugleich stehen beide auch für die je unterschiedliche Ausgestaltung der nationalistischen Grundkomponenten Partizipation und Aggression.

4.1. Frankreich: Die Nation als universalistisch ausgerichtete politische Wertegemeinschaft

Frankreich ist in der nationalistischen Selbstwahrnehmung wie auch im Fremdbild bis heute »die große Nation« (*la grande na-*

tion), also die ebenso exemplarische wie vorbildliche Verkörperung dessen, was eine Nation sein soll. Damit ist einerseits eine ruhmreiche, kriegerische wie kulturelle Tradition gemeint, die von den Kelten bis in die jeweilige Gegenwart reiche. Andererseits repräsentiere Frankreich vorbildliche Werte. In der Regel waren damit die Ideen der Französischen Revolution gemeint (»Freiheit, Gleichheit, Brüderlichkeit«), aber auch allgemeinere Vorstellungen wie eine spezifische Kultur und Zivilisation, die den »Barbaren« (zum Beispiel den Deutschen oder auch Kolonialvölkern) gebracht werden sollten.

Frankreich in den Nationalismustheorien

In den Nationalismustheorien steht Frankreich für den Typus der »Staatsnation« (Hroch 2005: 41 ff. in Anlehnung an Schieder 1991: 110 f.). Dieser Typus wird auch als »westeuropäischer« bezeichnet, weil die Nationalstaatsbildung in Großbritannien, Spanien oder Portugal ähnlich verlaufen sei, nämlich auf der Basis eines bereits seit langer Zeit bestehenden Territorialstaates, der durch Revolution auf eine neue Legitimationsbasis gestellt und in einem lange andauernden Prozess vom absolutistischen Fürstenstaat zum Nationalstaat umgegründet wurde (ebd. sowie Deutsch 1972 [1969]: 9–24 und Gellner 1999: 89). Zu den Charakteristika des »westeuropäischen« Typs zählen eine bereits vor der Entstehung des Nationalstaats fortgeschrittene staatliche und ökonomische Integration auf einem großen abgeschlossenen Territorium sowie einheitliche Sprache, Kultur und Religion. Anthony D. Smith (2000: 69ff) zählt Frankreich zum »vertikal-demotischen« Typ, wo die Einwohner auf der Basis gefestigter kultureller Traditionen über lange Zeit von oben mit nationalistischen Praktiken vertraut gemacht worden seien. Deswegen habe Nationalismus als soziale Bewegung beim »westeuropäischen Typus« eine geringere Rolle als in den mittel- und osteuropäischen Nationsbildungsprozessen gespielt.

Ohne auf andere Staaten näher eingehen zu können, sei auf die Problematik der Bezeichnung »westeuropäischer Typus« hingewiesen. Denn gemeinsam ist der Entwicklung in diesen Ländern nur, dass sie seit der Frühen Neuzeit von denselben Hauptstädten aus regiert werden und ihre Grenzen sich seitdem nicht mehr grundlegend verschoben haben. Es handelt sich aber auch großenteils um »natürliche«, also geographisch bestimmte Grenzen, die es in Mittel- und Osteuropa kaum gibt.

Im Vergleich zu anderen europäischen Nationsbildungsprozessen ist Frankreich viel eher ein Sonderfall als ein Modell. Gerade deshalb lässt sich aus der französischen Entwicklung ein Idealtypus ableiten. Denn ein Idealtypus ist ein theoretisches Konstrukt, das wesentliche Aspekte überzeichnet, um so eine Analyse der historischen Entwicklung zu ermöglichen.

Alle Theoretiker betonen an der französischen Entwicklung die Bedeutung der langen, kontinuierlichen Staatstradition bei weitgehend unveränderten Grenzen und die relativ große religiöse, kulturelle und sprachliche Homogenität. Die meisten dieser Argumente lösen sich bei genauerem historischem Hinsehen auf. In letzter Zeit wurde in der Forschung die sprachliche und kulturelle Heterogenität Frankreichs betont (vgl. etwa Teich/Porter 1993: 51 f.). Gleichwohl bleiben ein relativ hohes Maß an kultureller und staatlicher Kontinuität sowie der scharfe Bruch, den die Revolution von 1789 bedeutete, als die beiden wichtigsten Spezifika, die die Nationsbildung in Frankreich und den Charakter des französischen Nationalismus bestimmten. Die Revolutionäre mussten einheitliche, flächendeckende und auf Paris ausgerichtete Herrschaftsstrukturen nicht erst schaffen (wie etwa in den USA oder in Italien). Sie fanden sie vor und stellten sie »lediglich« auf eine neue, revolutionäre Legitimationsbasis.

Subjektivistischer Nationalismus und *ius soli*

Aufgrund seines revolutionären Ursprungs wird der französische Nationalismus häufig als »subjektiv« oder »politisch« bezeichnet. Er beruhe auf einer millionenfachen Willensentscheidung der Französinnen und Franzosen für die nationalen Werte. Diese Entscheidung müsse nach der berühmten Formel von Ernest Renan jeden Tag wieder von den Bürgern getroffen werden (»ein alltägliches Plebiszit«). Wie der französische, so schreiben sich viele subjektive Nationalismen eine universelle politische oder kulturelle Mission zu (etwa der US-Nationalismus der Gegenwart).

Weiterhin steht Frankreich für das *ius soli* beim Erwerb der Staatsbürgerschaft, das heißt, wer auf französischem Boden (lat.

sol) geboren ist, erhält die vollen Bürgerrechte. Diesem auch Geburtsortprinzip genannten Weg zum Erwerb der Staatsbürgerschaft steht idealtypisch das Abstammungsprinzip (*ius sanguinis*) gegenüber, dem zufolge sich die Staatsbürgerschaft nach der Staatsangehörigkeit der Eltern richtet. Die jeweiligen nationalstaatlichen Regelungen, wie die Staatsangehörigkeit erworben wird, stehen in unmittelbarem Zusammenhang zur Definition der Zugehörigkeit zu einer Nation: Eine subjektivistische Definition führt zum *ius soli*, eine objektivistische (ethnische, biologische oder kulturell-muttersprachliche) Definition führt zum *ius sanguinis*, das im 19. und 20. Jahrhundert vorherrschte. Trotz der idealtypischen Gegenüberstellung von französischem *ius soli* und deutschem *ius sanguinis* zeigt das genauere historische Hinsehen, dass fast alle konkreten gesetzlichen Regelungen in Europa während des 19. und 20. Jahrhunderts beide Prinzipien vermischt haben.

Nach einem knappen Blick auf die längerfristigen Voraussetzungen der Nationsbildung wird die Entwicklung des französischen Nationalismus vom 18. Jahrhundert bis zum Ersten Weltkrieg genauer behandelt. Dabei wird sich zeigen, dass sich in Frankreich die nationalistischen Ideen nur allmählich und diskontinuierlich durchsetzten und dass sie keineswegs einheitlich »subjektiv« und »politisch« gewesen sind. Viele Tendenzen im langen 19. Jahrhundert waren in Frankreich sehr ähnlich wie in Deutschland, obwohl doch beide Länder einander so häufig als Idealtypen gegenübergestellt werden.[1] Die historische Analyse zeigt, dass die Verhältnisse wesentlich komplexer waren, als es die idealtypisch argumentierenden Nationalismustheorien vermuten lassen. Gleichwohl sind die Theorien unverzichtbar, um die verwirrenden Einzelheiten des historischen Geschehens zu strukturieren und zu typisieren – vor allem, wenn man vergleichend arbeiten will.

1 Die beste systematische Darstellung des Nationalismus in Frankreich bietet Jenkins 1990; auf die Vorgeschichte bis 1789 konzentriert sich Greenfeld 1992: 89–188; im europäischen Kontext wird die Entwicklung in Frankreich seit dem späten Mittelalter geschildert in Schulze 1994.

4.1.1 Voraussetzungen der Nationsbildung in Frankreich

Anders als im deutschen Fall entstand im späteren Frankreich seit dem Mittelalter nicht eine Vielzahl rivalisierender Dynastien (die Kerne der späteren Mittelstaaten), sondern der Herrschaftsanspruch des Königs wurde gestärkt. So entstand in Frankreich der »erste moderne Staat« (Schulze 1994: 32; vgl. ebd.: 19–41 zum Hintergrund). Obwohl das Stammland der französischen Könige, die Ile de France, zunächst kein bedeutendes Territorium war, bot es seinem Herrscher einige langfristig folgenreiche Vorteile: Es handelte sich um ein relativ geschlossenes, überschaubares Land, das von der Hauptstadt Paris aus wirksam regiert werden konnte, so dass der König nicht – wie etwa die deutschen Herrscher – dauernd umherreisen musste. Paris war zugleich im Spätmittelalter Sitz der bedeutendsten europäischen Universität. Den Tod vieler Ritter während der Kreuzzüge nutzte König Philipp II. August um 1200, um Lehen wieder an die Krone zu ziehen und dadurch deren territoriale Basis erheblich zu erweitern. Aus diesen Anfängen entwickelte sich allmählich eine flächendeckende zentralistische Staatsverwaltung mit einem Beamtenapparat, der nur dem König verpflichtet war, mit systematischer Steuererhebung und einheitlicher Rechtsprechung.

Diese modernen inneren Strukturen halfen den französischen Königen, sich in zahlreichen blutigen Kriegen gegen ursprünglich größere und mächtigere Konkurrenten im Nordwesten und Süden durchzusetzen, nämlich gegen das Angevinische Reich der Normannen, gegen die Grafschaft Toulouse und schließlich im Hundertjährigen Krieg gegen England. Seit 1453, an der Schwelle zur Neuzeit, beherrschte der in Paris residierende französische König das durch den Atlantik, die Pyrenäen und das Mittelmeer begrenzte Territorium zwischen den beiden Hälften des mächtigen Habsburgerreichs. Die Nord- und Ostgrenze Frankreichs lag allerdings keineswegs so früh fest wie die »natürlichen« Grenzen im Westen und Süden: Bis ins 20. Jahrhundert hinein war insbesondere der Verlauf der Ostgrenze in vielen Kriegen (und noch viel mehr ideologischen Schlachten) immer wieder umstritten.

Religiöse Homogenität

Auch die religiöse Homogenität wurde – teils im 13. Jahrhundert in den Albigenserkriegen, teils im 16. Jahrhundert in den Hugenottenkriegen – blutig hergestellt. Anders als die deutschen Territorien oder auch Großbritannien war Frankreich am Vorabend der Französischen Revolution religiös homogen. Hinzu kam die relativ große Unabhängigkeit der französischen Kirche von Rom. Während der Kirchenspaltung des 14. Jahrhunderts, als ein Papst vorübergehend in Avignon unter dem Schutz des französischen Königs residierte, hatte sich die gallikanische Landeskirche entwickelt. Sie beschränkte den Einfluss des Papstes auf geistliche Fragen und garantierte den Bischöfen größere Selbstständigkeit. Sie geriet dadurch allerdings (ähnlich wie die anglikanische Kirche) in größere Abhängigkeit vom König. Den Höhepunkt des Gallikanismus bildete 1682, unter Ludwig XIV., ein Nationalkonzil in Paris, das vier »gallikanische Freiheiten« verkündete, die eine katholische Staatskirche begründeten.

Der Absolutismus – und seine Grenzen

Zur relativ großen politisch-kulturellen Homogenität und zu den modernen Staatsstrukturen, die die Revolutionäre nach 1789 übernehmen konnten, gehörte die weitgehende Entmachtung der Stände und des Adels. Die Generalstände, ein frühneuzeitliches Parlament, dessen Zustimmung der König einholen musste, um neue Steuern zu erheben oder außenpolitische Verträge abzuschließen, hatte Karl VII. im 16. Jahrhundert mit Hilfe des Hochadels entmachtet. Auch der Einfluss der *parlements*, der Gerichte, die die königlichen Gesetze bestätigen mussten, wurde beschränkt. Schließlich gelang Ludwig XIII. und Ludwig XIV. auch die Ausschaltung der Adelsopposition. An der Spitze der Bürokratie stand nun der vom König eingesetzte Staatsrat. Der Adel wurde mit repräsentativen Funktionen dafür »entschädigt«, dass er an politischem Einfluss verlor. Das für weit mehr als 10.000 Aristokraten von Ludwig XIV. in Versailles erbaute Schloss sollte den absolutistischen Staat symbolisieren, in dem der König sich mit dem Staat identifizierte (*L'etat – c'est moi*).

Zwar hatte die Politik der absolutistischen Herrscher Heinrich IV., Ludwig XIII. und Ludwig XIV. und ihrer machtvollen Minister, allen voran der Kardinäle Richelieu und Mazarin, im 17. und frühen 18. Jahrhundert viel zur zentralistischen Vereinheitlichung des Landes beigetragen. Aber zugleich überspannten sie die finanziellen und politischen Möglichkeiten ihres Regimes. Als er nach mehr als 70jähriger Herrschaft 1715 starb, hinterließ Ludwig XIV. seinem Nachfolger (Ludwig XV.) hohe Schulden, für die allerdings weniger seine Bauten und absolutistische Prachtentfaltung verantwortlich waren als vielmehr der spanische Erbfolgekrieg. Gravierender war jedoch der zunehmende Autoritätsverlust des Regimes unter den politisch schwachen Nachfolgern Ludwigs XIV. Intellektuelle Kritik und die Entstehung einer räsonierenden Öffentlichkeit, deren Träger immer häufiger aus dem Bürgertum kamen, mündeten in die Aufklärung. Diese geistige Bewegung strahlte von Frankreich auf ganz Europa aus. Mit ihrem Appell, das eigene Leben und Denken selbst zu bestimmen und sich nicht auf Konventionen oder Traditionen zu verlassen, trug die Aufklärung maßgeblich zur Emanzipation des Bürgertums bei. Das bürgerliche Zeitalter brachte dann den Durchbruch von Nationalismus, Liberalismus und Demokratie.

Unter den Nachfolgern Ludwigs XIV. gewann jedoch auch der Adel über die *parlements* erneut an Einfluss. Anders als unter dem charismatischen Sonnenkönig beharrten sie nun wieder darauf, alle königlichen Gesetze zu bestätigen. Die Lage für den Absolutismus verschärfte sich weiter, als Frankreich im Siebenjährigen Krieg (1756–1763) – dem nach dem spanischen Erbfolgekrieg »zweiten Weltkrieg«, der außer in Schlesien auch in Indien, Nordamerika, der Karibik und auf den Meeren geführt wurde – seine nordamerikanischen Kolonien an Großbritannien verlor. Aus Revanchedenken unterstützte Ludwig XVI. dann seit 1776 im amerikanischen Unabhängigkeitskrieg mit viel Geld die nationalistischen Kräfte, deren Sieg die Opposition im eigenen Land entscheidend beflügelt hat. Die Unterstützung der amerikanischen Unabhängigkeit erhöhte die Staatsverschuldung weiter, so dass 1789 die Generalstände zum ersten Mal seit 1614 einberufen wurden, um eine Steuererhöhung zu legitimieren. Zugleich jedoch zeigte die Einberufung, dass der Absolutismus am Ende war: Der Staat war nicht mehr der König, sondern er bedurfte der 165 Jahre zuvor entmachteten Stände.

Nation und *patrie* in der Aufklärung

Im Zuge der Aufklärung und parallel zur Emanzipation des Bürgertums gewann lange vor 1789 der Begriff *nation* politisch an Bedeutung. Bereits unter Ludwig XIV. wurde er synonym mit *état* (Staat) verwendet und bezeichnete in erster Linie die Einheit von Gesetz, Regierung und Verwaltung, daneben aber auch gelegentlich schon die geographische und sprachliche Einheit »Frankreich«. Der König wurde nicht mehr so sehr als Vertreter dynastischer Interessen, sondern der ganzen Nation gesehen. Seit 1750 kam es dann zu einem grundlegenden Bedeutungswandel: *Nation* und *patrie* (Vaterland) wurden mit neuen politischen und sozialen Inhalten und vor allem mit neuen Gefühlsqualitäten verbunden – mit der Hoffnung auf persönliche und politische Befreiung von allen Zwängen des *Ancien Régime* und mit einer ebenso vagen wie umfassenden Glücksverheißung. 1776 schrieb der französische Atheist und Materialist Baron d'Holbach: »Vaterland ist dort, wo die Bürger frei sind, nach dem Prinzip der Gleichheit regiert werden und also glücklich sind.« Und Jean Jacques Rousseau meinte: »Die wahre Nation [...] wird glücklich sein. Sie [...] wird draußen wenig Beachtung finden; aber in ihrem Herzen werden Reichtum, Friede und Freiheit wohnen.«[2] Rousseau verband bereits vor der Revolution den Begriff der Nation mit dem der Volkssouveränität. Damit wurde Nationalismus zur Haltung der anti-absolutistischen, bürgerlichen Opposition. In diesen frühen Äußerungen sind bereits einige Spezifika des idealtypischen französischen Nationalismus angelegt: der subjektiv-politische Ansatz, für den Kriterien wie Sprache, Kultur, Geschichte oder geographische Rahmenbedingungen eine geringere Bedeutung hatten als die Wünsche und Entscheidungen der Bürger. Ebenfalls bereits vor der Revolution erklärten Intellektuelle wie Rousseau den Patriotismus zur höchsten bürgerlichen Tugend: »Ein Kind, das die Augen aufschlägt, muss das Vaterland erblicken und darf bis zu seinem Tod nichts anderes vor Augen haben« (ebd.: 90). Wie bei Herder sind die Begleiterscheinungen des Nationalismus er-

2 Zitiert nach: *Das Zeitalter der europäischen Revolution 1780–1848* (=Fischer Weltgeschichte, Bd. 26), Frankfurt/M. 1969, S. 90. Vgl. auch Greenfeld 1998: 158 ff., die den Bedeutungswandel von *nation* und *patrie* statistisch belegt.

kennbar: War es bei Herder Biologismus, so klingen hier totalitäre Ansprüche der Nation an die Bürger an.

4.1.2 Die Entstehung der Nation aus der Revolution

Die Revolution machte Frankreich zur Nation. Diese komplexe Umgründung des Staates, ohne (zunächst) seine Grenzen zu verändern, hatte mehrere Aspekte und erfasste zunächst nur Teile der Nation. Andere, insbesondere ländliche Regionen im Westen – wie die Vendée oder die Bretagne – blieben katholisch-royalistisch geprägt. Die Nationsbildung wurde in der Revolution durch eine Reihe symbolischer Handlungen gefördert, nachdem die Idee der Nation als neue politische Legitimation und Bindekraft anstelle von Religion und Gottesgnadentum im intellektuellen Diskurs bereits vor 1789 verbreitet worden war. Neben dem erwähnten Baron d'Holbach bereiteten Aufklärer wie Voltaire oder Montesquieu den Boden für nationalistisches Denken, unter anderem indem sie den Franzosen Großbritannien als Vorbild für eine moderne politische Ordnung vorhielten. Die beiden wichtigsten Wegbereiter des französischen Nationalismus waren jedoch der Schweizer Jean Jacques Rousseau und der Generalvikar der Diözese Chartres, Emmanuel Sieyès.

Ideologische Wegbereiter

Rousseau schuf mit seinem Buch *Der Gesellschaftsvertrag* (*Le contrat social*, 1756) und der darin konzipierten *volonté générale* (etwa: allgemeiner Wille) die einflussreichste philosophische Grundlegung für die subjektive Konzeption der Nation. Obwohl Rousseaus Schriften entscheidend zur Verbreitung einer neuen demokratischen und nationalistischen Herrschaftslegitimation und damit zum Sturz des Absolutismus beigetragen haben, sind sie politisch höchst ambivalent: Rousseaus Vorstellungen waren nur innerhalb des Bürgertums egalitär und demokratisch. Nicht jeder Einwohner sollte das Bürgerrecht erhalten und mitbestimmen können. Rousseau befürwortete die Sklaverei und propagierte einen männlich-militärischen Körperkult für den wehrhaften Bürger wie später »Turnvater« Jahn (vgl. Greenfeld 1998: 168 ff.).

Einen publizistischen Startschuss zur Revolution gab dann der Abbé Sieyès. Als die Einberufung der Generalstände bereits absehbar war, lieferte er im Januar 1789 mit seiner Schrift »Was ist der dritte Stand?« die entscheidenden Argumente, mit denen sich die Vertreter des bürgerlichen dritten Standes zur *National*-Versammlung erklärten: Die beiden anderen Stände (Adel und Klerus) trügen zum »gesellschaftlichen Fortschritt« und zum Wohl des Staates nichts Produktives bei. Deshalb bilde der dritte Stand allein »die Nation« und müsse auch entscheidenden Einfluss auf die politische Ordnung bekommen. Die Selbsterhebung der bürgerlichen Abgeordneten zur Nationalversammlung war die erste symbolische Handlung zur Umgründung Frankreichs in eine moderne Nation (vgl. die Auszüge aus Sieyès 1924 im Internet). Ein weiterer, entscheidender Schritt war die am 26. August 1789 von der Nationalversammlung verkündete »Erklärung der Menschen- und Bürgerrechte«, die in hohem Maße von den Ideen Rousseaus geprägt war. So hieß es in Artikel 3 »Der Ursprung jeder Souveränität liegt in der Nation« und in Artikel 6 »Das Gesetz ist Ausdruck des allgemeinen Willens«. Diese beiden Erklärungen verdeutlichen die ungeheure politische Umwälzung, die den bürgerlichen Revolutionären dank der revoltierenden Pariser Unterschichten und vieler Bauernaufstände in wenigen Monaten gelungen war: Der Feudalismus war abgeschafft, eine neue Verfassung (konstitutionelle Monarchie) und ein neues Wahlrecht (Zensuswahlrecht) durchgesetzt worden. Kurzum – der französische Staat wurde auf eine neue, nationalistische Legitimationsbasis gestellt. Die neue Ordnung betonte den Bruch mit allem Früheren: Sie bezog ihre Legitimation allein aus dem Naturrecht, nicht aus der Geschichte oder Tradition. In der neuen Staatsbürgernation bildeten alle selbstständigen (das heißt männlichen und Steuern zahlenden) Bürger »das Volk« (vgl. Schulze 1994: 168 ff.; Jenkins 1990: 16 ff.; Suter 1999: 488). Den Bruch mit der Vergangenheit drückte der Nationalkonvent im Oktober 1793 dadurch aus, dass er den christlichen Kalender für ungültig erklärte und eine neue Zeitrechnung, beginnend mit der Proklamation der Republik als Jahr 1, einführte (vgl. Anderson 2005, S. 194).

Geburt des Militarismus

Die revolutionäre französische Nation war zunächst friedlich; am Anfang wurden Kriege als Auswüchse dynastischen Expansionsdrangs grundsätzlich abgelehnt. Schon bald jedoch wurde die Gefährdung der revolutionären Errungenschaften zum wichtigsten politischen Thema; gefährdet erschienen sie von außen wie von innen. Die Revolutionäre übertrafen sich bald in ihrem aggressiven Eifer zur Verteidigung der Nation. Sie erklärten sie zur einzigen Gemeinschaft, der alle Bürger verpflichtet seien, hinter der alle anderen Bindungen (Familie, Freundschaften oder ständische Loyalitäten) zurücktreten müssten und für die jeder Bürger sein Leben einsetzen müsse. In den Kriegen, die Frankreich bald gegen die Koalition der antirevolutionären Mächte führen musste, wurde entsprechend eine neue Form der Rekrutierung »erfunden« – die allgemeine Wehrpflicht: jeder Bürger ein Soldat der Revolution. Auch der moderne Militarismus entstand in der französischen Revolution (vgl. Kruse, in: Jansen 2003: 47 ff.). Allerdings gab es wie beim Nationalismus eine Vorgeschichte seit der Mitte des 18. Jahrhunderts: Bereits im spanischen Erbfolgekrieg leisteten 300.000, im Siebenjährigen Krieg eine halbe Million Franzosen Wehrdienst.

Neue Religion

Die neue Bindung an Volk und Nation (wie im deutschen Diskurs wurden beide Begriffe synonym verwendet) sollte also seit 1789 ständische oder religiöse Bindungen ersetzen. Dabei wurde die Nation vielfach explizit als »höchstes Wesen« bezeichnet. In der Tat eignet sich die Nation sehr gut zur religiösen Überhöhung und Sakralisierung, weil sie wie Gott als etwas Abstraktes, »Ewiges«, »Unsterbliches« begriffen werden kann, während Monarchen sterblich sind (Greenfeld 1992: 167). Das Prinzip »Nation« war 1789 auch deshalb so wirksam und wurde so breit akzeptiert, weil Frankreich (noch) keine Klassengesellschaft war. Dabei war die Vorstellung von der Einheit der Nation eine Suggestion, die starke Gegensätze zwischen Paris und der Provinz, zwischen Bürgern und Bauern, zwischen liberalen und demokratischen Zielvorstellungen, zwischen bürgerlicher und Volksrevolution überdeckte.

In dieser ersten, romantischen Phase der Revolution schien für Frankreich der »englische« Weg hin zu einer konstitutionellen

Monarchie mit stark eingeschränktem (Zensus-)Wahlrecht vorgezeichnet; der König hätte das Oberhaupt der neu erfundenen Nation werden können (Jenkins 1990: 18 ff.). Da der Eid Ludwigs XVI. auf die Verfassung jedoch nur ein Lippenbekenntnis war und er mit auswärtigen Mächten konspirierte, kam es 1792 zu einer Radikalisierung: Die Jakobiner mit ihrer demokratischen Rhetorik und ihrem rigiden Tugendkult gewannen immer mehr Einfluss. Sie erklärten alle, die sich nicht rückhaltlos oder opportunistisch hinter sie stellten, zu »Feinden des Volkes«. Ihrem Terror fielen bis 1794 mehrere zehntausend Menschen zum Opfer. Der unterschwellige Universalismus aus der Erklärung der Bürger- und Menschenrechte wurde nun mehr und mehr nach außen gewendet: Das revolutionäre Frankreich ging von der Verteidigung gegen die konterrevolutionäre Invasion zur »Befreiung« Europas über, die dann unter Napoleon 15 Jahre lang fortgesetzt wurde. Mit der universalistischen Befreiungsideologie verband sich ein scharfer Hass auf Großbritannien – 50 Jahre nach der Anglophilie der französischen Aufklärung.

Viel stärker als der angelsächsische Nationalismus (sowohl in den USA als auch in Großbritannien), in dessen Mittelpunkt die Befreiung des Individuums stand, war der französische kollektivistisch – nicht der Einzelne, sondern die Nation oder das Volk stand im Zentrum. Damit war der französische Nationalismus seit den späten 1790er Jahren der erste *antiwestliche* (antibritische, antiliberale) Nationalismus. Schon allein deswegen macht es wenig Sinn, einen geschlossenen westlichen Typus der Nationsbildung zu konstruieren. Allerdings war der französische Nationalismus in einem ganz anderen Sinne antiwestlich als der deutsche und später die osteuropäischen Nationalismen, weil diese sich ethnisch – also von objektiven Kriterien her – definierten und nicht subjektiv-politisch wie der französische.

Napoleon I. als Nationalist

Mit dem Sturz Robespierres im Juli 1794 begann eine neue Phase, in der nationalistische Rituale zwar weiter an der Tagesordnung waren, aber an Mobilisierungskraft verloren. Das allgemeine Wahlrecht wurde erneut durch ein restriktives Zensuswahlrecht ersetzt, die Spaltung der Gesellschaft verschärfte sich. Seitdem Napoleon 1799 Erster Konsul und dann Kaiser (1804) war, wurde

Nationalismus zwar wieder stärker zur Herrschaftslegitimation benutzt. Aber das Befreiungspathos trat in den Hintergrund, soziale Integration und Kontrolle standen nun im Vordergrund. Die Formel hieß *la nation organisée*: Ordnung stand im Mittelpunkt, bedingungslose Loyalität war gefragt, nicht mehr der mündige Staatsbürger. Die Nation wurde zunehmend zur Leistungsgemeinschaft, in der jeder – unabhängig von seiner sozialen Herkunft – in Führungspositionen aufsteigen konnte. Die Abkehr von nationaldemokratischen Ideen zeigte sich auch im Rückgriff auf vorrevolutionäre Legitimationsmuster wie Religion und Staatsloyalität. Die militärischen Erfolge unter Napoleons Führung wirkten als Bindemittel für die Nation, während die Idee nationaler Selbstbestimmung zunehmend in den durch die französischen Armeen »befreiten« Ländern zur Mobilisierung für die antinapoleonischen Kriege benutzt wurde (Jenkins 1990: 30–42).

Napoleons Versuch einer Befreiung Europas vom Legitimismus, vom Feudalismus und von religiöser Verblendung, seiner Reform nach rationalen, aufklärerischen Prämissen und seiner Vereinigung unter Französischer Vorherrschaft war aus dem (wie auch immer pervertierten) Geist der Französischen Revolution geboren. Die Eroberung halb Europas wäre nicht möglich gewesen ohne die spezifische Mischung aus Hybris und universellem Sendungsbewusstsein, die dem französischen Nationalismus bis heute eigen ist: Die Werte der französischen Kultur und Zivilisation, insbesondere auch Sprache und Konventionen, müssten weltweit verbreitet werden, da sie anderen Kulturen überlegen seien; zur Begründung wird meist auf die Aufklärung und grundlegende Dokumente wie die »Erklärung der Menschen- und Bürgerrechte« verwiesen; französische Dominanz über Kontinentaleuropa garantiere deshalb den Sieg von Kultur und Zivilisation über die Barbarei, die vor allem mit dem Osten Europas verbunden wird.

4.1.3 Nationalismus als Oppositionsideologie (1815–1870)

Während das von den Siegermächten 1814 reinstallierte Bourbonenregime unter Ludwig XVIII. und Karl X. zu vorrevolutionären Formen der politischen Legitimation zurückkehrte, bediente sich nach der Revolution von 1830 die Monarchie des »Bürgerkönigs« Ludwig Philipp in ihrer politischen Selbstdarstellung wieder nationalistischer Argumente. Sie waren jedoch nicht mehr als Phrasen. Denn die Nationalversammlung als Repräsentation der Nation war eine Notabelnversammlung ohne Legitimität. Nur ein Prozent der Bevölkerung besaß das Wahlrecht. Aber unter den weniger illiberalen und weniger repressiven Verhältnissen erschien der Opposition die demokratisch-republikanische Idee der Nation aus der Revolutionszeit wieder attraktiv.

Die Rückkehr des Nationalismus in den politischen Diskurs seit 1830, aber zugleich die Distanz zur Zeit der Revolution zeigte sich darin, dass 1831 ein Lustspiel in Paris großen Erfolg hatte, dessen Hauptperson der Rekrut Nicolas Chauvin war, der mit großem Engagement in der Revolutionsarmee und unter Napoleon gedient hatte, durch zahlreiche Verwundungen verstümmelt und dafür mit einem Ehrensäbel und einer kleinen Pension »entschädigt« wurde. Chauvin und der aus seinem Namen abgeleitete »Chauvinismus« waren in den 1830er Jahren nur mehr eine Zielscheibe des Spotts.

Eine neue Revolution?

Da unter dem zunehmend abgehobenen und unbeliebten Regime des »Bürgerkönigs« die Unzufriedenheit in den Unterschichten wuchs, hofften die Republikaner auf eine Wiederholung der Situation von 1789. Nennenswerte nationalistische Bewegungen gab es zwischen 1830 und 1848 jedoch nur wegen außenpolitischer Konflikte. Dabei warf die Opposition der Regierung, die den Frankreich 1815 oktroyierten europäischen Status quo nie in Frage stellte, jeweils eine zu leisetreterische Politik (insbesondere im Verhältnis zum Rivalen Großbritannien) vor. Sie vertrete die Interessen der *grande nation* nicht entschieden genug (zum Beispiel in der »Rheinkrise« 1840). Das Leitbild der Nationalisten war die heroisierte Erinnerung an die Zeit der Revolution und Napoleons militärische Erfolge.

Die Werke des Historikers Jules Michelet, insbesondere *Le Peuple* (1846) und seine mehrbändige, emphatische *Histoire de la Révolution Française* (1847–53), die das revolutionär agierende Volk in den Mittelpunkt stellten, spiegeln das schillernde linksnationalistische Denken am Vorabend der 48er Revolution und haben es mitgeprägt. Michelet war von der Überlegenheit der »keltischen Rasse« überzeugt. Frankreich war für ihn »la patrie universelle«. Aus beidem leitete er eine kulturell-zivilisatorische Mission ab. Religiöser Romantizismus, der »1789« als Wiederkehr Gottes auf die Erde begriff, stand für Michelet nicht im Widerspruch zum scharfen Antiklerikalismus des republikanischen Nationalismus. Die Überhöhung der nationalen Einheit in der Revolution verharmloste den Jakobinerterror, ebenso wie der Linksnationalismus verdrängte, dass Frankreich unter der Herrschaft Ludwig Philipp eine Klassengesellschaft geworden war (Jenkins 1990: 54 f.).

Seit dem Scheitern Napoleons hatte sich der französische Nationalismus auch insofern verändert, als nun nicht mehr Europa durch Frankreich befreit werden und unter französischer Führung voranschreiten sollte. Die Nationalisten unterstützten nunmehr das Selbstbestimmungsrecht der Völker und die Befreiung und nationalstaatliche Einigung der Griechen, Polen, Italiener oder Deutschen – nicht zuletzt, weil diese Bewegungen alle die verhasste europäische Ordnung von 1815 unterminierten. Auch 1848, als Nationalisten wieder in politische Machtpositionen gelangten, vermied die französische Regierung jegliche Intervention – etwa zugunsten der deutschen Revolutionäre, obwohl diese internationale Solidarität einforderten und mehrere Delegationen nach Paris reisten, um militärische Unterstützung gegen die weitgehend intakt gebliebenen Armeen der deutschen Fürsten zu erbitten.

Die Revolution von 1848

Obwohl manche von ihnen in Führungspositionen aufrückten, erfüllte die Revolution von 1848 keineswegs die Hoffnungen der demokratischen Nationalisten. Zwar stürzte der König. Aber die Mehrheit in der Nationalversammlung gewannen gemäßigte Republikaner, die die bürgerliche Klassenherrschaft fortsetzten. Nach den sozialistischen Aufständen in Paris, von der Regierung blutig niedergeschlagen, kam es zu einem weiteren Rechtsruck. Nur die Uneinigkeit der Monarchisten verhinderte ein schnelles Ende der Zweiten Republik. Einer der Thronprätendenten, Louis-Napoléon Bonaparte, ein Neffe Napoleons I., gewann jedoch im Dezember 1848 mit überwältigender Mehrheit die Präsidentschaftswahl.

Hatten schon die Arbeiteraufstände in Paris, bei denen sozialistische Forderungen erhoben wurden, die naive Vorstellung von nationaler Einheit widerlegt, so machten die Wahlen den tiefen Stadt-Land-Gegensatz deutlich: Die Provinz wählte mit überwältigender Mehrheit Bonaparte, während in manchen Stadtbezirken die radikale Linke 40 Prozent der Stimmen bekam. Dass das als revolutionär geltende französische Volk in demokratischen Wahlen einen Monarchisten zum Präsidenten wählte, stürzte Demokraten in ganz Europa in tiefe Verunsicherung und gehörte zu den entscheidenden Impulsen für die »realpolitische« Neuorientierung in den 1850er Jahren.

Durch eine geschickte Politik, die auch nationalistische Versatzstücke beinhaltete, verbreiterte Bonaparte seit der Wahl zum Präsidenten seine Machtbasis. Nach seinem Staatsstreich im Dezember 1851 bekam er in einem Plebiszit rund 90 Prozent der Stimmen für eine neue, diktatorische Verfassung. Noch höher war ein Jahr später die Zustimmung zur Wiedereinführung der Monarchie. Bonaparte krönte sich daraufhin 1852 zum Kaiser Napoleon III. und stützte sein autoritäres Regime auf das Militär und die Kirche. Es gab wenig Widerstand gegen das Regime, da es scharf gegen Oppositionelle vorging und sie in die Kolonien deportierte und Napoleon III. zumindest in den ersten Jahren außerordentlich beliebt war. Später trugen die gute wirtschaftliche Entwicklung und außenpolitische Erfolge entscheidend zur Stabilität des Regimes bei.

Der Vercingetorix-Nationalmythos

Als begeisterter Hobbyarchäologe arbeitete Napoleon III. an der Popularisierung eines langfristig wirksamen Nationalmythos mit. Er ließ in Alesia nach Überresten der legendären Schlacht der Gallier unter Vercingetorix gegen Cäsars Legionen graben und dem Keltenfürsten 1864 ein Denkmal setzen, das den Mythos einer kontinuierlichen Nationalgeschichte von den Galliern bis in die Gegenwart förderte. In den Sockel ließ Napoleon III. schreiben: »Das einige Gallien, das eine einzige Nation bildet, [...] kann dem Universum die Stirn bieten« (Schulze 1994: 109). Die Anspielung auf die Zeit der Revolution und Napoleons I. und auf einen romantischen Nationalismus ist offensichtlich: Ist die Nation einig, so ist sie stark. Der Vercingetorix-Kult war ambivalent, was vielleicht gerade seine Wirksamkeit in guten wie in schlechten Zeiten ausmachte. Denn die Gallier waren in der Schlacht bei Alesia der überlegenen und grausamen Taktik Cäsars nicht gewachsen. Der Vercingetorix-Kult gehört zu denjenigen Nationalmythen, die Niederlagen heroisieren wie auch die Schlacht von Gallipoli 1915 für die Australier oder die Schlacht auf dem Amselfeld 1389 für die Serben. Der Vercingetorix-Mythos gehört wie die meisten zwischen 1789 und 1914 entstandenen nationalistischen Symbole und Rituale bis heute zum politischen Arsenal der Republik: 1985 ließ der sozialistische Präsident François Mitterrand am Vercingetorix-Denkmal eine Plakette anbringen mit der Inschrift »Hier vereinigten sich die gallischen Häuptlinge um Vercingetorix«.

Das zweite französische Kaiserreich ging 1870 unter in dem von deutscher Seite zum Nationalkrieg stilisierten Konflikt, aus dem das zweite deutsche Kaiserreich hervorging. Als »Mitläufer« beteiligte sich auf deutscher Seite Italien, der andere seit 1849 in Europa neu entstandene Nationalstaat. Es nutzte die französische Niederlage, um den von Frankreich beschützten Kirchenstaat zu erobern. Die »große Nation« mit ihrer ruhmreichen militärischen Tradition hatte sich nicht gegen zwei Emporkömmlinge behaupten können. Dieser epochale Einschnitt führte zu einer zweiten Nationsbildung in Frankreich, in der viele Intellektuelle und Politiker den Franzosen rieten, von den Deutschen zu lernen.

4.1.4 Zweite, gespaltene Nationsbildung seit 1871

Die Niederlage Napoleons III. und seine Gefangennahme in der Schlacht bei Sedan führten zur Gründung der Dritten Republik. Deren erste Regierung schrieb sich die »Verteidigung der Nation« gegen die deutsche Invasion auf die Fahnen. Im Zeichen der äußeren Bedrohung schien vorübergehend eine Einigung des gesamten nationalistischen Lagers möglich, das seit 1848 in einen radikalen und einen gemäßigten Flügel gespalten war. Die bereits damals deutlich gewordenen Klassengegensätze und der Streit über die richtige Verteidigungsstrategie gegen die Deutschen (demokratische Volksmiliz oder traditionelle Armee?) führten zu einer neuen Revolution in Paris. Wie bereits 1848 ließ die gemäßigt republikanische Regierung den demokratisch-sozialistischen »Kommune-Aufstand«, noch dazu mit deutscher Hilfe, niederschlagen. Es gab fast 100.000 Opfer (Tote, Verfolgte und Emigranten). Infolgedessen verlor erstens die Ideologie von der nationalen Einheit über alle sozialen Unterschiede hinweg vollends ihre Glaubwürdigkeit. Zweitens war die Arbeiterbewegung ihrer politischen Führer beraubt und spielte in den folgenden Jahren kaum eine Rolle. Drittens wandte sie sich vom Nationalismus ab.

Nationsbildung in der Dritten Republik

Zwar hatte das bürgerliche Regime der Dritten Republik die radikale politische Linke verprellt. Dafür jedoch gelang ihr seit 1879, was den ersten beiden Republiken nicht gelungen war: die Integration der Bauern, des ländlich-provinziellen Frankreich, das bis dahin antizentralistisch und antirepublikanisch war, in die Nation (Weber 1976). Dies gelang durch klassische Instrumente der Modernisierung:

- Eine flächendeckende Postzustellung brachte unter anderem Zeitungen in die Dörfer und erleichterte, wie der weitere Ausbau des Eisenbahnnetzes, politische Kommunikation und Informationsaustausch.
- Der 14. Juli wurde 1881 zum Nationalfeiertag, die »Marseillaise« (wie bereits 1793–1814) zur Nationalhymne erklärt; bei den Feierlichkeiten am 14. Juli wurde die Erinnerung an die Revolutionszeit ritualisiert.
- Seit 1882 gab es Schulpflicht. Auch die Bekämpfung des Analphabetismus erleichterte die politische Kommunikation. Nach deutschem Vorbild wurde außerdem obligatorischer Turnunterricht eingeführt, um die militärische Schlagkraft des Landes zu erhöhen.
- Durch die staatlichen Grundschulen wie durch die 1889 eingeführte allgemeine Wehrpflicht bekam der Staat ideologisch-propagandistischen Einfluss auf alle Kinder bzw. jungen Männer. Ein offizielles Geschichtsbild und nationale Rituale (Lieder, Feiern, Symbole) konnten verbreitet werden.

– Durch die Trennung von Kirche und Staat wurde der Einfluss des Katholizismus begrenzt, der vor allem auf dem Land ein wichtiger Träger der politischen Opposition gewesen war.
– 1884 verbreitete die *Loi Municipale* die auf die Revolution verweisenden Symbole der Republik (Trikolore, Marianne, die Parole »Freiheit – Gleichheit – Brüderlichkeit«) im ganzen Land. Denn das Gesetz verpflichtete alle Gemeinden, ein Rathaus zu bauen, das mit diesen Insignien geschmückt werden musste.

Historische Fundierung

In diesem Zusammenhang wurde durch die Presse, in den Schulen und bei der Ausbildung der Rekruten ein neues, offizielles Geschichtsbild verbreitet, das eine Volkskontinuität von der Zeit der Kelten bis in die Gegenwart behauptete, durch die sich ein spezifischer Volkscharakter erhalten habe. Auch die chauvinistische Gegenüberstellung von französischer Zivilisation und deutscher Barbarei gehörte zum ideologischen Repertoire der Dritten Republik. Sie findet sich sowohl bei Hasspredigern wie Paul de Saint Victor (1871) als auch in subtilerer Form in der *Histoire de France* (1901 ff.) des Akademiemitgliedes Ernest Lavisse. Nationalismus wurde während der Dritten Republik vom emanzipatorischen politischen Programm immer stärker zur Ersatzreligion und konservativen Integrationsideologie. So entwickelte sich die »Marianne« vom revolutionären Symbol mit roter Jakobinermütze zur blumenbekränzten Verkörperung der nationalen Eintracht. Neben dem offiziellen Nationalismus bestand ein demokratisch-oppositioneller Nationalismus fort, so dass es seit den 1870er Jahren zwei nationalistische Spielarten gab: eine linke und eine rechte (Jenkins 1990: 80 ff.). Da die Dritte Republik eine parlamentarische Demokratie mit allgemeinem (Männer)Wahlrecht war, ergab sich diese, im damaligen Europa einmalige, pluralistische politische Kultur.

Ernest Renan vertrat in seiner berühmten Rede Qu'est-ce qu'une nation *(1882) den offiziellen Nationalismus der Dritten Republik. Nationen – so lautete seine Quintessenz – gab es nur in den Köpfen und Herzen der Menschen.*[3]

»Was wir von der Rasse gesagt haben, müssen wir auch von der Sprache sagen. Die Sprache lädt dazu ein, sich zu vereinen; sie zwingt nicht dazu. Die Vereinigten Staaten und England, das spanische Amerika und Spanien sprechen dieselbe Sprache und bilden doch keine Nation. [...] Die Gemeinschaft der Interessen ist sicherlich ein starkes Band zwischen den Menschen. Doch reichen die Interessen aus, um eine Nation zu bilden? Ich glaube es nicht. [...]

Die Geographie – was man die ›natürlichen Grenzen‹ nennt – hat fraglos einen großen Anteil an der Einteilung der Nationen. Sie ist einer der wesentlichen Faktoren der Geschichte. Die Flüsse haben die Rassen geführt, die Berge haben sie behindert. [...] Kann man aber glauben, [...] daß die Grenzen einer Nation auf der Karte eingetragen sind und daß eine Nation das Recht hat, sich das Nötige zuzueignen, um gewisse Konturen zu begradigen, an diese Gebirge zu reichen, an jenen Fluß [...]? Ich kenne keine verhängnisvollere Theorie. Mit ihr kann man jede Gewalt rechtfertigen. [...]

Die Nation ist eine Seele, ein geistiges Prinzip. Zwei Dinge, die in Wahrheit nur eins sind, machen diese Seele, dieses geistige Prinzip aus. Eines davon gehört der Vergangenheit an, das andere der Gegenwart. Das eine ist der gemeinsame Besitz eines reichen Erbes an Erinnerungen, das andere ist das gegenwärtige Einvernehmen, der Wunsch zusammenzuleben, der Wille, das Erbe hochzuhalten, welches man ungeteilt empfangen hat. [...] Wie der Einzelne ist die Nation der Endpunkt einer langen Vergangenheit von Anstrengungen, von Opfern und von Hingabe. Der Kult der Ahnen ist von allen am legitimsten; die Ahnen haben uns zu dem gemacht, was wir sind. Eine heroische Vergangenheit, große Männer, Ruhm (ich meine den wahren) – das ist das soziale Kapital, worauf man eine nationale Idee gründet. [...] Ja, das gemeinsame Leiden eint mehr als die Freude. [...]

Eine Nation ist eine große Solidargemeinschaft, getragen vom Gefühl der Opfer, die man gebracht hat, und der Opfer, die man noch zu bringen gewillt ist. Sie setzt eine Vergangenheit voraus, aber trotzdem faßt sie sich in der Gegenwart in einem greifbaren Faktum zusammen: der Übereinkunft, dem deutlich ausgesprochenen Wunsch, das gemeinsame Leben fortzusetzen. Das Dasein einer Nation ist – erlauben Sie mir dieses Bild – ein täglicher Plebiszit, wie das Dasein des einzelnen eine andauernde Behauptung seines Lebens ist.«

(Übersetzung von Henning Ritter, in: Jeismann/Ritter 1993: 303–309)

---

3 Renans Definition steht einerseits in einem europäischen Diskussionszusammenhang um die Aporien einer objektiven nationalen Zuordnung (siehe Kap. 1.1). Andererseits bezieht sich Renan politisch auf die Annexion Elsass-Loth-

Da der Stachel der Niederlage von 1870/71 tief saß und große Teile der Öffentlichkeit wie der politischen Klasse auf Revanche sannen, übernahm die Armee die zentrale Stellung der Kirche im öffentlichen Diskurs, als sekundäre politische Sozialisationsinstanz und vor allem bei der Inszenierung öffentlichkeitswirksamer Rituale. Musik, Uniformen und Choreographie bei Paraden an nationalen Feiertagen, insbesondere am 14. Juli, trugen zur Nationalisierung der Massen in der Dritten Republik bei. Militarisierung und Nationsbildung verliefen – wie nach 1792 – parallel (vgl. François 1995: 199, 208).

Der organisierte Nationalismus

Während die politische Rechte am Anfang der Dritten Republik pazifistisch und antinationalistisch auftrat, gab es um die Jahrhundertwende einen gut organisierten, antisemitischen und militaristischen Nationalismus. Diese Entwicklung erinnert auf den ersten Blick an die Nationalisierung der Konservativen im Deutschen Reich, wo ebenfalls erst nach 1871 Nationalismus von einer oppositionellen zu einer staatstragenden Ideologie wurde. Der entscheidende Unterschied liegt jedoch darin, dass die nationalistische Rechte in Frankreich nie an die Macht kam und keine Pfründen verteilen konnte. Deshalb war sie populistisch und versuchte, vom abnehmenden Rückhalt der Monarchisten zu profitieren. Darüber hinaus resultierten die Erfolge der Rechtspopulisten aus Legitimationsproblemen der Republik, vor allem wegen Korruption und nicht eingehaltenen Wahlversprechen, sowie aus der Schwäche der politischen Linken seit der Niederschlagung der Pariser Kommune-Revolution (Jenkins 1990: 87 ff.).

Die *Ligue des patriotes*

Die erste nationalistische und populistische Organisation der Rechten war die 1882 vom militaristischen Poeten Paul Déroulède gegründete *Ligue des patriotes*. Ihr Hauptziel war die Revanche für

---

ringens unter Missachtung des politischen Willens seiner Einwohner sowie auf eine antisemitische Welle in Europa, zu der der Berliner Antisemitismusstreit gehörte und später die Dreyfus-Affäre. Im Kontext des Antisemitismusstreits schrieb der jüdische Professor für Völkerkunde an der Berliner Kriegsakademie Moritz Lazarus einen Essay »Was heißt national« (Lazarus 1879), über den er auch mit Renan korrespondierte. Lazarus behauptete später, dessen Rede von 1882 basiere auf jenem Essay. Jedenfalls war Renan von Lazarus wesentlich beeinflusst, ohne ihn zu erwähnen (Weichlein 1999: 84 f.).

die Niederlage von 1870/71 durch eine Erneuerung der französischen »Rasse«. Zugleich jedoch knüpfte die *Ligue des patriotes* an den jakobinischen Antiparlamentarismus an. Ähnlich wie bei den Anfängen der deutschen völkischen Bewegung haben wir es hier mit einer Mischung linker, demokratischer und rechter, militaristischer und antisemitischer idealistischer Elemente zu tun. Zum Umfeld der Liga gehörte auch Édouard Drumont, der 1886 mit *La France juive* (Das jüdische Frankreich) die Juden als Ausbeuter, Wucherer und Freunde Deutschlands denunzierte und für Frankreich den rassistischen Antisemitismus begründete.

Im selben Jahr 1886, als die Republik durch zahlreiche Skandale erschüttert wurde, übernahm General Georges Boulanger die Führung der *Ligue des patriotes.* Der populäre Kriegsheld hatte sich mit einer entschieden antideutschen Haltung profiliert und den Spitznamen *General Revanche* erworben. Nach einem Rechtsruck bei den Wahlen 1885 wurde Boulanger Anfang 1886 Kriegsminister. In dieser Position bereitete er einen Krieg gegen Deutschland vor, der im Frühjahr 1887 nur mit Mühe verhindert werden konnte. Als Boulanger wegen seiner Eigenmächtigkeit zurücktreten musste, wurde er zum Helden der Revanchisten um die *Ligue des patriotes.* Durch sein politisches Engagement und mehrfach unerlaubte Aufenthalte in Paris provozierte Boulanger seine Entlassung aus der Armee. Anschließend ließ er sich in Paris nieder, wo er von Spenden fürstlich lebte und sich populistisch an die Spitze antiparlamentarischer und revanchistischer Proteste stellte. Unterstützt von einem »Republikanischen Komitee des nationalen Protestes« kandidierte Boulanger bei verschiedenen Nachwahlen, die er alle gewann. Er vertrat inkonsistente, populistische Forderungen, die er werbewirksam in der Parole *Revanche – Revision* [der parlamentarischen Verfassung] – *Restauration* [der Monarchie] bündelte.

Als Boulanger im Januar 1889 sogar in der republikanisch-demokratischen Hochburg Paris eine Nachwahl gewann, wollten seine Anhänger, dass er einen Staatsstreich versuche. Aber Boulanger schreckte vor dieser Konsequenz seiner populistischen Agitation zurück. Die Putschvorbereitungen seiner Anhänger waren aber so weit fortgeschritten, dass ihn der Innenminister wegen Hochverrats und Verschwörung anklagte. Boulanger entzog sich seiner Verhaftung, was seine Anhänger ebenso wie das Zurückschrecken vor dem Staatsstreich als Feigheit auslegten. Seine Bewegung zerfiel daraufhin sehr schnell (vgl. ebd., 91 ff.). Sie hatte aber zwei wesentliche Veränderungen in der politischen Rechten deutlich gemacht: Erstens hatten alle reaktionären Bewegung zuvor ihre soziale Basis in der Provinz gehabt – Boulanger wurde aber auch von der Pariser Bourgeoisie finanziell unterstützt und von den Pariser Kleinbürgern gewählt. Zweitens war eine *parti nationaliste* entstanden, die weit rechts stand und in der Lage war, Massen zu mobilisieren.

Die Dreyfus-Affäre

Als 1898/99 der Protest linker Intellektueller zum Freispruch des 1894 zu lebenslanger Haft wegen Spionage verurteilten jüdischen Offiziers Alfred Dreyfus führte, wirkte dies als weiterer Katalysator für eine organisierte, nationalistische rechte Systemopposition. Inzwischen hatte sich die Dritte Republik politisch weiter stabilisiert, und die Modernisierungs- und Nationsbildungspolitik hatte die traditionelle Fundamentalopposition auf dem Lande und unter den kirchentreuen Katholiken geschwächt. Sogar der Papst hatte 1892 in einer Enzyklika die französischen Gläubigen dazu aufgerufen, die Republik zu akzeptieren. Aber der intellektuelle Zeitgeist war der Radikalisierung des Rechtsnationalismus zuträglich: Bergsons Lebensphilosophie, der Sozialdarwinismus, die Theorien Le Bons und Paretos förderten die Abkehr von den Idealen der Aufklärung, von Rationalismus und Liberalismus und verbreiteten rassistisches, biologistisches und elitäres Denken. Die politische und symbolische Bedeutung der Dreyfus-Affäre ist nicht einfach zu erklären. In ihr bündelten sich intellektuelle Strömungen und populäre Ressentiments.

In der Dreyfus-Affäre zeigte sich erstmals die für die französische politische Kultur im 20. Jahrhundert so charakteristische Spaltung in zwei nationalistisch argumentierende Lager: ein linkes, demokratisches, antiklerikales, das sich auf die Ideen von 1789 bezog, und ein rechtes, antisemitisches, antiparlamentarisches, das sich auf die katholische Tradition mit Jeanne d'Arc als Heldin bezog. Die öffentlichen Debatten im Kontext der Dreyfus-Affäre zeigten, dass Nationalismus in Frankreich nicht mehr selbstverständlich gleichzusetzen war mit der Idee der Emanzipation des Volkes durch Selbstbestimmung, sondern dass die Nation auch mit konservativ-autoritären Ordnungsinstanzen wie der Kirche, der Armee und dem Staat identifiziert werden konnte. Die Vordenker des Rechtsnationalismus wie Drumont, Déroulède, Maurice Barrès und Charles Maurras ersetzten das republikanische Ideal einer Gesellschaft freier und gleicher Bürger durch Leitbegriffe wie Rasse, Tradition, Verwurzelung im »alten«, also vorrevolutionären Frankreich sowie durch den Mythos vom »ewigen Frankreich« (vgl. ebd.: 95 ff.). Nicht mehr der Bruch von 1789 wurde betont, sondern die Kontinuität von den Kelten bis in die Gegenwart. Monarchie, Katholizismus und Armee als vor 1789 entstandene Institutionen traten an die Stelle des republikanischen Dreiklangs »Freiheit – Gleichheit – Brüderlichkeit«.

An die Stelle des subjektivistischen, politischen Nationalismus trat ein »integraler« Nationalismus. Diesen Begriff prägte Charles Maurras, der 1898 als Konsequenz aus der Dreyfus-Affäre die *Action française* gründete. Maurras brach mit der nationalistischen Tradition der Revolution und des Jakobinismus und propagierte den integralen Nationalismus als Religionsersatz, der in einem mystischen Kult der Erde und der Toten gipfelte. Die Nation war nach Maurras alles. Der Einzelne hatte sich ihren Interessen vollkommen unterzuordnen und musste jederzeit bereit sein, sein Leben für Frankreich zu geben.

Action française

Der integrale oder rechte Nationalismus stellt die Einheit der Nation durch die Abgrenzung von äußeren Feinden (bei der *Action française* vor allem das Reich, aber auch Großbritannien) wie durch Ausgrenzung nach innen her. Diese richtete sich in Frankreich gegen die Juden, aber auch gegen die politische Linke (ebd.: 99 f.; Alter 1985: 43 ff.). *La France d'abord* (Frankreich zuerst) lautete eine der griffigen Parolen der *Action française*, die als Urform einer faschistischen Organisation begriffen werden kann, auch wenn sie nie auf Massenorganisation setzte, sondern über ihre sehr einflussreiche Zeitung *L'Action française* und über Studenten und Jugendorganisationen in die Gesellschaft hinein wirken wollte. *Action française* war die wichtigste chauvinistische und rechtsextreme Organisation in Frankreich bis zum Ende des Zweiten Weltkriegs.

Als es der Dritten Republik gelungen war, die Landbevölkerung weitgehend mit der parlamentarisch-republikanischen Ordnung zu versöhnen, vereinnahmte der populistische Rechtsnationalismus das unzufriedene Kleinbürgertum und begeisterte einen Teil der intellektuellen Elite.

Arbeiterbewegung und Nation

Zwischen den 1880er Jahren und dem Ersten Weltkrieg gelang in Frankreich parallel zur Entstehung des integralen Rechtsnationalismus auch die weitgehende Aussöhnung der Arbeiterbewegung mit dem republikanischen Nationalstaat, so dass 1914 die französischen Arbeiter ebenso wenig wie die deutschen den Militärdienst verweigerten. Auch diese Integrationsleistung ähnelt auf den ersten Blick der Annäherung der SPD an den deutschen Nationalstaat. Dennoch sind einige grundlegende Unterschiede zu betonen:

1. Wegen der langsamen Industrialisierung Frankreichs hatte die Industriearbeiterschaft nie die gesellschaftliche Bedeutung wie etwa in Deutschland, Großbritannien oder Belgien. Bis zum Ersten Weltkrieg gab es etwa anderthalbmal so viele Landarbeiter wie Industriearbeiter.
2. Da der Staat sich nicht mit Sozialgesetzgebung um die Integration der Arbeiter bemühte, blieben die Arbeiterorganisationen relativ sektiererisch und vielfach gespalten.
3. Trotz des vergleichbaren Wahlrechts brachten die Sozialisten in Frankreich sehr viel weniger Abgeordnete ins Parlament als die SPD. Die radikalere französische Arbeiterbewegung befand sich deshalb insgesamt in etwa gleicher Distanz zum gemäßigten Republikanismus, der in Frankreich vor dem Ersten Weltkrieg den Ton angab, wie die gemäßigtere deutsche Arbeiterbewegung zum wilhelminischen Regime. Beide Arbeiterbewegungen waren bis zu Beginn des 20. Jahrhunderts fest im proletarischen Internationalismus verankert. Angesichts der wachsenden Kriegsgefahr kam es aber in beiden Ländern zu einer Annäherung. Die nationalistische Erziehung, die die Feindschaft zwischen den Nachbarländern wach hielt, spielte dabei eine entscheidende Rolle; die Propaganda des integralen Nationalismus tat ein Übriges. So erschien 1914 den meisten französischen Sozialisten ein Krieg gegen das autoritäre, reak-

tionäre und »barbarische« Deutsche Reich gerechtfertigt, und der Sozialistenführer Gustave Hervé wandelte sich vom Antimilitaristen zum chauvinistischen Deutschenhasser (vgl. Goergen in: Jansen 2003: 247–265; Jenkins 1990: 103–121).

4.1.5 Theoretische Aspekte zum Nationalismus in Frankreich

Idealtypisch lässt sich die Entwicklung des Nationalismus und der Nationsbildung in Frankreich so zusammenfassen: Da der französische Nationalismus im Kontext der Revolution von 1789 entstand, war er zunächst von einem Befreiungspathos getragen. In dieser subjektiven und politisch emanzipatorischen Variante wurde er von den Armeen Napoleons in Europa verbreitet. Auch wenn der autoritär-militärische Ansatz dieser Weltbeglückung Widerstand hervorrufen musste, sind doch die emanzipatorischen und befreienden Ziele und Auswirkungen der napoleonischen Eroberungen unbestreitbar. In der Restauration seit 1815 knüpfte die demokratisch-revolutionäre Opposition an den linken Nationalismus der Revolutionszeit an, wenn sie den Kampf »der Nation« gegen die herrschende Klasse propagierte. Nach der Niederlage von 1870/71 wandelte sich die Funktion des Nationalismus: An der Jahrhundertwende bekannte sich auch die politische Rechte zum Nationalismus, und wie im Reich gab es einen starken integralen und antisemitischen Nationalismus.

Am Anfang des französischen politischen Nationalismus standen überwältigende Erfolge: Es war 1789 gelungen, eine europäische Großmacht umzugründen und ihr eine moderne, demokratisch-nationalistische Legitimationsbasis zu geben. Gegen eine Übermacht von Feinden hatte die moderne Integrationsideologie Nationalismus sich bewährt und nicht nur die Verteidigung des revolutionären Regimes ermöglicht, sondern sogar den Export seiner Ideen und Strukturen. Mit dieser Erfahrung, dass die neue Ideologie eine mindestens ebenso große Mobilisierungsfähigkeit besaß wie ältere Bindungen durch Religion oder traditionale Herrschaft, lässt sich die Dynamik und das universelle Sendungsbewusstsein des französischen Nationalismus erklären.

Die Entwicklung des französischen Nationalismus unterscheidet sich von der Nationsbildung in Deutschland in mehreren Aspekten: Anders als in Deutschland kam die nationalistische Rechte in Frankreich nie an die politische Macht, und die linksnationalistische Strömung blieb stärker als im Reich. Frankreich stellt innerhalb Europas auch insofern eine Ausnahme dar, als die Nationsbildung in der Dritten Republik unter parlamentarisch-demokratischen Rahmenbedingungen vonstatten ging – in allen anderen europäischen Ländern dagegen unter autoritären Bedingungen oder (wie in Italien und Großbritannien) bei einem durch Zensus stark eingeschränkten Wahlrecht. Anders als im Deutschen Reich bezeichneten sich bereits vor dem Ersten Weltkrieg alle politischen Lager als nationalistisch. Dabei beriefen sie sich jedoch auf unterschiedliche Traditionslinien, weshalb der französische Nationalismus tief gespalten war.

Die Differenzierung zwischen subjektivem, politischem und objektivem, ethnischem Nationalismus kann historisch nicht mit einem bestimmten Nationalismus identifiziert werden. Der »Erfindung« des politischen Nationalismus im revolutionären Frankreich stand seit den 1870er Jahren ein Kampf um die Deutungshoheit zwischen linkem, politischem und rechtem, ethnischem Nationalismus gegenüber.

Betont sei abschließend, dass der französische Nationalismus vom 18. bis ins frühe 19. Jahrhundert *vor* der Industrialisierung entstanden ist. Also gehören zwar die modernen Kommunikationsmöglichkeiten und Diskurse zu den notwendigen Voraussetzungen für die Entstehung von Nationalismus und für die Nationsbildung, nicht jedoch der industrielle Kapitalismus.

4.2 Schweiz: Die multiethnische Nation als ökonomische Interessengemeinschaft

In keinem bestehenden europäischen Land ist die Frage nach dem nationalen Zusammenhalt so komplex wie in der Schweiz:

Das Land hat bei einer Bevölkerung von gut sieben Millionen vier (formell) gleichberechtigte Landessprachen. Es ist religiös und konfessionell gespalten. Die Schweiz ist politisch stark föderalistisch strukturiert: Die Bundesregierung ist mit relativ schwachen Machtbefugnissen ausgestattet. Jedes Jahr wechselt etwa das Amt des Regierungschefs von einem der (in den letzten Jahrzehnten immer sieben) Minister zu einem Kollegen, um die Machtballung, die mit dem Amt eines Staatschefs verbunden ist, wenigstens zeitlich zu begrenzen; nicht zuletzt handelt es sich um einen militärisch schwachen Staat, der dennoch seine Unabhängigkeit zwischen großen, hochgerüsteten und phasenweise feindlich gesinnten Nachbarn bewahren konnte. Angesichts dieser Auflistung ist man versucht zu bezweifeln, ob es sich überhaupt um einen Nationalstaat handelt. Dem steht jedoch ein unangefochtener Konsens in der »schweizergeschichtlichen«[4] Forschung entgegen, dass die Schweiz seit der Verfassungsgebung von 1848, spätestens jedoch seit den Verfassungsreformen von 1874, die die Berner Bundesinstitutionen stärkte, sich von einer losen Föderation der Kantone zu einem Nationalstaat entwickelt hat (vgl. Altermatt 1998: 11 ff. sowie als Überblick Im Hof 1991).

Die Schweiz als Nation

Im Schweizer Fall ist besonders augenscheinlich, was jedoch bei genauerem Hinsehen für alle Nationalstaaten gilt: Ethnisch-kulturelle Homogenität ist *nicht* entscheidend für den nationalen Zusammenhalt. In der Schweiz konnten nicht einmal die Nationalisten völkisch bzw. ethnisch argumentieren. Auch Sprache, die in Ermangelung eindeutiger, messbarer Faktoren, an denen sich Ethnizität festmachen ließe, vielfach zur Bestimmung von Volkszugehörigkeit oder Nationalität herangezogen wird, scheidet aus, um zu bestimmen, wer Schweizer(in) ist. Die einzige gemeinsame Erfahrung, die *alle* Schweizer mit ihrer jeweiligen Muttersprache im eigenen Land machen, ist die, dass sie *nicht* von allen Schweizern verstanden wird.

---

4 »Schweizergeschichte« ist im Schweizerdeutschen ein zusammengesetztes Substantiv, das die wissenschaftliche Beschäftigung mit der Nationalgeschichte bezeichnet.

Politisch und ökonomisch fundierte Nationsbildung

Die Schweiz steht hier also (ähnlich wie außerhalb Europas die USA) für eine politisch-kulturell begründete und durch ökonomische Vorteile stabilisierte Nationsbildung. Der Schweizernationalismus argumentierte entsprechend politisch, kulturell oder historisch. Am häufigsten wird der spezifische nationale Zusammenhalt der Eidgenossen als »Willensnation« bezeichnet; bereits Ernest Renan hat in *Qu'est-ce qu'une nation* (1882) mehrfach die Schweiz als positives Beispiel herangezogen, entsprach sie doch dem von ihm propagierten politischen Nationsbegriff in idealtypischer Weise. Die Abgrenzung nach außen, gegen »die anderen« – konstitutiv für jeden nationalen Zusammenhalt und erst recht für alle Nationalismen – wird in der »Willensnation« Schweiz nicht über (vermeintlich) objektive Differenzen vollzogen, sondern über einen politischen Willensakt. Um zu erklären, warum gerade in einem so inhomogenen Gebilde wie der Eidgenossenschaft eine Nation entstehen konnte, ist die Hypothese hilfreich, die Oliver Zimmer in den Mittelpunkt seiner Studie über den Schweizernationalismus stellt. Gerade der Wettstreit, die Konkurrenz zwischen verschiedenen kulturellen Zentren, habe den nationalen Zusammenhalt gefördert: »It was through such controversies and rivalries that men and women were drawn into a modern public sphere and became engaged with national institutions« (Zimmer 2003: 14 f.). Diese These lässt sich auch auf den deutschen und den italienischen Fall übertragen, wo es ebenfalls gelungen ist, innerhalb von ein bis zwei Generationen sehr heterogene Einzelstaaten mit langer eigenständiger Geschichte zu einer Nation zusammenzubinden, die sich in der »Bewährungssituation« des Ersten Weltkriegs als sehr belastbar erwiesen hat: Konkurrenz zwischen verschiedenen Zentren, Kulturen und Teilen war für die Nationsbildung mindestens ebenso wirksam wie die Verbreitung des Nationalbewusstseins vom Zentrum in die Peripherie.

Seit den 1980er Jahren wurde die Schweiz auch immer wieder als Paradebeispiel für einen funktionierenden »Verfassungspatriotismus«, also für die Identifikation einer (großen) Mehrheit der Bürger mit der Verfassungsordnung des eigenen Landes angeführt. Hinzu kommt vor allem im 20. Jahrhundert die Ökonomie, die in der eher nach geistigen Faktoren suchenden Nationalismusforschung (ebenso wie in Feuilletons und politischen Sonntagsreden) systematisch unterbewertet wird: Die Schweiz ist – unter anderem wegen ihrer Neutralität in allen europäischen Kriegen seit 1815 – eines der reichsten Länder der Welt. Der Vergleich des Lebensstandards nahm der Idee eines Anschlusses von Teilen der Schweiz an einen der drei umliegenden Nationalstaaten schnell die Attraktivität. Karl W. Deutsch hat jedoch zu Recht darauf hingewiesen, dass infolge der spezifischen geographischen Lage bereits seit dem Mittelalter gemeinsame ökonomische Interessen die Eidgenossenschaft zu gemeinsamem politischen Handeln zwangen: Die für den Wohlstand der Schweizer Eliten wichtigen Handelswege über die Alpen konnten nur passierbar gehalten und gesichert werden, wenn weit auseinanderliegende Kommunen und Kantone zusammenarbeiteten (Deutsch 1976: 33). Für Benedict Anderson gehört die Schweiz (gemeinsam mit ehemaligen Kolonien) hingegen zur letzten Welle der Nationsbildung nach 1945. Obwohl die Schweiz seit 1848 ein Staat war, hätten erst die Kommunikationsmöglichkeiten des 20. Jahrhunderts es den Schweizern erlaubt, sich als *eine* Nation wahrzunehmen (Anderson 2005: 135–139).

4.2.1 Voraussetzungen der Nationsbildung in der Schweiz

Die Schweiz, die heute zentral und verkehrsgünstig in der Mitte Europas liegt, war im frühen Mittelalter ein »Grenzgebiet« des zivilisierten Europa: Je näher man dem unwegsamen Alpenkamm kam, desto dünner wurde die Besiedlung, desto schwieriger waren die Territorien zu erobern und zu beherrschen und desto uninteressanter waren sie ökonomisch. Deshalb konnten sich in der Schweiz im Mittelalter keine starken Feudalherren etablieren, aus deren Herrschaften sich im übrigen Mitteleuropa die Territorialstaaten entwickelten. Es gab immer viele kleine Herrschaften, von denen keine die anderen dominieren konnte. Zugleich waren die für die damalige technologische Entwicklung wichtigen Rohstoffe (Holz, Wasser und Eisenerze) hinreichend bis reichlich vorhanden. Die alpine Landwirtschaft zwang die Bauern in höherem Maße und früher zu einer Arbeitsteilung und Spezialisierung. Schon der wirtschaftliche Verkehr untereinander in einer bereits früh stark arbeitsteiligen Agrargesellschaft und erst recht der Fernhandel mit den Schweizer Produkten wie Käse und Trockenfleisch hatten zur Folge, dass bereits im späten Mittelalter viele Schweizer Bauern in die Geldwirtschaft einbezogen waren – zu einer Zeit, als in den meisten europäischen Territorien noch die Naturalwirtschaft dominierte. Dass sich in der Schweiz kein Feudalsystem entwickelte, hatte auch zur Folge, dass die Bauern nur ganz langsam entwaffnet wurden und dass es vergleichsweise wenig Unfreie und Leibeigene gab. Zudem setzte die Bauernbefreiung in der Schweiz sehr früh – am Ende des 13. Jahrhunderts – ein (vgl. Deutsch 1976: 22 ff.).

Neben diesen sozialökonomischen Spezifika (schwer zugängliches, aber ökonomisch gut nutzbares Territorium, schwach entwickelte Feudalstrukturen ohne dominante Macht, entwickelte kommunale Selbstverwaltung, freie, bewaffnete Bauern) profitierte die Schweiz von einer innovativen Militärtechnologie. Mit der am Ende des 13. Jahrhunderts erfundenen Hellebarde ließen sich die Helme und Panzer von Rittern spalten. Mit Hilfe dieser Waffe gelang es hoch motivierten Schweizer Bauernarmeen im 14. und 15. Jahrhundert mehrfach, Ritterheere der umliegenden Territorialstaaten so zu schlagen, dass sie die Grenzen der Eidgenossenschaft künftig respektierten. Zu Beginn des 15. Jahrhunderts konnten die Eidgenossen ihr Territorium sogar über den Alpenhauptkamm nach Süden ins Mailändische hinein ausdehnen. Im späten 15. und frühen 16. Jahrhundert zählte der äußerst heterogene Schweizer Staatenbund gar zu den großen europäischen Mächten. Neue Waffengattungen (Handfeuerwaffen und Artillerie) beendeten dann die Erfolge der hellebardenbewaffneten Infanterie. Zwar blieben Schweizer Söldner ein gefragtes Exportprodukt. Aber die Zeit, als die Schweiz zu den Großmächten zählte, endete im frühen 16. Jahrhundert, zumal seit der Reformation auch innere Gegensätze das Land schwächten.

4.2.2 Die Helvetische Republik – Nationsbildung von Napoleons Gnaden (1798–1802)

Der moderne Nationalismus beginnt auch in der Schweiz an der Wende vom 18. zum 19. Jahrhundert. Seit den 1760er Jahren begann in Teilen von Bürgertum und Aristokratie, zunächst vor allem in der jungen Generation, eine intensive literarische Beschäftigung mit dem heroischen Zeitalter der Schweizergeschichte, dem 14. und 15. Jahrhundert. »Schweizerlieder« verherrlichten die Helden aus ruhmreichen Schlachten der Eidgenossen gegen überlegene, meist österreichische Ritterheere. In diesem Kontext taucht auch die Schweizer »Nation« als handelndes (und siegreiches) Kollektiv auf: »Was bey uns großes geschah, that die Nation«, behauptete Emanuel v. Graffenried 1780 in der Zeitschrift der »Helvetischen Gesellschaft«. Die ersten nationalistischen Organisationen in der Schweiz entstanden Anfang der 1760er Jahre. Die Breitenwirkung der »Patrioten« war jedoch gering; die Masse der Bevölkerung verharrte in traditionellen Bindungen an ihre Konfession und ihre engere Heimat. Allerdings rekrutierten sich aus den Reihen der frühnationalistischen Vereine die Aktivisten der Helvetischen Republik (1798–1802) (Frei 1964: 12 f.). Im Namen der bedeutendsten dieser Organisationen, der »Helvetischen Gesellschaft«, war der Versuch einer Ethnisierung der Nationszugehörigkeit eingeschrieben: die behauptete Kontinuität von den bei den antiken Geschichtsschreibern erwähnten Helvetiern bis zu den Bewohnern der modernen Schweiz.

Johannes von Müller

Die wissenschaftliche Beschäftigung mit den »vaterländischen Altertümern«, also erste archäologische Forschungen, weckten schnell Zweifel an solchen Kontinuitätsbehauptungen. Johannes von Müller stellte mit seinen für lange Zeit diskursprägenden *Geschichten [!] der schweizerischen Eidgenossenschaft* (1786–1807) die Weichen für das Selbstverständnis als »Mischvolk«. Das mehrbändige Werk wurde häufig als die »Schweizerbibel« apostrophiert. Müller zufolge waren die antiken Helvetier ausgestorben, und die Schweizer stammten von eingewanderten »fremden Nationen« ab: von »Burgundionen, Alemannen, Ostgothen, Franken, Longobarden« – also von einem bunten Gemisch sowohl keltischer als auch germanischer Stämme.[5] Ungewöhnlich früh, noch ganz am Anfang der modernen Nationsbildung und des

5 Johannes v. Müller: *Geschichten der schweizerischen Eidgenossenschaft*, 1. Teil (1786), Kap. 7 (siehe auch Quelle im Internet). Vgl. De Capitani 1987, S. 29 f.

Schweizernationalismus, setzte sich so eine nicht-ethnische Definition der Nationalität durch, die sich jeder rassistischen Aufladung entzog. An die Stelle eines Abstammungsmythos trat bereits bei v. Müller der Mythos der Landschaft: die Alpen, die dort angeblich herrschende »natürliche« Freiheit und die spezifischen klimatischen und ökonomischen Bedingungen, die sich aus dem Leben im Gebirge ergeben, würden die Schweizer – unabhängig von ethnischer Herkunft und Muttersprache – verbinden und ihre gemeinsame Mentalität ausmachen. Bei Müller und anderen frühen Nationalisten aus dem Umfeld der »Helvetischen Gesellschaft« wurden die »alten Eidgenossen« stilisiert zu Repräsentanten »natürlicher«, schlichter und wahrhaftiger Sitten und republikanischer Tugenden (Marchal/Mattioli 1992: 37–49). Während Nationalisten diesseits und jenseits des Rheins aus dem ethnischen Gegensatz von Kelten und Germanen Honig saugten, wurde die Schweizer Nationsbildung unter Umgehung dieser Polarisierung begründet, die für den nationalen Zusammenhalt in einem Land, das zwischen den sich wild befehdenden Deutschen und Franzosen lag, zu einem gefährlichen Sprengsatz hätte werden können.

Der modernen Armee Napoleons I. konnten auch die ruhmreichen »Schweizerhaufen« nicht widerstehen. Nach der Niederlage der Eidgenossenschaft wurde die lockere Föderation innerhalb weniger Monate (nach französischem Vorbild) in die »eine und untheilbare« Helvetische Republik umgewandelt (vgl. zum Folgenden Im Hof 1991, S. 113–166; Frei 1964; Altermatt u.a. 1998, S. 7 und 131–147). Alle Einwohner wurden zu gleichberechtigten *citoyens*, wobei die Staatsbürgerschaft allerdings an die christliche Taufe gebunden wurde. Juden blieben ausgeschlossen (Altermatt u.a. 1998: 217–235). Diese Umgründung, die auf die strukturellen ökonomischen wie mentalen Voraussetzungen des Landes keine Rücksicht nahm, musste sich vor allem um eine neue Legitimation bemühen. Hier bot sich die in Ansätzen ja bereits vorhandene Nationalidee an. So setzten die führenden Männer der Helvetischen Republik die Nationsbildung auf ihr Programm: die Überwindung von »Localgeist«, »Kantönlidenken« und »Religionshass«. Man versuchte, die Ideen der gebildeten frühen Nationalisten populistisch so zu vereinfachen, dass eine handfeste nationalistische Ideologie entstand, die ohne Bildungsvoraussetzung jedermann zugänglich war. Über bildliche Allegorien, die in der Presse verbreitet wurden, über symbolische Handlungen wie den »Bürgereid«, Feste und Zeremonien sowie durch die Beeinflussung möglichst weiter Kreise der Bevölkerung in Schule und Armee sowie durch die gelenkte Presse wurde versucht, Loyalität herzustellen und »das Volk« zu gewinnen. Mit diesem umfassenden Erziehungsprogramm stieß die Helvetische Republik ebenso wie mit ihren zentralistischen Strukturen auf viel Widerstand, besonders in den ländlichen innerschweizer Kantonen, aber auch im italienischsprachigen Tessin und im Wallis. In der Folge bildeten sich zwei Richtungen aus, die sich politisch bekämpften – Föderalisten und Zentralisten.

Die napoleonische Besetzung

Die Bemühungen der Helvetischen Republik, eine auf gesamtschweizer Nationalbewusstsein und republikanischem Verfassungspatriotismus basierende Loyalität zu erzeugen, die den Fortbestand des Regimes auch ohne den Rückhalt der napoleonischen Truppen sichern konnte, scheiterten. 1803 restaurierte Napoleon die Kantonsherrschaften, da die von ihm inaugurierte Republik nie stabile Verhältnisse hatte schaffen können. Für das Scheitern der Nationalstaatsbildung in der Helvetischen Republik waren sowohl ihr nicht einmal fünfjähriger Bestand als auch die Aufgesetztheit ihres Erziehungsprogramms verantwortlich: Sie stellte einen zu radikalen Bruch dar: Lokales, allenfalls kantonales Denken und gewachsene Bindungen an die traditionellen Obrigkeiten ließen sich nicht in so kurzer Zeit überwinden. Andererseits bedeuteten die radikalen Eingriffe der napoleonischen Besatzung in die gewachsenen Strukturen (ebenso wie in »Deutschland« oder »Italien«) eine irreversible Weichenstellung, die langfristig die Nationsbildung ermöglichte und den Weg zum Nationalstaat abkürzte: Erstmals war die ganze Schweiz rechtlich und politisch-institutionell zu einem Raum geworden, in dem in vielen Bereichen dieselben Vorschriften und Institutionen bestanden und der vor allem deutlich stärker als zuvor gegen die umliegenden Gebiete *abgegrenzt* war. Am Beispiel des italienischsprachigen Tessins lässt sich anschaulich zeigen, wie die Schaffung einer modernen Grenze und unterschiedliche gesetzliche Regelungen für das wirtschaftliche und religiöse Leben die Bindungen an die angrenzende Lombardei deutlich abschwächte und dazu führte, dass die Zugehörigkeit zur Eidgenossenschaft nie wieder – etwa mit sprachlichen Argumenten – ernsthaft in Frage gestellt wurde. Ja, der Anschluss an die norditalienische Nachbarrepublik erschien sowohl den sozialen Eliten als auch der ländlichen Bevölkerung so bedrohlich, dass solche Erwägungen auf massiven Widerstand stießen. Der Schweizer Historiker Sandro Guzzi-Heeb hat diese Form der Bindung treffend »reaktive nationale Identität« genannt (Altermatt u.a. 1998: 132 ff.).

Die Mobilisierung der Bevölkerung durch den Umbruch der Herrschaftsbeziehungen und die massiven Umerziehungsbemühungen in der Zeit der Helvetischen Republik führten zur Fundamentalpolitisierung und zur Entstehung moderner Verhältnisse (politischer Massenmarkt, überregionale Öffentlichkeit, politische Interessengruppen usw.). Dies galt besonders für diejenigen, die sich der republikanischen Propaganda entgegengestellten: Der Modernisierungsdruck zwang gerade auch die traditionalistischen Kräfte zu überregionaler Zusammenarbeit. Indem auch sie beanspruchten, für die ganze Schweiz zu sprechen und ihre Ziele als echt schweizerisch bezeichneten, gerieten sie wider Willen auf eine nationale Ebene der Argumentation und des politischen Handelns. Schließlich entstanden in den ideologischen Kämpfen der kurzlebigen Helvetischen Republik ein Vorrat an Bildern und Geschichten über die Schweiz, ein nationales Geschichtsbild und eine einheitliche Vorstellung vom Schweizer Nationalcharakter, die von den nationalistischen Strömungen der Folgezeit immer wieder abgerufen, aktualisiert und je nach Bedarf ideologisch aufgeladen werden konnten (vgl. Bosshard-Pfluger u.a. 2002: 183 f.; Frei 1964: 105 f.).

4.2.3 Die Inkubationszeit des Schweizernationalismus (1803–1847)

Auch nach der Aufhebung der Helvetischen Republik blieb die nationale Frage virulent. 1803 wurde zwar die *alte*, kantonal strukturierte Schweiz restauriert. Aber sie bekam einen *neuen* Namen:

»Schweizerische Eidgenossenschaft«, was bis heute die offizielle Staatsbezeichnung ist; auch das Schweizerkreuz wurde nun zum Nationalsymbol. Schon allein diese neuen Symbole zeigen: Von einer vollständigen Restauration konnte nicht die Rede sein. Zu tief waren die Einschnitte der napoleonischen Ära. Auch die Schweiz wurde von dem seit 1789 gewandelten politischen Zeitgeist beeinflusst: Die Nationsbildung stand wie in ganz Europa auf der Tagesordnung. Die Träger der kurzlebigen Republik konnten zudem im Lande bleiben und waren weiterhin politisch aktiv. Ein paar Jahre lang meldeten sie sich nicht zu Wort. Aber bereits 1808 wurde die »Helvetische Gesellschaft« wiederbelebt, die sich in den nächsten Jahrzehnten wieder zur wichtigsten Trägerin des Schweizernationalismus entwickelte. 1810 gründete der »Sängervater« Hans Georg Nägeli in Zürich den ersten Männergesangverein. Seine weniger auf die real existierenden Schweizer als auf den gesamten deutschen Sprachraum gerichteten Bemühungen, »altdeutsche« und »altchristliche« Werte zu vermitteln und den Bürger als Sänger zu politisieren und zu vergesellschaften, strahlten auch auf die deutsche Nationalbewegung aus (vgl. Klenke 1998).

Organisierter Nationalismus

Insgesamt waren die 1810er Jahre geprägt von der Entstehung zwar nationaler, aber in ihrer Ausrichtung »unpolitischer«, wissenschaftlicher oder gemeinnütziger Vereine (1810 Schweizerische Gemeinnützige, 1811 geschichtsforschende, 1815 naturforschende Gesellschaft). Der erste dezidiert politische Verein, der nach dem Scheitern der Helvetischen Republik entstand, war der nach dem Vorbild der deutschen Burschenschaft 1819 von Berner und Zürcher Studenten gegründete »Zofingerverein«, der die nationale Einigkeit fördern, den »unseligen Kantonalgeist und die vergiftende Parteisucht« bekämpfen wollte, aber auch von Anfang an (wie sein deutsches Vorbild) xenophobe Töne anschlug, wenn er alle »Ausländerei« ächten wollte. 1832 spaltete sich der politisch-freisinnige Flügel vom Zofingerverein ab und nannte sich programmatisch »Helvetia«. Er war vor allem seit 1848 einflussreich (Frei 1964: 224).

Seit sich der Liberalismus in den 1830er Jahren in immer mehr Kantonen durchsetzte, gewannen nationalistische Ideen bis in die ländliche Bevölkerung hinein nachhaltige Unterstützung. Wie im Deutschen Bund bestand zwischen Nationalismus und Liberalismus im 19. Jahrhundert eine »Wahlverwandtschaft« (Echternkamp 1998: 490). 1836/37 gab es bereits 14 überregionale, also nationale Vereine. Weitere entstanden in den folgenden Jahren. Für die Verankerung des Nationalgedankens in der ländlich-bäuerlichen Bevölkerung der Schweiz war es zuträglich, dass sich die liberalen Nationalisten nicht (in der französischen Tradition) als Revolutionäre, sondern als Erneuerer einer ursprünglichen, im Naturzustand oder in einer fernen Vergangenheit situierten Schweizernationalität ausgaben (Bosshart-Pfluger u.a. 2002: 184–189).

Innere Nationsbildung

In den 1820er und 1830er Jahren gelang es den nationalistischen Eliteorganisationen, zunehmend Resonanz in breiten Kreisen der Bevölkerung zu finden. Hierzu bedienten sie sich populärer Veranstaltungen wie Schützen- und Turnerfesten, die vorgaben, an alte Schweizer Traditionen anzuknüpfen und den nationalen Gedanken zu befestigen. Sie sammelten und edierten volkstümliche und nationalistische Lieder, regten Literaten an, sich an der Schaffung einer Schweizer »Nationalliteratur« zu beteiligen, besorgten die Übersetzung solcher Texte in die anderen Landessprachen, führten »vaterländische« Theaterstücke auf, organisierten große Nationalfeste, nationalistische Wallfahrten zur Tellskapelle und zum Rütli sowie zahllose lokale patriotische Feiern. In den 1840er Jahren entstand die »Allgemeine geschichtsforschende Gesellschaft«, die sich erfolgreich für die Kanonisierung und Popularisierung der Schweizergeschichte engagierte. Gute Gelegenheiten, die Erinnerung an das »Heldenzeitalter« der »Alten Eidgenossen« in breiten Schichten der Bevölkerung zu wecken, wachzuhalten und offizielle Legenden über die nationale Vergangenheit zu kanonisieren, boten die »Schlachtjahrzeiten« – Gedenkfeiern auf den Schlachtfeldern des 14. Jahrhunderts in Sempach, Murten oder Näfels. Ursprünglich von privaten Vereinen organisiert, wurde manche Feier in den 1830er Jahren von den Kantonen zu offiziellen Akten aufgewertet, so 1835 die Näfelserfahrt und 1836 die Schlachtfeier am Morgarten.

Schützenfeste

Die für die Nationsbildung einflussreichste regelmäßige Massenveranstaltung war das alle ein bis zwei Jahre durchgeführte Schweizerische Schützenfest, an dem jeweils Tausende teilnahmen. Von Anfang an – 1824 in Aarau – war die nationalpolitische Zielsetzung klar formuliert: Die Schützenvereine strebten an, »ein Band mehr ziehen um die Herzen der Eidgenossen, die Kraft des Vaterlandes [...] zu mehren und [...] zur Förderung und Vervollkommnung der schönen, so wie für die Vertheidigung der Eidgenossenschaft höchst wichtigen Kunst des Scharfschießens beizutragen«.[6] Bei den folgenden nationalen Schützenfesten, die in den größeren Städten der deutsch- und französischsprachigen Schweiz (jedoch vorerst nicht im Tessin!) stattfanden, wurde das Programm allmählich ausgeweitet, bis es seit Mitte der 1830er Jahre eine rituelle Form gefunden hatte: mit Umzügen, feierlichen Banketten, die den Anlass für nationalistische Reden und Trinksprüche boten, mit Turnen, Schwingen (das zum spezifisch schweizerischen Sport stilisiert wurde) und gemeinsamem Gesang und schließlich einer festen architektonischen Form: »ein Triumphbogen am Eingang, geschmückt mit vaterländischen Sinnsprüchen und dem Standbild eines alten Schweizerkriegers, [...] Kaffeehäuser mit den sprechenden Namen ›Zur Eintracht‹ und ›Zur Treue‹, die mächtige Festhütte, geschmückt mit Wandbildern zur Gründungsgeschichte der Eidgenossenschaft, und schließlich alles überragend die Fahnenburg, ein in üppigen, meist ›gotischen‹ Formen erstellter Turm, der den National- und Vereinsfahnen als Aufenthaltsort diente und gewissermaßen den Altar eines Fahnenkultes bildete« (Frei 1964: 227). Politisch waren die Schützenfeste Hochburgen des demokratischen Nationalismus. Radikale Reden endeten vielfach in symbolischen Regelverletzungen und (auch dank reichlichen Alkoholkonsums) Tumulten; 1832 gründete man gar angesichts einer befürchteten österreichischen Inter-

6 Statuten des Schweizerischen Schützenvereins (1824), zit. nach Frei 1964, S. 226. Vgl. zum Hintergrund ebd., S. 220–257, und Matthias Weishaupt: Bruderliebe und Heldentod. Geschichtsbilder und Geschichtskultur in Festreden am schweizerischen Schützenfest in Glarus 1847, in: Andreas Ernst u. a. (Hg.): *Revolution und Innovation. Die konfliktreiche Entstehung des schweizerischen Bundesstaates von 1848,* Zürich 1998, S. 61–79.

vention eine paramilitärische Organisation, den »Nationalverein zur Aufrechterhaltung der Freiheit und Unabhängigkeit«, deren Enthusiasmus aber bald verpuffte (1839 wieder aufgelöst).

Ton und Inhalte des Schweizernationalismus, wie er sich bei den Schützenfesten manifestierte, gibt exemplarisch das Manifest wieder, das der Dichter (und Pfarrer) Jeremias Gotthelf (eigentlich: Albert Bitzius) 1842 für die »Schweizerische Scharfschützen-Eidgenossenschaft« schrieb. Er machte darin einen Durchgang durch die Schweizergeschichte seit der Steinzeit. Als deren Apotheose erschien die »Scharfschützen-Eidgenossenschaft«.

[Im frühen Mittelalter] entstand in rauchendem Blute allmälig die Eidgenossenschaft; zu einem Volke wurden wieder die, welche des Herren Feste [die Alpen] bewohnten, wie es die Helvetier waren, aber größer bedeutsamer in der Weltgeschichte, enger in sich selbst verbunden. [...]

Was konnte aber dieses Bindemittel anderes sein als die Nationalwaffe, als der Stutzer.

Noch ist dem Schweizer die Freiheit sein höchstes irdisches Gut, [...] darum liebt er auch und ehret, was sie ihm soll wahren helfen, was seiner Kraft zur Hand sein muß, er liebt seine Waffe. [...]

Darum aber ward die Waffe tausend Herzen lieb, die Schützenkunst geehrt durchs ganze Volk, bei reich und arm, zu Stadt und Land und der Stutzer die bedeutendste Zierde eines Schweizerhauses. Wo man einen Stutzer hängen sah an der Wand, da wohnte auch ein Schweizer, das wußte man.

Wer in einer Monarchie geboren wurde, dem lag der Gedanke eines Vereines, welcher das ganze Volk umfaßte und bewaffnete, außerhalb seiner Gedankenreihe, er lag ihm im Gebiet des Wahnsinns.

In keinem Land hätte man den Gedanken aufgefaßt und Wurzeln schlagen lassen, das Volk bewaffnet zu versammeln ohne Führer und nur in der Ordnung, welche es sich selbsten gab. Kaum hätte in einer Monarchie das Gefühl für Ordnung und Anstand die Masse so durchdrungen, daß sie frei und froh, unbewacht und unbezwungen in den Schranken des Gesetzes sich bewegt hätte, während die Macht in ihren Händen lag, der Wein in Strömen floß. Wie wäre es erst in Amerika gegangen, wo die Repräsentanten des Volks sich wie Buben am Boden wälzen oder wie Spitzbuben aufeinander schießen! [...]

Wie wäre es, wenn du [Scharfschützen-Eidgenossenschaft] der Zerklüftung der Geister ein Ende machen würdest, damit jeder Schweizermann [...] in dir den Mittelpunkt der Nation finde, sich ihm anschließe, mit seiner Kraft dessen Kraft, mit seiner Ehre dessen Ehre vermehre? Meinst du nicht, dann würde unsere Nation wieder eine eine und unteilbare, und ihre Macht würde als eine gewaltige weithin leuchten über die Völker, ohne Worte und sonstiges Geklingel? [...]

Wenn die Kriegssonne blutrot über unserm Ländchen aufgehen sollte, dann, ihr Schützen, werdet ihr auch kriegerischer Vorort sein, werdet Feuer speien lassen von den Bergen nicht nur, sondern aus Talgründen auch und Wäldern, werdet den Tod senden mit sicherer Hand ins weite Feld, werdet die Brust dem Tod bieten unverzagt, werdet kaltblütig bieten das eigene Blut als Lösegeld für das Vaterland.«

(Gotthelf 1842: 278, 287, 289 f., 318 und 325)

In pathetisch-blutrünstiger Sprache wurde bei den Schützenfesten die Vergangenheit beschworen, das Gedenken an die mythischen Heldenfiguren wach gehalten und vorgegeben, dass es sich bei ihnen um historische Persönlichkeiten gehandelt habe. An die antiken Helvetier wurde zwar erinnert, aber keine genealogische Linie zu den zeitgenössischen Schweizern gezogen, die durch ihr Christentum auf einer höheren moralischen Stufe angesiedelt wurden.

Wie weit bereits vor der Entstehung eines föderalen Schweizer Nationalstaats (1848) die Nationsbildung gelungen war, lässt sich daran ablesen, dass im Sonderbundskrieg sprachliche Differenzen (oder eine wie auch immer fassbare Ethnizität) keine Rolle spielten. Die Grenzen des »Sonderbundes« aus ökonomisch eher rückständigen, überwiegend katholisch geprägten Kantonen, der 1847 einen (eher operettenhaften) kurzen Bürgerkrieg auslöste, weil er sich der Nationalstaatsgründung widersetzten wollte, verliefen nicht längs der innerschweizerischen Sprachgrenzen, sondern folgten ökonomischen und politischen Gegensätzen und konfessionellen Grenzen. Der Streit ging um weitere Schritte auf dem Weg der Nationalstaatsbildung, beide Seiten fühlten sich als »echte Schweizer«.

Das wichtigste Argument, das gegen den Anschluss von Teilen der Schweiz an eines der benachbarten sprachlich verwandten Länder sprach, waren die politischen Freiheiten, die die Eidgenossenschaft ihren Bürgern auch schon vor der Entstehung des föderalen Nationalstaates in einem für das 19. Jahrhundert außergewöhnlichen Maße gewährte. Trotz der Garantie der Schweizer Neutralität in der Wiener Schlussakte von 1815 drohten die benachbarten Großmächte (vor allem Österreich, aber auch

Frankreich und der Deutsche Bund) der Schweiz immer wieder mit Interventionen, um die Aufnahme von Flüchtlingen oder die in die Nachbarländer ausstrahlende Pressefreiheit zu beenden, so dass den Schweizern die Bedrohtheit ihrer relativ freiheitlichen Zustände permanent ins Bewusstsein gerufen wurde.

4.2.4 Der föderale Nationalstaat (1848–1914)

Die Niederlage der katholisch-konservativen Kantone im Sonderbundskrieg öffnete den Weg für eine neue Verfassung, die die Schweiz in einen föderativen Nationalstaat verwandelte. In der Präambel der Bundesverfassung von 1848 wird nicht nur traditionalistisch die Absicht formuliert, »den Bund der Eidgenossen zu befestigen«, sondern auch – in moderner Terminologie – »die Einheit, Kraft und Ehre der *schweizerischen Nation* zu erhalten und zu fördern«. Bis heute beginnt die Schweizer Verfassung mit dieser Formel.

In den folgenden 20 Jahren waren der Zusammenhalt und die territoriale Identität der Schweiz mehrfach gefährdet durch Begleiterscheinungen der Nationsbildung in Deutschland und Italien, also in den im Norden und Süden angrenzenden Gebieten. Diese Herausforderungen belegten für die Befürworter des Nationalstaates dessen Sinn und Notwendigkeit, stärkten das Gefühl der Zusammengehörigkeit und trugen zur Schwächung aller Bestrebungen nach Anschluss von Teilen der Schweiz an den entstehenden deutschen bzw. italienischen Nationalstaat bei:

1853 versuchten Anhänger des Nationaldemokraten Giuseppe Mazzini in Mailand, das zum österreichischen Königreich Lombardo-Venetien gehörte, eine Revolution auszulösen. Als diese kläglich scheiterte, vermutete die österreichische Regierung Hintermänner im Tessin. Viele Tessiner wurden aus Lombardo-Venetien ausgewiesen und die Grenzen geschlossen. Auf Schweizer Seite befürchtete man eine österreichische Invasion, die der Militärbefehlshaber, der aus der 48er Revolution berüchtigte General Radetzky, auch androhte. Zwar rüstete die

Schweiz sich zur Verteidigung ihrer Grenzen, sah sich aber letztlich zu einem Nachgeben gegen den übermächtigen Nachbarn gezwungen

Der Konflikt um Neuchâtel

1856 versuchten Gegenrevolutionäre im Fürstentum Neuenburg (Neuchâtel) die dort 1848 durchgesetzte, demokratische Verfassung aufzuheben und hofften dabei auf Unterstützung durch die europäischen Großmächte. Denn Neuenburg gehörte 1707 bis 1806 und erneut seit dem Wiener Kongress nicht nur zur Eidgenossenschaft, sondern zugleich zu Preußen. Als das Fürstentum sich 1848 zur Republik erklärte, hatte König Friedrich Wilhelm IV. wichtigere Sorgen als die Revolution in einem kleinen, militärisch schwer erreichbaren Territorium. Im Londoner Protokoll vom 24. Mai 1852 stellten die europäischen Großmächte jedoch nicht nur in Schleswig-Holstein, sondern auch in Neuenburg den vorrevolutionären Status quo wieder her. Aber anders als in Schleswig-Holstein ignorierten die europäischen Mächte Preußens Ansprüche, und Preußen war zu weit entfernt und militärisch zu schwach, um seine Herrschaft in Neuenburg durchsetzen zu können. Der royalistische Aufstand im September 1856 schlug zwar fehl, aber nun stellten sich Napoleon III. und der Deutsche Bund hinter die preußischen Ansprüche. Großbritannien hingegen unterstützte die Schweiz. Sie hielt diesem Druck stand, so dass Friedrich Wilhelm IV. im März 1857 im Gegenzug für die Freilassung der inhaftierten Anführer des königstreuen Putsches auf das Fürstentum verzichtete.[7]

Dass sich die kleine Schweiz gegen die europäischen Großmächte durchgesetzt hatte, führte zu einer Welle rauschhafter nationalistischer Begeisterung, die allerdings bald auf den Boden der politischen Tatsachen zurückgeholt wurde. Denn 1859/60 nützten alle militärischen und politischen Drohgebärden nichts, als Napoleon III. im Gegenzug für seine Unterstützung der italienischen Nationalstaatsgründung unter flagranter Verletzung der Wiener Garantien für die Schweiz von 1815 Nordsavoyen und

7 Vgl. Ernst Rudolf Huber: *Deutsche Verfassungsgeschichte seit 1789*, Band III, 3. Aufl., Stuttgart 1988, S. 248 ff.

das Südufer des Genfer Sees militärisch besetzte. Die Schweizer Radikalen hatten im Winter 1859/60 mit zahlreichen Volksversammlungen und Petitionen, in denen immerhin ein Drittel der Bewohner Nordsavoyens den Anschluss an die Schweiz forderte, versucht, eine revolutionäre Situation zu schaffen. Die Besetzung des Gebiets durch Freiwillige, hauptsächlich aus Bern und Genf, scheiterte jedoch schon im Ansatz und machte die Schweizer als Militärmacht zum Gespött der europäischen Öffentlichkeit (Bonjour 1965: 382 ff.).

Militärische Schwäche

Die Kriege im Rahmen der italienischen und deutschen Nationsbildung (1859, 1866 und 1870) bedeuteten nicht zuletzt eine große Herausforderung für die entstehende Armee des Schweizer Bundesstaates: Die militärische Führung reagierte 1859 und 1866 (wie bereits 1848) mit Teilmobilmachungen, 1870 wie dann auch während des Ersten und Zweiten Weltkriegs mit einer Generalmobilmachung und mit Grenzbesetzungen, um gegen einen Angriff gewappnet zu sein. Insbesondere die Maßnahmen während des deutsch-französischen Krieges im Herbst 1870 zeigten gravierende Schwächen der neuen Schweizer Armee hinsichtlich Ausrüstung, Training, Eisenbahn- und Telegraphennetz. Die Militärführung konnte sich glücklich preisen, dass die Armee ihre Verteidigungsfähigkeit nicht beweisen musste. Zu einer besonders absurden Situation kam es Ende Januar 1871, als die geschlagene französische Südarmee unter General Bourbaki auf Schweizer Gebiet übertrat, um der deutschen Gefangenschaft zu entgehen. Da die meisten, im September mobilisierten Schweizer Truppen aus Sparsamkeitsgründen bereits im Oktober wieder nach Hause geschickt worden waren, standen nicht annähernd genug Truppen zur Verfügung, um das Land gegen die fast 90.000 Mann starke französische Teilarmee verteidigen zu können. Nur weil die französischen Truppen durch den Winter und ihre Niederlage gegen die Deutschen demoralisiert waren, ließen sie sich widerstandslos internieren.

Neutralität und nationaler Zusammenhalt

Diese letzte Episode stand bereits im Zeichen nicht nur der viel zitierten »bewaffneten Neutralität«, sondern auch in dem Bewusstsein, dass die Schweiz – wie es Bundesrat Numa Droz 1884 formuliert hat – »*mit allgemeiner Zustimmung* eine Art geistiger und moralischer Vorort in den internationalen Beziehungen geworden« sei.[8] Mit diesem neuen Selbstverständnis als Vorbild und Streiter für friedliche internationale Beziehungen (obschon der Schweizernationalismus dieser Epoche oft rabiat auftrat, vgl. die Texte zum »Militärpatriotismus« in: De Capitani 1987, S. 106–115) bezog man sich nicht nur auf zahlreiche internationale Vereinbarungen, die seit den 1860er Jahren in der Schweiz ausgehandelt worden waren (1874 die Internationale Postunion, 1875 die Internationale Telegraphenunion usw.), und zahllose internationale Konferenzen. Jenes neue Selbstverständnis war vor allem geprägt von der Gründung des Roten Kreuzes, das symbolisch mit der engen Anlehnung an die Nationalflagge die Schweiz als Helferin in Konflikten weltweit bekannt machte (Im Hof 1991: 183 ff. u.ö.). Die Arbeit des Roten Kreuzes basierte auf den »Genfer Konventionen«, multilateralen Abkommen, die erstmals 1864 auf Anregung Henri Dunants zum Schutz von Verwundeten, Kriegsgefangenen und der Zivilbevölkerung abgeschlossen worden waren und mehrfach aktualisiert wurden. Das neue Sendungsbewusstsein der Schweiz als Vorbild des internationalen Ausgleichs und als karitative Helferin in Kriegen und Krisen wurde schnell auch zur offiziellen Leitlinie der Regierungspolitik: Gleichzeitig mit ihrer Neutralitätserklärung im deutsch-französischen Krieg von 1870 bekundete die Berner Regierung ihre Bereitschaft zur Entsendung von Ärzten auf die Kriegsschauplätze und zum Einsatz für die Zivilbevölkerung.

Parallel zu den neuen Initiativen zur Gründung internationaler Organisationen und zur Stärkung der internationalen Zusammenarbeit blieb das Bild- und Symbolrepertoire des Schweizernationalismus in der zweiten Hälfte des 19. Jahrhunderts erstaunlich konstant: Die Besonderheit des gefühlten Nationalcharakters wurde neben seiner tiefen Christlichkeit mit seiner Naturnähe und dem (angeblich) ständigen Kontakt zur grandiosen und furchterregenden Bergwelt der Alpen erklärt. Zu den mythischen Helden

8 Numa Droz: *Etudes et portraits politiques*, Genf 1895, 67; ähnl. auch Johann Caspar Bluntschli, Die schweizerische Nationalität, in: ders.: *Gesammelte kleine Schriften*, Bd. 2, Nördlingen 1881, 122.

wie Tell und Winkelried traten allmählich der Pädagoge Heinrich Pestalozzi, der Gründer des Roten Kreuzes Henri Dunant und der General Guillaume-Henri Dufour[9] hinzu. Immer weiter ausgefeilt wurden seit der Nationalstaatsgründung die nationale Fest- und Denkmälerkultur. Insbesondere der Rütli und die Tellskapelle wurden durch nationalistische Vereine zu zivilreligiösen Wallfahrtsorten ausgebaut. Auch die führenden Intellektuellen des 19. Jahrhunderts beteiligten sich an der Ausformung und Verbreitung des Schweizer »Nationalcharakters«, wenn sie die »Einfachheit und Reinheit der Sitten, die Redlichkeit der Denkart« (der Dichter Gottfried Keller) oder »Einfachheit, Treue, Kraftgefühl, frischen Muth und hülfsbereiten Edelmuth« (der Jurist Carl Hilty) betonten.

4.2.5 Theoretische Aspekte zum Schweizernationalismus

Die spezifische politische und ökonomische Situation der Schweiz erforderte bereits vor der Moderne eine Verständigung innerhalb der Eidgenossenschaft über alle sprachlichen und konfessionellen Grenzen hinweg. Daniel Frei (1964: 214 ff.) nennt es als Charakteristikum des Schweizernationalismus, dass sich seine nacheinander entstandenen Argumente nicht gegenseitig verdrängten, sondern »überschichteten«. Er nennt drei Kernelemente des modernen eidgenössischen Nationalbewusstseins: republikanisch-demokratische Freiheit, Völkerverständigung und karitative Sendung. Hinzu kam mindestens seit dem Ersten Weltkrieg der hohe Lebensstandard, der die Schweizer zusammenhielt.

Was das nationale Geschichtsbild angeht, so ist es charakteristisch für die Schweiz, dass stets die Kontinuität betont wird: Anders als in Frankreich spielte das Naturrecht keine Rolle: Bis heute gibt es in der Schweizer Verfassung keinen Grundrechtekatalog. »In der Schweiz erfand die Nationalbewegung eine gemeinsame

9 Vgl. zum Mythos der von Dufour geleiteten Herstellung der ersten Schweizer Generalkarte Gugerli/Speich 2002.

historische Tradition und stellte die neue Staatsbürgernation in diese Kontinuität« (Suter 1999: 489). Obwohl die Bundesverfassung von 1848 einen revolutionären Bruch bedeutete, wurde sie im Nachhinein nicht als solcher inszeniert, sondern als »Regeneration« älterer Zustände, die damit nie – wie im französischen Begriff des »Ancien Régime« – für schlecht erklärt wurden (ebd.: 498 f.).

Zwar lässt sich der nationale Zusammenhalt der SchweizerInnen nicht sprachlich begründen, sondern durch politische Werte und ökonomische Vorteile. Allerdings grenzten sich parallel zur Entwicklung des föderalen Schweizer Nationalstaates auch die drei Landessprachen immer deutlicher von den Hochsprachen der drei umliegenden Länder Deutschland, Frankreich und Italien ab (vgl. De Capitani 1987: 353 ff.; Steinberg 1996: 109 ff.). Dies lässt darauf schließen, dass sich im Rahmen der Nationsbildung auch eine sprachliche Nationalkultur entwickelt hat – allerdings gleich in dreifacher (nimmt man das seit 1945 aufgewertete Rätoromanische hinzu, sogar vierfacher) Weise!

4.3 Makedonien: Die Nation als gewalttätig vermittelte Zwangsgemeinschaft

Die Bürgerkriege und Vertreibungen im ehemaligen Jugoslawien der 1990er Jahre haben den Balkan als Konfliktregion wieder in den Fokus der europäischen Öffentlichkeit rücken lassen. In drastischer Weise offenbarten die gewalttätigen Auseinandersetzungen die anhaltende Wirkungsmacht des Nationalismus am Ende des 20. und zu Beginn des 21. Jahrhunderts. Der Begriff der »Balkanisierung« gilt heute als Synonym für kleinstaatlich fragile Herrschaftsstrukturen und gewalttätige ethnische Konflikte. Die mit diesem Begriff beschriebene Gemengelage ist jedoch keine Konstante südosteuropäischer Geschichte. Vielmehr ist sie mit dem Aufkommen und der Durchsetzung des Nationalismus als Ordnungsprinzip im 19. und frühen 20. Jahrhundert untrennbar verbunden (Steindorff 1998: 14 f.). Noch zu Beginn des 19. Jahrhunderts befand sich der Balkan fest unter der über 350 Jahre andauernden Herrschaft des Osmanischen Reichs.[10]

Die Region Makedonien

Im Zentrum dieses Kapitels steht die »Makedonische Frage« im Zeitraum vom Berliner Kongress 1878 bis zum Beginn des Ersten Weltkrieges. Als im Zuge des Machtzerfalls des Osmanischen Reiches die politisch-territoriale Zukunft des Balkans ausgehandelt wurde, stießen im makedonischen Raum Annexionswünsche der jungen, seit der zweiten Hälfte des 19. Jahrhunderts als Nationen formierten Nachbarstaaten Griechenland, Serbien und Bulgarien aufeinander. Zugleich entwickelten sich Forderungen nach Autonomie der Region und erste Grundzüge eines makedonischen Nationalismus (vgl. das Standardwerk Adanır 1979 sowie de Jong 1982).

Die Schwierigkeit einer Beschreibung der nationalistischen Formierung in dieser Region beginnt bereits mit ihrem Namen. Der moderne Begriff Makedonien entstammt der Adaption antiker Raumvorstellungen durch europäische Geographen des 19. Jahrhunderts. Im Osmanischen Reich, welches die Region nach *Vilayets* (Verwaltungsbezirken) strukturierte, war er nicht bekannt. Makedonien bildete in der zweiten Hälfte des 19. Jahrhunderts weder geographisch noch hinsichtlich der Bevölkerungsstruktur eine Einheit. Eine exakte Eingrenzung des Raumes ist folglich schwierig und in der Forschung umstritten (de Jong 1982: 20 f.) Im Mittelpunkt der Ereignisse stehen die »Drei Vilayets« Skopje, Thessaloniki und Bitola. Der makedonische Raum umfasste in etwa jene Region, die sich aus der heutigen Republik Makedonien im Norden, dem südlichen Kosovo, dem zu Bulgarien gehörigen Pirin-Makedonien im Osten sowie dem griechischen Ägäis-Makedonien im Süden zusammensetzt. Am makedonischen Beispiel können viele der in der neueren Forschung diskutierten Probleme des Nationalismus auf dem Balkan thematisiert werden. Der Fall Makedonien verdeutlicht einmal mehr, dass die Nationsbildung

10 Der Begriff »Balkan« bezeichnet in diesem Kapitel das Territorium, welches die heutigen südosteuropäischen Staaten Griechenland, Albanien, Bulgarien, Serbien und Montenegro, Bosnien-Herzegowina, Makedonien sowie das zu Serbien gehörende Kosovo und den europäischen Teil der Türkei umfasst. Vgl. Steindorff 1998: 11 f.

keineswegs, wie nationalistische Akteure postulier(t)en, als quasi natürlicher, linearer Entwicklungsprozess verstanden werden kann.

Der Balkan in den Nationalismustheorien

Die in Kapitel 3 vorgestellten Nationalismustheorien stimmen trotz ihrer unterschiedlichen Zugriffe im Bezug auf die Nationsbildung auf dem Balkan – eine regionale Differenzierung findet nicht statt – in zwei zentralen Punkten überein: *Erstens* konstatieren sie für ganz Osteuropa eine im Vergleich zu West- und Mitteleuropa wesentlich schwierigere Ausgangslage. Denn Osteuropa stand unter der Herrschaft dreier Großreiche (des russischen, des österreichischen und des osmanischen). Zudem bestand keine eindeutige räumliche Abgrenzung zwischen unterschiedlichen Sprachen und Kulturen. Karl Deutsch bringt diesen Zustand auf den Begriff der »Tupfenwelt permanenter Minderheiten« (Deutsch 1972: 42). Gellner betont, dass weder umzugründende Staaten noch moderne Hochkulturen existierten. Sie mussten im 19. Jahrhundert erst gegen die bestehenden Herrschaften geschaffen werden. Auch Anderson hebt die Mehrsprachigkeit der osteuropäischen Regionen als Problem hervor. Smith stellt heraus, dass die Intelligenzija die Bevölkerung mit Bezug auf Mythen und Symbole gegen die Herrschaft mobilisieren musste. Die *zweite* Übereinstimmung betrifft die aus dieser Ausgangslage resultierenden Folgen für den Nationalismus. Die Theoretiker betonen, dass die Nationsbildung unter diesen Bedingungen einen konfliktreichen (Anderson) oder gar gewalttätigen, katastrophalen Verlauf (Gellner) nehmen musste.

4.3.1 Voraussetzungen und Grundstrukturen der Nationsbildung auf dem Balkan

Strukturbedingungen

Im Vorgriff auf die Behandlung des Nationalismus im makedonischen Raum sollen zunächst die gemeinsame Ausgangslage und Grundzüge des Nationalismus und der Nationenbildung in Griechenland, Serbien und Bulgarien skizziert werden. Anders als in West- und Mitteleuropa lebte die Bevölkerung in weiten Teilen des Balkans Mitte des 19. Jahrhunderts trotz langsam einsetzender

Industrialisierung, zunehmendem Bevölkerungswachstum und Verstädterungsprozessen noch in vorindustriellen Gesellschaften. Die städtische Intelligenzija konnte sich noch nicht als neue politische Klasse organisieren, es herrschte eine hohe Analphabetenrate. Jenseits der Gliederung der Region in Verwaltungseinheiten kannte der Balkan bis ins 19. Jahrhundert hinein keine politischen Binnengrenzen. Die osmanische Herrschaft ließ ein hohes Maß an lokaler Selbstverwaltung zu. Die politischen und wirtschaftlichen Beziehungen großer Bevölkerungsteile bestimmten lokale oder regionale agrarisch geprägte Clanstrukturen.

Die Bewohner des Balkans siedelten, auch bedingt durch die starken Migrationsbewegungen unter osmanischer Herrschaft, zumeist nicht in kulturell, sprachlich oder religiös einheitlichen Gebieten. Relativ homogene Kerngebiete umgaben ausgeprägte Übergangszonen. Gleiches galt für regionale Bräuche und Verwandtschaftsstrukturen. Ein Großteil der Bevölkerung war zudem multilingual und suchte den Identitätsbezug nicht in einem »Volk«, sondern innerhalb der lokalen Gemeinschaft. Auch vertikal zeigte sich die Gesellschaft durchlässiger als etwa in Mitteleuropa. Der osmanische Staat klassifizierte die Bevölkerung nach ihrer Religionszugehörigkeit in unterschiedliche Gruppen (*Millets*) mit jeweils autonomen Selbstverwaltungsstrukturen. Der Zentralinstanz des *Millets* unterstanden Stadt- und Dorfgemeinden, diesen oblag die Verwaltung des Kirchen- und Schulwesens. Die Differenzierung der Bevölkerung verlief folglich primär zwischen Muslimen und Nichtmuslimen. Diese Ausgrenzung konnte durch Religionswechsel überwunden werden. Neben der osmanischen Herrschaft prägte das byzantinische Erbe den Balkan. Seinen Niederschlag fand es in der hierarchischen Struktur der orthodoxen Kirchen und in seiner von den Kirchen getragenen Geschichtstradierung. Einzig die Kirchen boten über den engen lokalen Raum hinaus Bezugspunkte gemeinsamer Identität (Sundhaussen 2001: 20 ff.; Behschnitt 1980: 30 ff.).

Staatsgründungsprozesse

In jenen Fällen, in denen auf dem Balkan des 19. Jahrhunderts die Formierung einer Nation gelang, in Griechenland und Serbien, ging die Staatsgründung der Nationsbildung voraus. Der Staatsbildungsprozess im Machtbereich des Osmanischen Reichs verlief in drei Phasen (vgl. Sundhaussen 2001: 25): Die Herrschaft des Osmanischen Reichs geriet seit den Balkanfeldzügen der aufstrebenden Großmacht Österreich und ihren Eroberungen auf dem Balkan seit dem Ende des 17. Jahrhunderts in eine Krise. Die Bevölkerung war zunehmendem Steuerdruck, lokaler Willkür und Misswirtschaft, aber auch Reformbemühungen ausgesetzt, die zur Besserstellung christlicher Bevölkerungsgruppen führten. Die Bevölkerung reagierte auf die Krise der osmanischen Herrschaft mit zahlreichen Aufständen. Diese richteten sich bis ins frühe 19. Jahrhundert hinein gegen lokale Missstände und verfolgten keine als nationalistisch zu bezeichnenden Ziele. Erst als die Hohe Pforte die Erwartungen enttäuschte, eine gerechtere Ordnung zu unterstützen, und aufkommende Autonomieforderungen zurückwies, wurde die osmanische Herrschaft selbst in Frage gestellt (vgl. Hering 1992).

Dass aus dem griechischen Aufstand (1821–1830) und aus den Aufständen um Belgrad (1804–1813; 1815–1817; 1830) die ersten postosmanischen Staatsgebilde hervorgingen, lag vor allem an den veränderten internationalen Rahmenbedingungen. In beiden Fällen riefen die Auseinandersetzungen zwischen Gruppen der lokalen Bevölkerung und der osmanischen Herrschaft die konkurrierenden europäischen Großmächte auf den Plan. Von einem einheitlichen Aufstand der »griechischen Nation« konnte keine Rede sein, die Erhebung von 1821 mündete zunächst in einen zweijährigen Bürgerkrieg. Aus machtpolitischen Interessen, aber auch auf Druck der in West- und Mitteleuropa aufkommenden Philhellenischen Bewegung, griffen England, Frankreich und Russland in den griechischen Konflikt ein und setzten die Errichtung eines monarchischen griechischen Staates durch. Gleiches galt im Falle Serbiens, das mit Unterstützung Österreichs und auf russischen Druck 1830 endgültig den Status eines autonomen Fürstentums erhielt (Sowards 2004: 109 ff.; 128 ff.). Trotz beider Staatsgründungen blieben über 80 Prozent des Balkans bis in die 1870er Jahre hinein unter osmanischer Herrschaft.

Im Zentrum der Entwicklung in der zweiten Phase stand der bulgarische Raum. Die osmanische Herrschaft hatte sich dort aufgrund der geographischen Nähe zum Machtzentrum Konstantinopel zunächst als stabiler erwiesen. Nach einem Jahrzehnte dauernden Kirchenstreit bulgarischer Geistlicher und Intellektueller mit der griechisch-orthodoxen Kirche gestatteten die Hohe Pforte und der griechisch-orthodoxe Patriarch 1870 die Errichtung eines eigenen *Millets*, des bulgarischen Exarchats, sowohl im Gebiet des späteren bulgarischen Staates als auch in Makedonien. Die Idee kirchlicher Selbstverwaltung radikalisierte sich unter bulgarischen Intellektuellen zur Forderung nach staatlicher Autonomie. Ein Aufstand im April 1876 wurde rasch niedergeschlagen. Serbien und das kleine Fürstentum Montenegro erklärten der Hohen Pforte den Krieg. Als ihre Niederlage sich abzeichnete, intervenierte 1877 Russland. Der Vorfriede von San Stefano (1878) sah die Errichtung eines russlandtreuen bulgarischen Staates in den Grenzen des Exarchats vor. Ein Zustand, den die übrigen Großmächte nicht akzeptieren konnten. Die »Orientkrise« mündete im Berliner Kongress, einer Konferenz mit dem Ziel des Interessensausgleichs der Großmächte auf dem Balkan. Griechenland, Serbien und Montenegro sowie Rumänien erhielten vollständige staatliche Souveränität. Bulgarien galt als großer Verlierer des Kongresses. Das bulgarische Staatsgebiet wurde auf das Gebiet nördlich des Balkangebirges begrenzt, Bulgarien musste dem Osmanischen Reich Tribut zahlen. Das südlich gelegene Ost-Rumelien erhielt den Status einer autonomen osmanischen Provinz, wurde jedoch 1885 in den bulgarischen Staat integriert (vgl. Weithmann 1997: 297 ff.).

Nach der dritten Phase mit den Balkankriegen 1912–1913 (s. Kap. 4.3.4), der albanischen Staatsgründung 1913 und dem Ersten Weltkrieg beschränkte sich die osmanische Herrschaft über den Balkan schließlich auf die kleine Region Ost-Thrakien.

Die Rolle der Großmächte

Die entscheidende Rolle der europäischen Großmächte im Verlauf der Staatsbildungsprozesse ist unübersehbar. Nur sie konnten die Staatsgründungen durchsetzen und handelten nach eigenen Zielen, waren aber bemüht, auf dem Balkan ihre divergierenden Interessen auszutarieren. Wie Hösch (1997: 43) richtig folgert, wurden die Großmächte durch ihre Interventionen unfreiwillig zu Geburtshelfern für die modernen Nationalstaatsgründungen. Die nationalistischen Ziele der jungen Staaten blieben weitgehend unberücksichtigt. Noch von den Verhandlungen des Berliner Kongresses 1878 blieben sie ausgeschlossen. Die Großmächte einigten sich zwar auf einen Minderheitenschutz, folgten in der Festlegung der neuen Staatsgrenzen jedoch ihren machtpolitischen und nicht den nationalistischen Kriterien. Die Frage, inwieweit die Großmächte durch ihre Nichtbeachtung der nationalistischen Forderungen Schuld an der konfliktreichen Entwicklung trugen, ist umstritten.[11] Klar ist jedoch, dass eine Lösung unter Berücksichtigung aller nationalistischen Interessen unmöglich war.

Die Interventionen der Großmächte brachten eine Staatenbildung auf dem Balkan hervor, die nicht mit der Nationenbildung verwechselt werden darf: »Schon in der ersten Phase von ausgeprägten nationalen Aspirationen und nationalstaatlichen Lösungen sprechen zu wollen, wäre gewiß voreilig« (Hösch 1995: 77). Dies wird nicht zuletzt daraus ersichtlich, dass die installierten Herrscher der jungen Staaten unmittelbar von ihren Protektoren abhängig blieben (Serbien) bzw. die europäischen Mächte die Staatsspitzen mit Vertretern mitteleuropäischer Adelshäuser besetzten (Griechenland, Bulgarien) (ebd.: 79). Die Staatsgründungen schufen vielmehr erst die Bedingungen, die Nation zu denken und zu propagieren und innerhalb des hinsichtlich der Bevölkerungsstruktur wenig konturscharfen Balkans nationalistisch-politische Grenzen zu definieren und durchzusetzen. In den jungen Staaten gestaltete sich dies angesichts einer überwiegend analphabetischen, dörflich-lokal strukturierten und gegen Eingriffe von oben skeptischen Bevölkerung als langwieriger Prozess der Verbreitung und Einübung nationalistischer Inhalte und Praktiken (ebd.: 83).

Intellektuelle Formierung

Intellektuelle Vorreiter bemühten sich seit der Wende zum 19. Jahrhundert um die Formierung linguistischen und kulturellen Selbstbewusstseins der christlichen Bevölkerung. Die systematische Formulierung und Verbreitung der Idee Nation setzte jedoch erst nach der ersten Phase der Staatsgründungen ein. Neue Eliten

11 Vgl. Mišev, Radoslav (2001), »Der Balkan – Pulverfass oder Schuld und Sühne der europäischen Diplomatie«, in: Penka Angelova und Judith Veichtlbauer (Hg.), *Pulverfass Balkan. Mythos und Realität*, Sankt Ingbert 2001, S. 223–231.

nutzten den Nationalismus zur Legitimierung und Konsolidierung ihrer Macht. Unterstützung fanden sie in Zirkeln Geistlicher und Intellektueller (Sundhaussen 1993: 243). Seit der ersten Hälfte des 19. Jahrhunderts studierten Teile der jungen gebildeten Oberschicht der Balkanstaaten in den europäischen Metropolen. Insbesondere Wien, Budapest und Leipzig, aber auch Paris entwickelten sich zu intellektuellen Zentren der balkanischen Studenten. Die jungen Eliten kamen so mit den Ideen des Nationalismus in Berührung. Neben den Ideen der Französischen Revolution fand die deutsche Romantik starken Zuspruch (Hösch 1998: 109 f.). In seinen *Ideen zur Philosophie der Geschichte der Menschheit* hatte Herder 1787 verkündet: »So werdet auch ihr so tief versunkene, einst fleißige und glückliche Völker endlich einmal von eurem langen, trägen Schlaf ermuntert, von euren Sklavenketten befreiet, eure schönen Gegenden vom adriatischen Meere bis zum karpatischen Gebürge, vom Don bis zur Mulda als Eigenthum nutzen, und eure alten Feste des ruhigen Fleißes und Handels auf ihnen feiern dörfen« (Herder 1787: 280). Die Studenten importierten die Idee des Nationalismus in ihre Heimatländer. Die aufstrebenden osteuropäischen Eliten entdeckten sich als historische Subjekte. Sundhaussen hat den Einfluss der herderschen Ideen für den Nationalismus in Osteuropa kritisch untersucht. Die Nationalisten übernahmen demnach nicht Herders gesamte Perspektive, sondern funktionalisierten für sie brauchbare Inhalte (Sundhaussen 1973: 179 f.). Auch die Bedeutung der Herder-Rezeption für das Aufkommen des Nationalismus im Balkanraum bleibt im Detail umstritten. Deutlich ist jedoch, dass zwei Topoi für den Nationalismus auf dem Balkan von zentraler Bedeutung wurden: die »Spracherweckung« und die »nationale Wiedergeburt«.

Vereinheitlichung der Sprache

Die Vereinheitlichung und Kodifizierung der Sprache wurde zur ersten großen Aufgabe nationalistisch gesinnter Intellektueller. Als wichtige Komponente der Nationenbildung mussten die neu entwickelten Sprachen gegen die osmanische Herrschaft, aber auch gegen Analphabetismus, Multilingualismus und lokale Dialekte etabliert und durchgesetzt werden. Den orthodoxen Kirchen als Trägern des Schulwesens kam in diesem Zusammenhang eine zentrale Rolle zu (Hopf 1997: 113 ff.). Aus dieser Perspektive wird die große Bedeutung der Errichtung des bulgarischen Exarchats 1870 für den Nationalismus erkennbar. Der Entwicklung des Bildungswesens und der Sprachen räumt die Forschung zur Nationenbildung dementsprechend breiten Raum ein (vgl. die Beiträge in Reiter 1983). Der zweite Topos, die »nationale Wiedergeburt«, ist als eine ideologische Kernkomponente des Nationalismus auf dem Balkan nicht nur im griechischen, serbischen und bulgarischen Nationalismus präsent. Zwecks historischer Legitimation der zu schaffenden Nation nahmen die Nationalisten Bezug auf vorosmanische mittelalterliche Balkanreiche und vereinnahmten diese im Sinne ihrer Interessen. In der Bevölkerung bekannte und tradierte Mythen lokaler Aufstände oder Geschichten berühmter Sozialbanditen vergangener Jahrhunderte erfuhren eine nationalistische Funktionalisierung. Im griechischen Nationalismus findet sich der Bezug auf das byzantinische Reich. Zum politischen Ziel erhoben die Nationalisten die *Megale Idea* (Große Idee), die Restauration des byzantinischen Staates. Der bulgarische Nationalismus gipfelte in der Forderung nach »Wiedererrichtung« Großbulgariens in den Grenzen der bulgarischen Zarenreiche des 10. und 12. Jahrhunderts. Serbische Nationalisten propagierten die Errichtung des Nationalstaats in den Grenzen des Großserbischen Zarenreichs. Die Schlacht auf dem »Amselfeld« 1389 erhoben sie zum Mittelpunkt des Mythos vom Widerstand der serbischen Nation gegen die osmanischen Eroberer (Weithmann 1997: 204 ff.).

Exemplarisch lassen sich der funktionale Bezug auf die »eigene« Geschichte und die Konstruktion einer nationalen Tradition anhand einer im serbischen Nationalismus nach ihrer Veröffentlichung 1906 berühmt gewordenen Geheimschrift des Innenministers Ilija Garašanin aus dem Jahre 1844 darstellen:

»The Serbian state must strive to expand and become stronger; its roots and foundation are firmly embedded in the Serbian Empire of the 13th and 14th centuries and the glorious pageant of Serbian history. Historically speaking, the Serbian rulers, it may be remembered, began to assume the position held by the Greek Empire and almost succeeded in making an end of it, replacing the collapsed Eastern Roman Empire with a Serbian-Slavic one. Emperor Dusan the Mighty had even adopted the crest of the Greek Empire. The arrival of the

Turks in the Balkans interrupted this change, and prevented it from taking place for a long time. But now, since the Turkish power is broken and destroyed, so to speak, the interrupted process must commence once more in the same spirit and again be undertaken in the kowledge of that right. [...]

Hence, our present will not be without a link to the past and will comprise one dependent, integrated, and systematic whole. Thus, the Serbian Idea and its national mission and existence will stand under the sacred law of history. Our aspirations will not be reproached as something novel and untried, or that they signify revolutions and rebellions; but all must acknowledge that this is politically necessary, grounded in the past ages, and originating in the state and national life of the Serbian people whose roots continually send forth branches to blossom anew.«

(*Übersetzung von Paul N. Hehn, in: Hehn 1975, S. 159 f.*)

Zunächst wurde der Nationalismus vornehmlich von der politischen und intellektuellen Elite und den Kirchen getragen und beruhte vor allem auf dem Abgrenzungskriterium der standardisierten Sprachen, der christlichen Religion und der mythischen Verklärung der Geschichte. Seit den 1870er Jahren verzeichnet die Forschung jedoch einen deutlichen Ethnisierungsprozess des Nationalismus auf dem Balkan, begleitet von wachsender Militanz. Die Hauptursache liegt in der wachsenden Konkurrenz der aufstrebenden Nationalismen.

Die nationalistische Einteilung der Bevölkerung vor allem in den Übergangszonen gestaltete sich ungleich schwerer als die Abgrenzung gegenüber der muslimischen Oberschicht. Die Reklamation bestimmter Territorien und Bevölkerungsteile zur jeweils eigenen Nation führte in unauflösliche Widersprüche. Die Grenzen der »nationalen Wiedergeburt« überschnitten sich. Der Raum Makedonien etwa galt als Bestandteil sowohl der griechischen als auch der serbischen und bulgarischen Nation. Konkret erwiesen sich die Argumente durchaus als variabel. Galten in einem Fall die identifizierte Sprache, die Religionszugehörigkeit oder die Namen der derzeitigen Bewohner als Kriterien, so wurden in anderen Fällen mit diesen Kriterien unvereinbare Geschichtskonstruktionen herangezogen (Sundhausen 2001: 28 f.).

Nationalbewegungen

Dass die Nationenbildung auf dem Balkan zeitlich nicht mit den ersten Staatsgründungen der 1830er Jahre einherging, lässt sich mit Bezug auf das Phasenmodell Hrochs auch anhand der Entwicklung der Nationalbewegungen skizzieren. Der deutschsprachigen Forschung mangelt es dabei jedoch an terminologischer Präzision. Zwischen der Verbreitung der Idee Nation und der Entwicklung des organisierten Nationalismus wird etwa im Standardwerk zu den Nationalbewegungen auf dem Balkan nicht trennscharf differenziert (vgl. Reiter 1983). Um die Wende zum 19. Jahrhundert setzte die erste Phase ein, die Formulierung der nationalistischen Idee durch wenige Intellektuelle. Sie stieß jedoch vor den Staatsgründungen kaum auf Resonanz. Die zweite Phase, die systematische Agitation der Nationalisten, gestaltete sich ab Mitte des 19. Jahrhunderts auf dem Balkan vorwiegend nicht in Form einer wachsenden Bewegung von unten, sondern als ein von den neuen Eliten forciertes Projekt, begleitet von permanenten Konkurrenzkämpfen innerhalb der herrschenden Schichten. In diesem Kontext erlangten das Bildungswesen und kulturelle Einrichtungen besondere Bedeutung als Träger nationalistischer Politik. Der Kreis organisierter Nationalisten blieb jedoch begrenzt. Erst seit den 1870er Jahren setzte offensichtlich die Entwicklung hin zur dritten Phase, zu staatlich unterstützten nationalistischen Massenverbänden ein. Mit den wachsenden Spannungen standen die nationalistischen Organisationen jetzt im Kontext einer aggressiven Politik der doppelten Abgrenzung: gegen die nationalistische Konkurrenz und ihr zugerechnete Bevölkerungsgruppen und gegen die osmanische Herrschaft und die muslimischen Bewohner des Balkans.

4.3.2 Die »Makedonische Frage« bis zum Beginn der Balkankriege

Die geschilderten komplexen sozialstrukturellen Bedingungen auf dem Balkan waren im makedonischen Raum besonders ausgeprägt. Die Sozialstruktur der Region prägten Clans und Banden (Haiduken). Die Landbevölkerung litt unter permanenter Unsicherheit und Gewalt (Sowards 2004: 238 f.). Die Bevölkerung setzte sich heterogen zusammen. Die Analyse der Bevölkerungsstruktur darf nicht von nationalistischen Kriterien ausgehen, da die Nationenbildung gerade erst begann. Differenziert man die Bevölkerung den relativ verlässlichen amtlichen Statistiken folgend hinsichtlich ihrer Religionszugehörigkeit, so stellten von den knapp 2,5 Millionen Bewohnern der »Drei Vilajets« die der Hohen Pforte loyalen Mohammedaner noch zu Beginn des 20. Jahrhunderts mit mehr als einer Million die größte Bevölkerungsgruppe, gefolgt von Angehörigen des bulgarischen Exarchats (circa 800.000), des griechischen Patriarchats (knapp 300.000), der wachsenden serbischen Kirche (100.000) und übrigen Minderheiten (Adanır 1979: 5 ff.).

Schul- und Kirchenkampf

Nach dem Berliner Kongress fand der Schul- und Kirchenstreit in Makedonien in zunehmend verschärfter Form seine Fortsetzung. Bulgarische und griechische Organisationen rangen gestützt von den jeweiligen Regierungen um die Verbreitung ihrer Kirchen und den Ausbau der Schulen. Mit der Vereinigung Bulgariens und Ost-Rumeliens 1885 konzentrierte sich die bulgarische Agitation ganz auf Makedonien. Die Vereinigung löste internationale Spannungen aus. Serbien sah seine Interessenssphären von bulgarischer Dominanz bedroht und erklärte, auf Unterstützung Österreichs hoffend, Bulgarien den Krieg. Der Waffengang endete mit einer serbischen Niederlage unter Wahrung des Status quo. Zugleich bildete er aber den Auftakt der systematischen serbischen Agitation in Makedonien. Abteilungen in den serbischen Erziehungs- und Außenministerien übernahmen die zuvor von nationalistischen Vereinen getragene Schulpolitik. Auch hier lautete das Ziel, über die Bildung von Schulen und lokalen Vereinen Einfluss geltend zu machen (ebd.: 72 ff.; 100 ff.).

»Befreiungsorganisationen«

In den 1890er Jahren bildeten sich in Belgrad, Sofia und in Russland erste Initiativen von aus Makedonien stammenden slawischen Studenten. Die Gruppen forderten die Einheit der slawischen Bevölkerung und die Unabhängigkeit des makedonischen Raumes von der osmanischen Herrschaft (de Jong 1982: 103 ff.). 1893 formierte sich mit der »Inneren Makedonischen Revolutionären Organisation« (IMRO), die in Saloniki auf Initiative von Studenten aus Sofia gegründet wurde, erstmals in der Region selbst eine Organisation, die diese Ziele aufgriff. Die IMRO, die seit den 1890er Jahren mit sozialistischen Gruppen zusammenarbeitete, erhielt Zulauf aus der kleinen städtischen Intelligenz. Lehrer stellten die stärkste Berufsgruppe. Im Verlauf des Jahres 1895 konsolidierte sich zudem in Bulgarien das »Oberste Makedonische Komitee« (OMK) als Zusammenschluss kleinerer Vereinigungen. In Kooperation mit der Regierung in Sofia setzte das OMK sich das Ziel, in Makedonien eine Befreiungsbewegung zu organisieren und diese zu führen. Innerhalb des OMK dominierten bulgarische Offiziere.[12] Beide Gruppierungen vereinten unter dem Begriff der Unabhängigkeit heterogene Positionen. Die Spannweite der Ziele reichte von der Errichtung eines autonomen makedonischen Staates bis zur Annexion durch Bulgarien (vgl. ebd.: 141 ff.; 186 ff.).

Aufstände

Die makedonischen Organisationen wollten mittels gewalttätiger Auseinandersetzungen die Intervention der Nachbarstaaten oder der Großmächte provozieren und so die Lösung der Region aus dem Osmanischen Reich erzwingen. Die IMRO stellte kleine bewaffnete *četas* (Banden) auf und versuchte, durch Propaganda und gezielte Morde Unfrieden zu stiften, die Bevölkerung zugleich vor Banditenüberfällen zu schützen und so für sich zu gewinnen. Mangels finanzieller Ressourcen gingen die *četniks* aber bald selbst zu Raubzügen über. Das OMK operierte dagegen teils im Verbund, teils in Konkurrenz zur IMRO mit Übergriffen aus dem bulgarischen Grenzgebiet und bemühte sich, den Kampf um Makedonien als bulgarische Sache zu propagieren. Über den Charakter der Kämpfe informierte ein Mitglied des OMK in der Wiener Neuen Freien Presse: »Wenn wir von einem Aufstand in Makedonien sprechen, so dürfen Sie nicht etwa an eine Massenerhebung denken, an eine Revolution nach französischem Muster etwa. Das entspricht gar nicht unserem Volkscharakter. Die Ereignisse in Makedonien spielen sich heute noch so ab, wie es die

12 Die IMRO wechselte um die Jahrhundertwende mehrfach ihren Namen. Die Akteure bezeichneten sie jedoch selbst als »Innere Organisation« in Abgrenzung zum stärker an Bulgarien ausgerichteten OMK. Der richtige Name, Zeitpunkte der Namenswechsel und die Grundsätze der IMRO sind im 20. Jahrhundert permanente Streitpunkte nationalistischer Historiker der Balkanstaaten (vgl. Adanır 1979: 111 ff.).

alten Volkslieder und Sagen melden. Es ist ein Haidukenaufstand; eine Empörung, die sich in Bandenbildung ausdrückt« (zitiert nach Adanır 1979: 153).

Als zentrales Ereignis der makedonischen Befreiungsbewegung und als Wendepunkt zugleich gilt der »Ilinden-Aufstand« im August 1903. Sein Verlauf kann als charakteristisch für die Auseinandersetzungen in Makedonien betrachtet werden. Die Erhebung von bis zu 1.000 Bewaffneten stieß in der christlichen Bevölkerung kaum auf positive Resonanz. Die Kämpfer griffen die muslimische Dorfbevölkerung und Garnisonen der osmanischen Armee an. Am 2. August 1903 riefen bulgarisch orientierte Aufständische die unabhängige »Republik von Kruševo« aus. Sie hatte nur wenige Tage Bestand, ehe die Armee das Bergstädtchen wieder einnahm. Serbien interpretierte den Aufstand als bulgarische Aktion und entsandte seinerseits Kampfgruppen ins Grenzgebiet. Muslimische, vor allem albanische Banden überfielen christliche Dörfer. Der Versuch, die Kämpfe gegenüber den Großmächten als Massaker an Christen darzustellen, ging fehl. Auch Appelle an Bulgarien, in den Krieg einzutreten, blieben unbeantwortet. Noch im September gaben viele Bauern nach Aufforderung der Armee ihre Waffen ab. Gegen Ende des Jahres brach der Aufstand nach schweren Niederlagen zusammen (ebd.: 160 ff.).

Nationalistische Milizen

Als Ergebnis des Aufstands verabschiedete die Hohe Pforte auf Druck der Großmächte ein Reformprogramm zur Besserstellung der christlichen Bevölkerung. Damit wurde der Entschluss für den Verbleib der Region unter osmanischer Hoheit bekräftigt. Die Nachbarnationen wollten sich mit dieser Entscheidung jedoch keineswegs abfinden. Das Reformprogramm selbst bot dabei Anlass für zukünftige Auseinandersetzungen, sah es doch vor, die Verwaltungsgrenzen an die Nationalitäten der Bewohner anzupassen. Die Guerillagruppen bemühten sich, entsprechend eindeutige Verhältnisse zu schaffen. Es kam zum Bürgerkrieg und die Auseinandersetzungen hielten auch in den Folgejahren unvermindert an. Im Jahre 1907 zählte die osmanische Verwaltung mehr als 220 bewaffnete bulgarische, serbische oder griechische Gruppen, die unterstützt von den jeweiligen Staaten in Makedonien operierten (Boeckh 1996: 335).

Im gleichen Jahr setzte mit dem Aufstieg der »Jungtürkischen Bewegung« eine drastische Veränderung der Verhältnisse ein.[13] Das jungtürkische Komitee »Einheit und Fortschritt« wandte sich gegen die Abspaltung der Region aus dem Osmanischen Reich und forderte eine Reorganisation der politischen Machtverhältnisse. Den Jungtürken und der osmanischen Armee gelang es bis 1908, in brutalen Kämpfen die bewaffneten Auseinandersetzungen nationalistischer Banden zu unterdrücken. Die makedonische Befreiungsbewegung war spätestens seit diesem Zeitpunkt kein politischer Faktor mehr (Adanır 1979: 234 ff.).

Makedonischer Nationalismus?

Die Frage, inwieweit es sich bei den Befreiungsorganisationen um eine makedonische Nationalbewegung handelte, ist in der Forschung umstritten. Während de Jong Grundzüge eines makedonischen Nationalismus erkennt, der jedoch – in der Terminologie Hrochs – nicht über den Übergang von der ersten zur zweiten Phase hinausgelangte (de Jong 1982: 273 ff.), betont Adanır, es handele sich im Gegenteil bei den auf Autonomie abzielenden Befreiungsorganisationen um ein Phänomen, welches eher innerhalb der bulgarischen Linken zu verorten sei (Adanır 1979: 253 f.). Tatsächlich kamen die deutlichsten Forderungen nach politischer Unabhängigkeit aus sozialistischen Kreisen. Für beide Positionen ließen sich angesichts des schwankenden Kurses und der Heterogenität der Bewegung entsprechende Quellenbelege finden (vgl. die Stimmen aus der makedonischen Befreiungsbewegung als Quelle im Internet). Letztlich blieben Inhalte und Ziele jedoch zu widersprüchlich, als dass man die Organisationen unter dem Begriff einer makedonischen Nationalbewegung zusammenfassen könnte. Außerdem beteiligte sich die muslimische und griechische Bevölkerung, das heißt mehr als die Hälfte der Bewohner der Region, nicht an der Unabhängigkeitsbewegung.

13 Die Jungtürkische Bewegung ähnelte den Nationalbewegungen auf dem Balkan hinsichtlich ihrer Ziele in vielen Punkten. Ihre Entwicklung kann hier nicht in Gänze dargestellt werden. Vgl. Hacisalihoğlu, Mehmet (2003), *Die Jungtürken und die Mazedonische Frage (1890–1918)*, München. Die weiteren Ausführungen skizzieren einzig die wichtigsten Auswirkungen auf den makedonischen Raum.

Während die Großmächte über ein weiteres Reformprogramm berieten, begann im Juli 1908 unterstützt von muslimischen Bevölkerungsteilen Makedoniens die Jungtürkische Revolution. Aufrufe an die christliche Bevölkerung Makedoniens, sich friedlich zu verhalten und sich der Revolution anzuschließen, wurden von dieser zur Überraschung der europäischen Diplomaten mehrheitlich begrüßt (Adanır 1979: 248 f.). Die nationalistischen Kader und Politiker der umliegenden Balkanstaaten hatten jedoch ebenso wie die Großmächte keinerlei Interesse an den neu geschaffenen Verhältnissen. Nach der Revolution und der ebenfalls 1908 erfolgten Annexion Bosniens und der Herzegowina durch Österreich-Ungarn bemühten sich die Balkanstaaten um eine Allianz. Die militärische Lösung der makedonischen Frage rückte in den Mittelpunkt (Stawowy-Kawka 1998: 423 f.).

4.3.3 Nationalismus, Krieg und Bevölkerungspolitik 1912/13

Eskalation in den Balkankriegen

Im März 1912 schlossen Bulgarien und Serbien nach langen Verhandlungen ein auf Initiative Russlands gegen Österreich-Ungarn gerichtetes Defensivbündnis. Russland entglitt die Kontrolle über die Verhandlungen, bis zum September 1912 wurden Montenegro und Griechenland über bilaterale Geheimverträge in die Allianz eingebunden. Anders als von Russland intendiert, erhielt das Bündnis eine offensive Ausrichtung gegen das Osmanische Reich. Ohne genaue Regelungen für eine mögliche Nachkriegsordnung wollte die Allianz das Osmanische Reich aus Makedonien verdrängen. Eingeleitet von zunehmenden Guerillatätigkeiten erklärten die Verbündeten dem Reich den Krieg.[14] Die europäischen Großmächte einigten sich darauf, den Krieg regional zu begrenzen, griffen aber nicht ein. Die osmanische Armee war der Allianz zahlenmäßig weit unterlegen. Obwohl die Verbündeten ohne Koordination ihrer Operationen gemäß ihrer jeweiligen nationalistischen Interessen vorgingen – wie vor der von Griechen

14 Vgl. grundlegend: Hall, Richard C. (2000), *The Balkan Wars 1912–1913. Prelude to the First World War*, New York.

und Bulgaren beanspruchten Stadt Saloniki kam es örtlich beinahe zu Gefechten zwischen den verbündeten Truppen –, konnten die Osmanen an allen Kriegsschauplätzen rasch geschlagen werden. Nach dem Waffenstillstand Anfang Dezember tagte eine Botschafterkonferenz der europäischen Großmächte in London. Es wurde ein albanischer Staat geschaffen, um Serbien einen Zugang zur Adria zu verwehren, über den Brennpunkt Makedonien aber gar nicht verhandelt. Erst im Mai einigte sich die Balkanallianz mit dem Osmanischen Reich auf dessen neue Westgrenze. Über den Status Makedoniens konnte erneut keine Einigung erzielt werden. Die diplomatische Krise spitzte sich zu, und nach einem gescheiterten Ausgleichsversuch Russlands griff die bulgarische Armee am 30. Juni 1913 ihre bisherigen Verbündeten an. Der zweite Balkankrieg hatte begonnen.

Serbische und griechische Armeen konnten die bulgarischen Truppen rasch zurückschlagen. Am 10. und 11. Juli griffen Rumänien und Montenegro gegen Bulgarien in den Krieg ein, einen Tag darauf erklärte auch das Osmanische Reich Bulgarien den Krieg. Die Hauptstadt Sofia war in Gefahr, die bulgarische Regierung drängte auf einen Friedensschluss. Am 30. Juli trafen sich die Kriegsparteien zu Verhandlungen in Bukarest. Einzig der Krieg Bulgariens mit dem Osmanischen Reich hielt noch bis September 1913 an. Auf der Friedenskonferenz von Bukarest einigten sich die Balkanstaaten zwar letztlich auf die territoriale Neuordnung in Makedonien. In einem der wichtigsten Teilbereiche, dem Minderheitenschutz, konnte allerdings keine Einigung erzielt werden. Die US-Diplomatie stand allein mit entsprechenden Forderungen (Boeckh 1996: 55 ff.).

Vertreibung, Terror und Homogenisierung

Die Ausblendung dieser wichtigen Frage entsprach der Minderheitenpolitik Serbiens, Griechenlands und Bulgariens während des Krieges. Bereits unmittelbar nach Kriegsbeginn kam es in den von den drei Staaten eroberten Gebieten Makedoniens zu Ausschreitungen gegen die jeweiligen Minderheiten, vor allem gegen die muslimische Bevölkerung. Als militärisch zu bekämpfende Feinde wurden die Minderheiten unmittelbar in die Kampfhandlungen einbezogen. Seinen Ausdruck fand dieses Vorgehen in Tausenden getöteten Zivilisten, massiven Vertreibungen und

Fluchtbewegungen. Am Beispiel der Serben kann die von allen Parteien betriebene Zusammenarbeit zwischen lokalen Behörden und bewaffneten nationalistischen Milizen veranschaulicht werden: Die behördliche Schließung nicht serbischer Schulen und Kirchen, das Verbot des öffentlichen Bekenntnisses zu einer anderen Nation und die Maßnahmen zur »Serbisierung« bestimmter Bevölkerungsgruppen, etwa durch Namensänderungen, begleiteten die Milizen mit Terror. Die Staatsführung in Belgrad ordnete diese Maßnahmen zwar nicht an, konnte und wollte den von Teilen der Armee unterstützten Terror aber auch nicht unterbinden (Boeckh 1996: 163 ff.).

Neben den üblichen Schrecken zogen die Balkankriege erstmals in der europäischen Geschichte den vertragsmäßig beschlossenen Austausch nationaler Minderheiten nach sich. Sowohl im bulgarisch-türkischen Friedensvertrag als auch im Vertrag zwischen Griechenland und dem Osmanischen Reich finden sich entsprechende Abkommen zur Umsiedlung. Zwar hatten die Angehörigen der Minderheiten pro forma ein Optionsrecht. De facto wurden mit den Abkommen aber lediglich die massiven Vertreibungen der Kriegszeit – allein vom »Austausch« zwischen Griechenland und dem Osmanischen Reich waren 100.000 Menschen betroffen – als »freiwillige Auswanderung« sanktioniert. Obwohl noch 1917 30 Prozent der Bewohner des serbischen Teils Makedoniens türkisch- und albanischstämmig waren (Boeckh 1996: 173), lässt sich das brutale Vorgehen gegen Minderheiten, die aus der jeweiligen Nation ausgegrenzt wurden, als gemeinsames Charakteristikum der Kriegsparteien festhalten. Die Balkankriege wurden zum Vorbild zahlreicher »ethnischer Säuberungen« im 20. Jahrhundert – nicht nur auf dem Balkan.

Unmittelbar nach Kriegsende bereiste eine internationale Untersuchungskommission die Hauptstädte Serbiens, Griechenlands und Bulgariens sowie den makedonischen Kriegsschauplatz. Ihr Ziel war es, Hintergründe und Verlauf der Balkankriege aufzudecken. Obwohl die Kommission insbesondere in Serbien und Griechenland in ihrer Arbeit stark behindert wurde, gelang es ihr, neben Gesprächen mit amtlichen Stellen auch umfassende Untersuchungen unter der Zivilbevölkerung Makedoniens durchzuführen. Anfang Juli 1914 wurde ihr fast 500 Seiten langer Bericht unter dem Titel *Report of the International Commission to Inquire into the Causes and Conduct of the Balkan Wars* in englischer und französischer Sprache veröffentlicht (Carnegie Endowment 1914). Als erste internationale Untersuchung über einen europäischen Krieg erlangte der Bericht große Medienresonanz.

Nationalismus als Ursache der Gewalt

Bereits zu Beginn des Berichts wird mit der »reawakening of the national idea« (ebd.: 22) die Triebkraft der Auseinandersetzungen benannt. Der nationale Unabhängigkeitskampf der Balkanstaaten musste dem Kommissionsbericht zufolge in gewalttätigen Auseinandersetzungen enden. Anhand zahlreicher Dokumente rekonstruierte die Kommission die gewaltsame Vertreibung der Muslime im ersten und die Gräueltaten gegenüber den jeweiligen Minderheiten im zweiten Balkankrieg. »The burning of villages and the exodus of the defeated population is a normal and traditional incident of all Balkan wars« (ebd.: 73). Die Dimension der Vertreibung als »nationales Projekt« wurde im Zusammenwirken von Milizen und Zivilbevölkerung einerseits, dem Militär und den Behörden andererseits deutlich: »The war is waged not only by the armies but by the nations themselves« (ebd.: 148). Gerade aus diesem Umstand erklärt die Kommission die ausgesprochene Brutalität der Kriegsführung. Zwar dachten die Autoren selbst in nationalistischen Kategorien, die »nationale Wiedergeburt« etwa erschien ihnen wie selbstverständlich als eine natürliche Komponente und die Gewalttätigkeit galt als Teil eines »traditionellen Nationalcharakters«. Dennoch betonte der Kommissionsbericht den Nationalismus zu Recht als die Hauptursache für die Gräueltaten während der Balkankriege.

4.3.4 Theoretische Aspekte zum Nationalismus auf dem Balkan

In einer knappen Bilanz können drei Punkte festgehalten werden. *Erstens*: Die *äußere* Nationenbildung im makedonischen Raum war kurz vor Beginn des Ersten Weltkrieges vorläufig abgeschlossen. Im Westen entstand mit Albanien ein weiterer sich nationalistisch definierender Staat. Der makedonische Raum wurde zwischen Serbien, Griechenland und Bulgarien aufgeteilt, die osmanische Herrschaft in Europa auf das Vorland des heutigen Istanbul begrenzt. *Zweitens*: Die Nationenbildung und der Aufstieg des Nationalismus verliefen nicht linear. Mit der Unabhängigkeitsbewegung, dem Nationalismus der Nachbarstaaten, den Interessen der Großmächte, dem Kampf um Machterhalt des Reiches und den Bestrebungen der Jungtürken und der muslimischen Bevölkerung bestimmten viele konkurrierende Faktoren die Entwicklung in der Region. Die neuen Grenzen waren das Resultat situativer Kräfteverhältnisse und vielfach nicht vorhersehbarer Entwicklungen. *Drittens*: Die *innere* Nationenbildung blieb auch in den neuen Grenzen ein umkämpfter Prozess. Die neuen Machthaber drängten weiterhin auf die Vereinheitlichung und Nationalisierung der Bevölkerung. Die geschaffene Ordnung blieb insbesondere im von Serbien annektierten Teil umstritten. Dort entwickelte sich seit den 1920er Jahren ein auf die Befreiungsbewegung Bezug nehmender »Oppositionsnationalismus« (Bernath 1970), der in der 1944 ausgerufenen Republik Makedonien innerhalb des jugoslawischen Staates mündete. 1991 löste sich Makedonien friedlich aus dem jugoslawischen Staat. Noch in den 1990er Jahren bestimmte nationalistische Konkurrenz das nach wie vor angespannte Verhältnis des jungen Staates zu seinen Nachbarn (vgl. Büchsenschütz 2001: 47 ff.).

Adaption politischer Ideen aus Mittel- und Westeuropa

Die deutschsprachigen Autoren, die sich auch theoretisch mit dem Nationalismus der Balkanstaaten auseinandersetzen, verwenden unterschiedliche Begrifflichkeiten. Weithmann und Hösch gebrauchen den Begriff des »Ethnonationalismus« und meinen damit eine extreme Variante »objektiver« Nationsdefinition. Beide heben den starken Bezug auf Sprache, Kultur und Herkunft als Resultat des Imports nationalistischer Ideen aus Mitteleuropa hervor. Ursächlich für die aggressive Abgrenzung von der Bevölkerung der Nachbarstaaten und von Minderheiten seien in diesem Zusammenhang regionale Charakteristika wie das Fehlen einer etablierten Hochkultur und eines etablierten politischen Gemeinwesens. Dies hätte dazu geführt, dass sich der »Ethnonationalismus« auf dem Balkan durchsetzte (Weithmann 1997: 231 f.; Hösch 1998: 108 f.). Mit direktem Bezug auf die Kategorien der neueren Nationalismusforschung verweist auch Sundhaussen auf den Import der politischen Ideen. Allerdings findet sich ihm zufolge auf dem Balkan keine abgewandelte Variante der deutschen »Kulturnation«, sondern ein komplexeres Mischverhältnis. Nach Sundhaussen adaptierten die Nationalisten des Balkans sowohl das deutsche Nations- als auch das französische, zentralistische Staatsverständnis. Einerseits konnte so durch den Bezug auf »objektive« Kriterien die Legitimität nationalistischer Ansprüche gegenüber dem Osmanischen Reich herausgestellt und andererseits durch die zentralistische Mobilisierung auch durchgesetzt werden. Obwohl der Sprachnormierung eine große Bedeutung zukam, blieb die Sprache als Abgrenzungskriterium zu ungenau. Letztlich liefen alle Wirkungsmacht erlangenden Definitionen der Nationalität auf die Abstammung hinaus. Doch »wo die Nation mittels Abstammungsmythen definiert wird, nimmt die Ab- und Ausgrenzung besonders radikale Formen an« (Sundhaussen 1997: 83). Konfrontiert mit der uneinheitlichen Bevölkerungsstruktur, blieb den Nationalisten bei Erhalt des Staates nur die Anpassung der Siedlungsverhältnisse an die (angestrebten) Staatsgrenzen. Aus der nationalistischen Logik folgte demnach die Homogenisierung der Bevölkerung als einzig praktikables bevölkerungspolitisches Mittel (ebd.: 80 ff.). Die aggressiven Potenziale des Nationalismus traten auf dem Balkan deutlich hervor und überwogen die partizipativen deutlich. Partizipation war nur um den Preis »freiwilliger« oder erzwungener Anpassung zu haben.

Kein Automatismus ethnisierter Konflikte

Die eingangs erwähnten großen Nationalismustheorien betonen zu Recht die gewalttätige Dimension der Nationenbildung auf dem Balkan. Dennoch führen die Überlegungen Sundhaussens dazu, den aus strukturellen Voraussetzungen abgeleiteten Quasi-Automatismus einer gewalttätigen Entwicklung teilweise zu revidieren. Das Beispiel Schweiz hat verdeutlicht, dass die Nationenbildung in sprachlich und sozialstrukturell heterogenen Territorien nicht zwangsläufig in aggressiven Auseinandersetzungen enden muss. Sundhaussen verweist in diesem Zusammenhang auf die spezifische Variante der Adaption nationalistischer Ideen auf dem Balkan – nämlich die Übernahme des deutschen Nations- und des französischen Staatsverständniss. Wäre hingegen umgekehrt das französische Nations- und ein deutsch-föderalistisches Staatsverständnis übernommen worden, hätte die Nationenbildung auf dem Balkan nicht diese drastischen Folgen haben müssen (ebd.: 90). Die angeführten Stimmen aus der makedonischen Unabhängigkeitsbewegung verdeutlichen zudem, ähnlich wie später der »Jugoslawismus«[15], dass Alternativen zur tatsächlichen kriegerischen Entwicklung existierten.

Im Rahmen der Nationalismusforschung ist eine Verfeinerung der Theorien nötig. Entgegen der zu oberflächlichen Bestimmung eines generell gewalttätigen »osteuropäischen« Nationalismus muss unterhalb des allgemeinen Modells Nation nach der ideologischen Ausrichtung der Akteure und den Implikationen ihres Nationalismus differenziert werden: Erfolgte die Definition der Zugehörigkeit zu Volk und Nation nach *ethnischen* oder *politischen* Kriterien?

15 Ein jugoslawischer Nationalismus, die auf sprachlicher Grundlage geforderte Einheit der Serben und Kroaten, wurde vor 1918 in Konkurrenz zu serbischen und kroatischen Bestrebungen lediglich von einer intellektuellen Minderheit propagiert. Vgl. Sundhaussen 1993: 245 f.

5. Bilanz und Ausblick auf das 20. Jahrhundert

Nationalismus und die Idee der Nation haben sich im langen 19. Jahrhundert in Europa formiert, etabliert und durchgesetzt. Sie haben die politische Landkarte und das Bewusstsein der europäischen Bevölkerung radikal verändert. Die Ursprünge von Nationalismus und Nation liegen im Prozess gesellschaftlicher Modernisierung. Im gesellschaftlichen Umbruch bot die Nation eine neue Form kollektiver Identität. Der Nationalismus ermöglichte immer breiteren Bevölkerungsschichten die Teilhabe an Entscheidungsprozessen und politischer Macht. Die Nation garantierte gesellschaftliche Ressourcen für alle Mitglieder, die den verschiedenen Definitionen nationaler Zugehörigkeit entsprachen. Zugleich formierte sich die Nation als geschlossene Kampfgemeinschaft. Nationalismus bedeutete immer auch erzwungene Homogenisierung nach innen sowie kriegsbereite und kriegerische Abgrenzung nach außen. Der Befund der Janusköpfigkeit eines jeden Nationalismus kann als gemeinsamer Bezugspunkt zahlreicher neuerer Arbeiten zum europäischen Nationalismus bilanziert werden. Auch diese Einführung bestätigt den Befund. In den behandelten Fallbeispielen und in den vorgestellten Theorien findet sich die Einheit von Partizipation und Aggression immer wieder.

Konstruktionsmuster der Nationalität

Neben dieser Ambivalenz jedes Nationalismus lassen sich ideengeschichtlich zwei idealtypische Konstruktionsmuster zur Begründung der Nationalität benennen: Im Falle eines *ethnisch* begründeten Nationalismus wird die Zugehörigkeit zur Nation von angeblich natürlichen oder angeborenen Eigenschaften abhängig gemacht. Demgegenüber wird für den *politischen* Nationalismus das Leben innerhalb der Staatsgrenzen oder im Geltungsbereich der Verfassung zum entscheidenden Kriterium. Die erste Variante hat ihre Wurzeln im deutschsprachigen Raum, die zweite im revolutionären Frankreich. Auf die historische Realität, so kann aus den Fallbeispielen gefolgert werden, lässt sich die idealtypische Trennung jedoch nicht ohne Weiteres übertragen. Dies gilt bereits für den deutschen und französischen Nationalismus. Im deutschsprachigen Raum dominierte seit dem späten 18. Jahrhundert ein auf Abstammung und Kultur basierendes Nationsverständnis, das sich zum Ende des 19. Jahrhunderts biologistisch aufgeladen und aggressiv ausgerichtet hatte. Dennoch gab es auch hier immer wieder alternative Interpretationen der Idee Nation. Umgekehrt gilt das Gleiche für Frankreich. Die idealistische Vorstellung der Nation als politisch definierter Willensgemeinschaft stand vielfach im Widerspruch zur Praxis nationalstaatlicher Politik und zum Handeln nationalistischer Akteure. In jedem Nationalismus in Europa finden sich jeweils unterschiedlich stark ausgeprägte, teils konkurrierende Elemente beider ideengeschichtlicher Pole. Zugleich kann aus den Fallbeispielen gefolgert werden, dass der Bezug auf ein *ethnisches* Verständnis der Nation tendenziell gewalttätigere Entwicklungen nach sich zog als die Konstruktion der Nation nach *politischen* Kriterien. Der Zusammenhang zwischen Nationalstaatsgründung und »Ethnizität« (wobei einmal mehr betont werden muss, dass es sich dabei nicht um eine messbare, sondern um eine gefühlte Besonderheit handelt) ist jedenfalls als Wechselwirkung zu beschreiben und nicht als kausale Beziehung.

Der Erste Weltkrieg als Zäsur

Für die Geschichte des Nationalismus bedeutete der Erste Weltkrieg eine tiefe Zäsur. »Von den Nationalbewegungen und dem Nationalismus im 19. Jahrhundert führt kein gerader und direkter Weg zum Nationalismus des 20. Jahrhunderts« (Weichlein 2006b: 142). Zwar blieben die Paradigmen und nationalistischen Argumente dieselben. Aber die Praxis radikalisierte sich[1], und die Idee Nation sowie der Nationalismus verbreiteten sich im 20. Jahrhundert weltweit. Deshalb kann die Entwicklung des Nationalismus seit 1914 hier nur angerissen werden.

1 Vgl. auch Weichlein 2006b, S. 142 f. zum »zweiten Funktionswandel des Nationalismus« nach 1914.

Der nicht allein von deutschen Nationalisten bereits im 19. Jahrhundert geforderte, in den Jahren vor dem Ersten Weltkrieg systematisch propagierte »Volkskrieg« wurde nach 1914 in weiten Teilen Europas zur Realität. Erstmals erfasste der Nationalismus in den kriegsführenden Ländern alle politischen Lager. Unterschiedliche Nationsbilder verschmolzen jetzt zu einer einzigen auf den militärischen Sieg gerichteten Bewegung. Der Nationalismus erreichte damit am Ende des langen 19. Jahrhunderts seinen vorläufigen Höhepunkt.

Deutlich erkennbar wird das Gewicht der Idee Nation auch in der Nachkriegsordnung: Konnten die Großmächte den Nationalismus bei der Neuordnung Europas auf dem Wiener Kongress von 1815 noch ignorieren, so wurde die Maxime des US-Präsidenten Wilson, nach der die staatlichen Grenzen mit jenen der Nationalitäten einhergehen sollten, nach Kriegsende 1919 bei den Friedensverhandlungen zur offiziellen Leitlinie, auch wenn ihre Umsetzung überwiegend den Interessen der Siegerstaaten folgte.

Am Anfang der Geschichte des europäischen Nationalismus *nach* dem Ersten Weltkrieg stand eine Welle von sezessionistischen Nationalstaatsgründungen. Alle lösten sich aus dem untergehenden Habsburgerreich und dem als Sowjetunion noch einmal stabilisierten russischen Großreich: 1917 erlangte Finnland die Unabhängigkeit, nach 1918 konstituierten sich die baltischen Staaten, Polen, die Tschechoslowakei und Ungarn sowie das 1929 in Jugoslawien umbenannte »Königreich der Serben, Kroaten und Slowenen«. Im äußersten Westen Europas erlangte Irland 1921 die Unabhängigkeit. Trotz dieser mit Blick auf das 19. Jahrhundert vertraut anmutenden Entwicklung verlief die Geschichte des Nationalismus im 20. Jahrhundert wesentlich komplexer.

Nationalismus im 20. Jahrhundert

Sechs generelle Aspekte unterscheiden den Nationalismus im 20. Jahrhundert von seiner Entstehungsphase bis 1914:

1. Nach Ende des Ersten Weltkrieges trat Nationalismus in *zwei Grundformen* auf: als offizielle Politik etablierter Nationalstaaten und als sezessionistische Bewegungen innerhalb dieser Nationalstaaten.

   a) Diese neuen nationalistischen Bewegungen hatten es schwer, gegen die bestehenden Nationalstaaten und ihre Dachorganisation »Völkerbund« überhaupt die Berechtigung ihres Unabhängigkeitsstrebens zu legitimieren. Bezeichnenderweise hat keiner der nach 1918 auftretenden Nationalismen der Waliser, Schotten, Basken, Bretonen, Korsen, Katalanen, Flamen usw. bis heute eine Eigenstaatlichkeit vollständig durchsetzen können.

b) Innerhalb der von den Pariser Vorortverträgen und vom Völkerbund sanktionierten Nationalstaaten erfasste die Idee Nation seit der Mobilisierung im Weltkrieg alle Teile der Gesellschaft. Staatliche Erziehungspolitik in Schule, Armee und anderen Bereichen, neue Massenmedien, aber auch kulturelle und sportliche Ereignisse wirkten identitätsstiftend. Der positive Bezug auf die Nation zählte nicht nur in der Weimarer Republik zum unverzichtbaren gemeinsamen Standpunkt aller ansonsten verfeindeten politischen Lager. Der französische Sonderfall der Nationsbildung unter parlamentarisch-demokratischen Rahmenbedingungen wurde nach dem Ersten Weltkrieg zum europäischen Normalfall – mit der Konsequenz eines nun überall politisch gespaltenen Nationalismus.

2. Nach dem Ersten Weltkrieg *radikalisierte* sich der Nationalismus in den meisten Ländern als Opposition gegen die existierenden Nationalstaaten. Radikale Nationalisten vieler Länder, insbesondere in Deutschland, empfanden den Weltkrieg als Beweis für die Unvollständigkeit der bisherigen Nationsbildung. Nicht alle Volksangehörigen hätten den für notwendig gehaltenen Heroismus bewiesen, innere Uneinigkeit wurde als Ursache für Niederlagen und Misserfolge angesehen. Die bestehenden Nationalstaaten wurden deshalb als unvollendet begriffen, die Realisierung der Nation erneut in die Zukunft verlegt. Für radikale Nationalisten wurde ein »reines« Volk damit erneut zur Utopie. Um dies zu realisieren, verlangten sie die Ausgrenzung »fremder« oder nicht hinreichend mit der Nation identifizierter Staatsbürger. Ausgegrenzt wurden religiöse oder ethnische Minderheiten (insbesondere Juden), aber auch politisch oppositionelle Gruppen oder diejenigen, die allein ihre eigenen Interessen

verfolgen würden (zum Beispiel Kapitalisten). In Anlehnung an Ideen George Sorels, Ernst Jüngers und anderer Vordenker des Faschismus wurde »die Tat«, vor allem die Gewalttat, als Königsweg zur Schaffung eines »reinen« Volkes angesehen. Nicht nur die Gewalt, auch die Nation wurde dadurch tendenziell entgrenzt: »Deutschland war da, wo um es gerungen wurde«, behauptete Ernst von Salomon.

3. Es lassen sich *drei große Entwicklungsphasen* unterscheiden: Zunächst eine Radikalisierung und Verschärfung der nationalistischen Auseinandersetzungen bis 1945, einhergehend mit Vertreibung und gewalttätiger Homogenisierungspolitik.[2] Nach dem Zweiten Weltkrieg verlor der Nationalismus dann politisch an Bedeutung. Im Zeitalter der Blockkonfrontation schienen supranationale Gebilde die Nationalstaaten zu überwinden: die europäische Einigung im Westen und der postnationale kommunistische Internationalismus im Ostblock. Wie sich nach 1989 in der viel beschworenen »Rückkehr des Nationalismus« zeigte, bestand die Identifikationsform Nation jedoch innerhalb der europäischen Gesellschaften fort. In der dritten Phase seit 1990 zeigte sich Nationalismus in ganz Europa wieder offen in Form xenophober Ausgrenzung. Während innerhalb der Europäischen Union der neue Nationalismus das staatliche Gewaltmonopol nicht in Frage stellen konnte, eskalierten die Nationalitätenkonflikte in manchen Regionen des ehemaligen Ostblocks zum Krieg und einer Politik ethnischer Säuberungen. Parallel zur »Rückkehr des Nationalismus« wurde seit 1990 die supranationale Einigung Europas mit der Osterweiterung, Einführung des Euro und der Ausarbeitung einer europäischen Verfassung deutlich beschleunigt.
4. Aus dieser Periodisierung ergibt sich, dass die Identitätsform Nation im 20. Jahrhundert *großen Wandlungen* ausgesetzt war. Das Problem, die Geschichte des Nationalismus im 20. Jahrhun-

2 Fragwürdig erscheint jedoch, ob die Eingliederung der Judenvernichtung in die Aufzählung nationalistischer Gewalt gegen Minderheiten (vgl. Hobsbawm 1996: 158, Gellner 1999: 84) eine angemessene Analyse ermöglicht. Die Erforschung des nationalistischen Gehalts der NS-Politik und seiner Bedeutung für den Holocaust ist ein Desiderat der Forschung.

dert fortzuschreiben, ergibt sich gerade daraus, dass der Nationalismus von den großen Weltanschauungen des vergangenen Jahrhunderts sowohl integriert als auch überformt wurde. Im real existierenden Sozialismus, in Faschismus und Nationalsozialismus sowie auch in den westlichen Demokratien findet sich der jeweils höchst unterschiedlich ausfallende und wandelbare Bezug auf die Nation. Erkennbar wird dies beispielsweise im geteilten Deutschland nach 1945: Nach der deutschen Niederlage standen die NS-Verbrechen zunächst einem positiven Bezug auf die Nation im Wege. Während in der Bundesrepublik jenseits der extremen Rechten nationalistische Identifikation nur möglich war, wenn man den Nationalsozialismus aus der deutschen Geschichte ausblendete, reklamierte die Deutsche Demokratische Republik den Nationsbegriff positiv für den Aufbau des Sozialismus. Seit den späten 1990er Jahren bezieht das vereinte Deutschland dagegen seine Identität offiziell aus dem Bild der »geläuterten Nation« und positioniert sich als »Friedensmacht«, während auf anderen gesellschaftlichen Ebenen die traditionellen Vorstellungen deutscher Größe fortexistieren und die »nationalen Interessen« sogar außerhalb Europas wieder mit militärischen Mitteln »verteidigt« werden.

5. Die *Bedeutung des organisierten Nationalismus* kann in Anlehnung an diese Periodisierung skizziert werden. Im Anschluss an den Ersten Weltkrieg wuchsen die nationalistischen Massenorganisationen weiter an, ehe sie in mehreren Staaten von den faschistischen Bewegungen übernommen wurden. Nach dem Ende des Zweiten Weltkrieges verlor der organisierte Nationalismus jenseits sezessionistischer Bewegungen spürbar an Einfluss. Am sichtbarsten wurde dies in der Bundesrepublik Deutschland, wo sich das Phänomen explizit nationalistischer Vereinigungen seither vorwiegend auf marginale Gruppen der extremen Rechten beschränkt. Ob mit der Renationalisierung seit 1990 eine Rückkehr nationalistischer Massenorganisationen einhergeht, ist schwerlich zu beantworten. Während in ost- und südosteuropäischen Staaten einiges für diese These zu sprechen scheint, hat beispielsweise die nationalistische Hochstimmung im Zuge der »Deutschen Einheit« keinen organisatorischen Niederschlag gefunden.

6. Der Nationalstaat war nach dem Ersten Weltkrieg die international anerkannte Norm. Die Idee Nation verbreitete sich *über Europa hinaus* in den Kolonien. Mehrheitlich in den europäischen Metropolen und Universitäten sozialisierte junge Intellektuelle reklamierten im Widerstand gegen die Kolonialisten das Recht auf nationale Selbstbestimmung für die kolonialisierte Bevölkerung. Ähnlich wie im Amerika des 19. Jahrhunderts folgte der räumliche Bezug zumeist den kolonialen Verwaltungseinheiten. In den wenigsten Fällen gab es Kollektividentitäten, die bereits vor der Kolonialisierung bestanden hätten. Das zentralisierte kolonialistische Verwaltungssystem stiftete einen gemeinsamen Erfahrungsraum jenseits sprachlicher und kultureller Differenzen. Die Nationalisten erhielten Zulauf, antikoloniale Bewegungen in Afrika und Asien kämpften für die Unabhängigkeit. Seit den 1930er Jahren setzte die Auflösung der Kolonialreiche ein, die ehemaligen Kolonien konstituierten sich als Nationalstaaten. In einigen Punkten weist diese Entwicklung Parallelen zur Nationenbildung auf dem Balkan auf.

Kolonialismus und Nationalismus

Kolonialisierung und Dekolonialisierung standen in Wechselwirkung mit den europäischen Nationalismen. Der auch im deutschsprachigen Raum wachsende Forschungszweig der *Postcolonial Studies* stellt das Verhältnis von Kolonisatoren und Kolonisierten in den Mittelpunkt (vgl. einführend Conrad/Randeria 2002): Nicht allein die europäischen Kolonialmächte prägten die Entwicklung der (ehemaligen) Kolonien, sondern der Kolonialismus beeinflusste auch Identitätsdiskurse und -konstruktionen in Europa (als Forschungsüberblick zu Deutschland: Kundrus 2003). Koloniale Diskurse und die Auswirkungen der Kolonialmigration auf nationalistische Selbst- und Feindbilder in Europa wird die Nationalismusforschung insbesondere für das 20. Jahrhundert zukünftig stärker als bisher beachten müssen.

Nationalismusforschung aktuell

Die Nation bleibt auch zu Beginn des 21. Jahrhunderts ein weltweit wirkungsmächtiges Faktum. Dementsprechend hält das in den 1980ern und 1990ern stetig wachsende Forschungsinteresse unvermindert an. Die Nationalismusforschung hat sich in den letzten Jahren weiter ausdifferenziert und spezialisiert. Davon zeugen die jüngsten Veröffentlichungen in den internationalen Fachzeitschriften. Sowohl das seit 1973 erscheinende *Canadian Review of Studies in Nationalism* als auch das seit 1995 von Anthony D. Smith herausgegebene *Nations and Nationalism,* beide interdisziplinär angelegt, aber mit deutlichen historischen Schwerpunkten, können mit einer breiten internationalen Autorenschaft und mit theoretischen Ansätzen und empirischen Studien zu allen Regionen der Erde aufwarten. Besonders hervorzuheben sind neben den allgemeiner gehaltenen theoretischen Beiträgen die in beiden Zeitschriften unregelmäßig erscheinenden Themenhefte zu theoretischen Aspekten oder einzelnen Regionen. Demgegenüber legt die junge britische Zeitschrift *National Identities* einen Schwerpunkt auf die kulturelle und politische Formierung nationaler Identitäten. Ihr Untersuchungszeitraum reicht von der Antike bis in die Gegenwart. Das Spektrum der Beiträge ist gemäß der offenen Nationsdefinition weit gefächert. Noch breiter wird das Forschungsfeld schließlich in den *Ethnic and Racial Studies,* der von postmodernen Theorien geleiteten *Social Identities* und der politikwissenschaftlich dominierten *Global Review of Ethnopolititcs.* In allen dreien finden sich unter anderem auch hoch spezialisierte Beiträge zur Nation als Form kollektiver Identität. Schwerpunkte aller drei Zeitschriften bilden jedoch politische Konflikte in Gegenwartsgesellschaften der ganzen Welt.

Auf der Basis des in Kapitel 3 dargestellten theoretischen Kenntnisstandes geht die empirische Forschung zum europäischen Nationalismus in den jüngsten Veröffentlichungen sowohl regional als auch thematisch weiter ins Detail. Gegenüber großen Kontroversen dominieren derzeit in der theoretischen Diskussion vertiefende Studien entlang der in Kapitel 3.5 skizzierten Pfade. Ein keinesfalls vollständiger Überblick zu Publikationen der deutschsprachigen Forschung aus den vergangenen drei Jahren kann die gegenwärtigen Tendenzen veranschaulichen: Wichtige Sammelbände untersuchten mit unterschiedlichen thematischen Schwerpunkten den Nationalismus in vergleichender Perspektive in Europa (Dann/Hroch/Kroll 2003; Haupt/Langewiesche 2004; Beer 2004; Cheauré/Nohejl/Napp 2005) bzw. in einzelnen Teilen des Kontinents (Schattkowsky/Müller 2004; Kubu/Schultz 2004;

Clewing/Schmitt 2005; Schulze Wessel 2006). Die Beiträge in den Bänden *Charismatische Führer der deutschen Nation* (Möller 2004) oder *Friedrich Ludwig Jahn und die Gesellschaften der Turner* (Kessler/Bartmuss 2004) vertiefen ebenso wie einige wichtige neue Monographien (Weichlein 2004; Konno 2004; Boysen 2005) die Forschung zu Aspekten des deutschen Nationalismus.

Daneben sind zwei Trends zu beobachten: Auf der einen Seite zeugt eine Reihe von Beiträgen in ideen- und kulturgeschichtlich orientierten Sammelbänden von der Bedeutung des Nationalismus als Leitidee des 19. und 20. Jahrhunderts. Stellvertretend für viele lassen sich diesbezüglich die Beiträge Langewiesches zu *Nationalismus als Pflicht zur Intoleranz* (Langewiesche 2004) und *Die Idee »Nation« als Handlungsorientierung* (Langewiesche 2006a) benennen. Auf der anderen Seite liefern Einführungsartikel und Überblicksdarstellungen in wissenschaftlichen Fachzeitschriften (vgl. Alter 2004; Weichlein 2006a) ein Zeugnis des anhaltenden Interesses an der Nationalismusforschung – die Zeitschrift *Aus Politik und Zeitgeschichte* widmete dem Thema in ihrer Ausgabe 39/2004 ein Sonderheft. Dass auch die wissenschaftlichen Verlage Nationalismusforschung für ein zukunftsreiches Teilgebiet der Geschichts- und Politikwissenschaft halten, zeigen mehrere Einführungen, die in den letzten Jahren erschienen sind, darunter vor allem die leider teilweise hinter jüngeren theoretischen Erkenntnissen zurückbleibende Einführung von Hroch (Hroch 2005) und Weichleins gelungene systematisierende Einführung (Weichlein 2006b).

Strukturorientierte Ost-West-Vergleiche

Die im dritten Kapitel vorgestellten Nationalismustheorien zielten unter anderem darauf ab, Unterschiede zwischen den europäischen Nationen und Nationalismen herauszustellen. Deutsch differenziert zwischen verschiedenen Ausgangslagen in West- und Osteuropa, zwischen relativ homogenen sprachlichen Gebieten und einem sprachlichen »Flickenteppich« in anderen europäischen Regionen. Gellner unterschied zwischen vor der Entstehung des Nationalismus existierenden Hochkulturen und Staaten in Westeuropa, Hochkulturen ohne potenzielle Nationalstaaten in Mitteleuropa und nicht existenten Hochkulturen oder Staaten in Osteuropa. Anderson verweist auf explosive Folgen der Durchsetzung einheitlicher Landessprachen in sprachlich heterogenen Gebieten (wie etwa in Mittel- und Osteuropa), und bei Smith findet sich die Differenzierung zwischen »vertikal-demotischen« Ethnien im Westen und »lateral-aristokratischen« Ethnien im Osten. Trotz der beschriebenen Differenzen ist den Theoretikern gemein, dass sie die unterschiedlichen Typen primär aus strukturellen gesellschaftlichen Faktoren und deren Auswirkungen im Modernisierungsprozess ableiten: aus der Sprache, der Existenz von Kulturen und Staaten oder der Form einer der Nation vorausgehenden Ethnie. Bezogen auf den europäischen Raum eint alle die als zu generalisierend erscheinende Gegenüberstellung »westlicher« und »östlicher« Typen, wobei die westlichen friedlicher und die östlichen gewalttätiger vorgestellt werden. Erkennbar ist die Parallele zu den normativ geprägten Nationalismustypologien von Kohn (»westlich« und »östlich«) oder Meinecke (»Staatsnation« und »Kulturnation«). Strukturelle Bedingungen determinierten demnach die historischen Verläufe. Doch gerade die auf ähnlichen strukturellen Bedingungen basierenden, gänzlich verschieden verlaufenden Nationenbildungen in der Schweiz und auf dem Balkan zeigen, dass strukturelle Faktoren zwar Erklärungsansätze liefern, nicht jedoch alleinige Erklärungsfaktoren sein können.

Gemeinsamkeiten und Vielfalt

In der Einleitung ihres Sammelbandes zu *Nationalismen in Europa* stellen Hirschhausen und Leonhard anhand zentraler Kriterien die auch von uns konstatierten grundlegenden Gemeinsamkeiten und die Vielfältigkeit der Nationskonzeptionen und Entwicklungen in Europa heraus (Hirschhausen/Leonhard 2001: 21 ff.): Zwar ist die Entwicklung der Nationen im Kontext gesellschaftlicher Modernisierungsprozesse anzusiedeln, doch gibt es diesbezüglich kein eindeutiges Gefälle zwischen West- und Osteuropa. Die Analyse osteuropäischer Nationalismen zeigt große Differenzen. Scharfe Grenzen zwischen West- und Osteuropa sind weder bezüglich der Trägerschichten des Nationalismus noch in der Rolle des Staates erkennbar. Große Divergenzen lassen sich hingegen innerhalb des »westeuropäischen Typus« bei den staatlich gelenkten Institutionen der inneren Nationsbildung (Schulen, Armee) zwischen Frankreich und Großbritannien erkennen, während der französische Fall hierin eher dem deutschen ähnelt. Trotz regionaler Unterschiede ist die Janusköpfigkeit allen europäischen Nationalismen gemein. Innerhalb aller europäischen Nationalismen existierten pluralistische Vorstellungen der Idee Nation. Überall trat die Nation in Konkurrenz zu alternativen Identifikationsformen und Loyalitäten. Als weitere gemeinsame Merkmale aller europäischen Nationalismen lassen sich die Bedeutung von Symboliken und kultureller Inszenierung der Nation wie auch die Militarisierung der nationalistischen Erinnerung benennen. Gleiches gilt trotz unterschiedlicher Intensität für die Funktion von Feindbildern und den Zusammenhang zwischen Nation und Krieg. »Der Vergleich zeigt [...], daß westliche und östliche Nationalismen weitaus mehr Ähnlichkeiten aufweisen, als es West-Ost-Antagonismen nahelegen« (Hirschhausen/Leonhard 2001: 42).

Vor diesem Hintergrund erscheint eine Abkehr von statischen Typologien angebracht. Die jeweiligen Definitionen nationaler Zugehörigkeit und nationalistischer Symbole und Mythen sowie die Bestimmungen von Feindbildern und Integrationsangeboten folgten zudem nicht allein politisch-gesellschaftlichen oder ökonomischen Strukturen, sondern mindestens ebenso sehr dem Denken und Handeln der nationalistischen Akteure. Die Suche nach Ursachen für die unterschiedlichen Entwicklungen des Nationalismus in Europa muss daher über das Aufzählen struktureller Divergenzen hinausgelangen.

Forschungsdesiderate

Eines der großen Desiderate der Nationalismusforschung ergibt sich aus den bisherigen Ausführungen und insbesondere aus der These, dass die nationalistischen Akteure und Organisationen bzw. deren politische Praxis und Propaganda die innere und äußere Nationenbildung in Europa maßgeblich mitbestimmten. Die großen Nationalismustheorien schenken diesem Faktor kaum Aufmerksamkeit. Die Forschung verfügt zwar über umfassende theoretische Kenntnisse zur Entstehung und Verbreitung der Idee Nation sowie zu einzelnen nationalistischen Vereinigungen und Protagonisten. Zu selten jedoch werden beide Ebenen verknüpft und die Rolle nationalistischer Akteure und organisierter Nationalisten in den Nationsbildungsprozessen untersucht. Die Forschung bedarf einer Perspektive, die versucht, die Rolle organisierter Nationalisten im Nationsbildungsprozess in den Blick zu nehmen, und dabei den Fokus auf die Akteure, ihr Verhalten und ihren Handlungskontext richtet.

Wie im Kapitel zum deutschen Nationalismus dargestellt, wären diesbezüglich sowohl kryptopolitische als auch dezidiert politische Organisationen zu untersuchen. Hypothetisch kann formuliert werden, dass die Wirkung kryptopolitischer Organisationen primär im Bereich der Verbreitung der Idee Nation zu suchen ist. Organisationen mit einem explizit politischen Anspruch zielten dagegen auf eine direkte Veränderung der Verhältnisse. Inwieweit ihnen dies gelang, gilt es zu prüfen. Auch die Wechselwirkung zwischen beiden Organisationstypen und die Möglichkeiten und Grenzen nationalistischer Agitation wären im Einzelnen zu untersuchen. Weil die Theorien zur Entstehung von Nation und Nationalismus auf sozialwissenschaftlichen Erkenntnissen aufbauen, können sie für die sozialwissenschaftliche Analyse von Wirkung und Dynamik nationalistischer Vereinigungen und sozialer Bewegungen nützliche Ansätze und Forschungshypothesen bieten.

Trotz der inzwischen umfangreichen vergleichenden Forschung zu Nationalismen in Europa sind komparative Studien zur Wirkung des organisierten Nationalismus seit der Studie von Miroslav Hroch (1968) ebenfalls Desiderate. In welchem Verhältnis standen die jeweiligen Ausprägungen der Idee Nation zu gesellschaftlichen Strukturen und nationalistischen Akteuren? Lassen sich Pfadabhängigkeiten oder grundlegende Wandlungen erkennen? Welche Bedeutung besitzen nationalistische Traditionen in den gegenwärtigen europäischen Gesellschaften? Schließlich müsste in Anwendung der aktuellen Methodendiskussion über transnationale Geschichtsschreibung, »entangled history« oder »histoire croisée«, untersucht werden: Wie sahen die Wechselwirkungen, Beziehungen und Verflechtungen zwischen den nationalistischen Akteuren in verschiedenen europäischen Ländern aus?

Nationalismusforschung in Europa

Die benannten Desiderate und Forschungsperspektiven machen deutlich, dass die Nationalismusforschung trotz der großen Fortschritte der vergangenen Jahre vor vielen offenen Fragen steht. Zugleich spricht wenig dafür, dass die Bedeutung von Nation und Nationalismus in Europa zurückgehen wird. Die Nationalismusforschung wird für die Geschichtswissenschaft auch im 21. Jahrhundert ein aktuelles Thema bleiben. Historische Rekonstruktion und diskursanalytische oder ideologiekritische Dekonstruktion im Bereich der Nationalismusforschung erhalten damit im Zuge der Bemühungen um die europäische Einigung eine wichtige politische Funktion: Sie könnten argumentative Bausteine liefern für ein Europa, dessen Protagonisten nicht mehr Nationen, sondern durch politische Projekte und »alltägliche Plebiszite« zusammengehaltene Bevölkerungen sein sollen. Ob ein solches Projekt gelingen kann, ohne funktional ähnliche Inklusionen und Exklusionen hervorzubringen wie der Nationalismus, wird sich im zukünftigen Europa zeigen.[3]

3 Die Schlusssätze nehmen Überlegungen von Boris Groys auf (»Die Geschichtsschreibung sucht ein neues Subjekt«, in: *Le Monde diplomatique*, Juni 2004, S. 3).

Auswahlbibliographie

Adanır, Fikret (1979), *Die Makedonische Frage. Ihre Entstehung und Entwicklung bis 1908*, Wiesbaden

Alldeutscher Verband (1914), »Waffensegen«, *Alldeutsche Blätter*, Sondernummer 3, August

Alter, Peter (1985), *Nationalismus*, Frankfurt/M.

– (2004), »Nation und Nationalstaat«, *Geschichte in Wissenschaft und Unterricht* 55, S. 680–694

– u.a. (Hg.) (1999), *Die Konstruktion der Nation gegen die Juden*, München

Altermatt, Urs u.a. (Hg.) (1998), *Die Konstruktion einer Nation. Nation und Nationalisierung der Schweiz, 18.–20. Jahrhundert*, Zürich

Altgeld, Wolfgang (1992), *Katholizismus, Protestantismus, Judentum. Über religiös begründete Gegensätze und national-religiöse Ideen in der Geschichte des deutschen Nationalismus*, Mainz

Anderson, Benedict (2005 [1983]), *Die Erfindung der Nation. Zur Karriere eines erfolgreichen Konzeptes*, Frankfurt/M., 2. Auflage mit einem Nachwort von Thomas Mergel

Appelt, Erna (1999), *Geschlecht, Staatsbürgerschaft, Nation. Politische Konstruktionen des Geschlechterverhältnisses in Europa*, Frankfurt/M., New York

Armstrong, John A. (1982), *Nations Before Nationalism*, Chapel Hill

Arndt, Ernst Moritz (1803), *Germanien und Europa*, Altona

– (1813), *Über Volkshaß und über den Gebrauch einer fremden Sprache*, Leipzig (Auszüge in: Jeismann/Ritter 1993, S. 319–334)

– (1861 [1806]), *Geist der Zeit*, Altona

Balibar, Etienne (1987), »Rassismus und Nationalismus«, in: derselbe/Wallerstein, Immanuel (Hg.), *Rasse Klasse Nation. Ambivalente Identitäten*, Berlin 1990, S. 49–84

– (1988), »Die Nation-Form: Geschichte und Ideologie«, ebd., S. 107–130

Beer, Mathias (Hg.) (2004), *Auf dem Weg zum ethnisch reinen Nationalstaat? Europa in Geschichte und Gegenwart*, Tübingen

Behschnitt, Wolf Dietrich (1980), *Nationalismus bei Serben und Kroaten 1830–1914. Analyse und Typologie der nationalen Ideologie*, München

Berding, Helmut (Hg.) (1994), *Nationales Bewußtsein und kollektive Identität. Studien zur Entwicklung des kollektiven Bewußtseins in der Neuzeit*, Bd. 2, Frankfurt/M.

Bernath, Mathias (1970), »Das mazedonische Problem in der Sicht der komparativen Nationalismusforschung«, *Südost-Forschungen* 29, S. 237–248

Biefang, Andreas (1994), *Politisches Bürgertum in Deutschland 1857–1868. Nationale Organisationen und Eliten*, Düsseldorf

Boeckh, Katrin (1996), *Von den Balkankriegen zum Ersten Weltkrieg. Kleinstaatenpolitik und ethnische Selbstbestimmung auf dem Balkan*, München

Bonjour, Edgar (1965), *Geschichte der schweizerischen Neutralität*, 2. Auflage, Bd. 1, Basel

Bosshart-Pfluger, Catherine u.a. (Hg.) (2002), *Nation und Nationalismus in Europa. Kulturelle Konstruktion von Identitäten*. Festschrift für Urs Altermatt, Frauenfeld

Boysen, Jens (2005), *Zwischen Kriegshandwerk und doppelter Nationsbildung. Preußische Armee und polnische Minderheit im werdenden Deutschland*, Tübingen

Brunn, Gerhard (Hg.) (1996), *Region und Regionsbildung in Europa. Konzeptionen der Forschung und empirische Befunde*, Baden-Baden

Büchsenschütz, Ulrich (2001): »Makedonien«, in: Holm Sundhaussen/Heiko Hänsel (Hg.), *Konfliktregionen Südosteuropas im Zeitalter des Nationalismus*, Berlin, S. 45–51

Büsch, Otto/Sheehan, James (Hg.) (1985), *Die Rolle der Nation in der deutschen Geschichte und Gegenwart*, Berlin

Buschmann, Nikolaus (2000), »Volksgemeinschaft und Waffenbruderschaft. Nationalismus und Kriegserfahrung in Deutschland zwischen ›Novemberkrise‹ und ›Bruderkrieg‹«, in: Dieter Langewiesche/Georg Schmidt (Hg.), *Föderative Nation. Deutschlandkonzepte von der Reformation bis zum Ersten Weltkrieg*, München, S. 83–111

Carnegie Endowment for International Peace (1914), *Report of the International Commission to Inquire into the Causes and Conduct of the Balkan Wars*, Washington. Im Internet unter: *http://vmro.150m.com/en/carnegie/preface.html*

Cheauré, Elisabeth/Nohejl, Regina/Napp, Antonia (Hg.) (2005), *Vater Rhein und Mutter Wolga. Diskurse um Nation und Gender in Deutschland und Russland*, Würzburg

Chickering, Roger (1984), *We man who feel most German. A cultural study of the Pan-German League, 1886–1914*, Boston

Clewing, Konrad/Schmitt, Oliver (Hg.) (2005), *Südosteuropa. Von vormoderner Vielfalt und nationalstaatlicher Vereinheitlichung*, München

Conrad, Sebastian/Randeria, Shalini (Hg.) (2002), *Jenseits des Eurozentris-*

mus. Postkoloniale Perspektiven in den Geschichts- und Kulturwissenschaften, Frankfurt/M.

Conze, Werner/Groh, Dieter (1966), *Die Arbeiterbewegung in der nationalen Bewegung. Die deutsche Sozialdemokratie vor, während und nach der Reichsgründung,* Stuttgart

Dann, Otto (Hg.) (1978), *Nationalismus und sozialer Wandel,* Hamburg

– (Hg.) (1994), *Die deutsche Nation. Geschichte – Probleme – Perspektiven,* Vierow

– (1996), *Nation und Nationalismus in Deutschland, 1770–1990,* 3. Auflage, München

– /Hroch, Miroslav/Kroll, Johannes (Hg.) (2003), *Patriotismus und Nationsbildung am Ende des Heiligen Römischen Reiches,* Köln

De Capitani, Francois/Germann, Georg (Hg.) (1987), *Auf dem Weg zu einer Schweizerischen Identität 1848–1914: Probleme – Errungenschaften – Misserfolge,* Freiburg

de Jong, Jutta (1982), *Der nationale Kern des makedonischen Problems. Ansätze und Grundlagen einer makedonischen Nationalbewegung (1890–1903),* Frankfurt/M.

Deutsch, Karl W. (1953), *Nationalism and Social Communication. An Inquiry into the Foundations of Nationality,* New York

– (1972 [1969]), *Nationalismus und seine Alternativen*, München

– (1975), »Nation und Welt«, in: Winkler 1985, S. 49–66

– (1976), *Die Schweiz als ein paradigmatischer Fall politischer Integration,* Bern

Düding, Dieter (1983), *Organisierter gesellschaftlicher Nationalismus in Deutschland (1808–1847): Bedeutung und Funktion der Turner- und Sängervereine für die deutsche Nationalbewegung,* München

– (1993), »Die deutsche Nationalbewegung im 19. Jahrhundert, in: Peter Krüger (Hg.), *Deutschland, deutscher Staat, deutsche Nation*, Marburg, S. 71–83

Echternkamp, Jörg (1998), *Der Aufstieg des deutschen Nationalismus (1770–1840),* Frankfurt/M.

– /Müller, Sven-Oliver (Hg.) (2002), *Politik der Nation. Deutscher Nationalismus in Krieg und Krisen 1760–1960,* München

Ehlers, Joachim (1989), *Ansätze und Diskontinuität deutscher Nationsbildung im Mittelalter,* Sigmaringen

Eley, Geoff (1980), *Reshaping the German Right. Radical Nationalism and Political Change after Bismarck,* Ann Arbor

– (1991), *Wilhelminismus, Nationalismus, Faschismus. Zur historischen Kontinuität in Deutschland,* Münster

Elias, Norbert (1989), »Ein Exkurs über Nationalismus«, in: derselbe, *Studien über die Deutschen. Machtkämpfe und Habitusentwicklung im 19. und 20. Jahrhundert*, Frankfurt/M., S. 159–222

Elwert, Georg (1989), »Nationalismus und Ethnizität. Über die Bildung von Wir-Gruppen«, *Kölner Zeitschrift für Soziologie und Sozialpsychologie* 41, S. 440–464

Fehrenbach, Elisabeth (1986), »Nation«, in: *Handbuch politisch-sozialer Grundbegriffe in Frankreich 1680–1820*, H. 7, München, S. 75–107

Fichte, Johann Gottlieb (1943 [1807/8]), *Reden an die deutsche Nation*, Leipzig

Francis, Emerich (1957), *Wissenschaftliche Grundlagen soziologischen Denkens,* München

– (1965), *Ethnos und Demos. Soziologische Beiträge zur Volkstheorie,* Berlin

François, Etienne u.a. (Hg.) (1995), *Nation und Emotion. Deutschland und Frankreich im Vergleich. 19. und 20. Jahrhundert,* Göttingen

Frei, Daniel (1964), *Das schweizerische Nationalbewußtsein. Seine Förderung nach dem Zusammenbruch der Alten Eidgenossenschaft 1798,* Zürich

Fries, Jakob Friedrich (1816), »Über die Ansprüche der Juden an das deutsche Bürgerrecht«; »Über die Gefährdung des Wohlstandes und des Charakters der Deutschen durch die Juden«, beides in: *Heidelbergische Jahrbücher der Literatur* 16/17

Gellner, Ernest (Hg.) (1991), *Nationalismus und Moderne,* Berlin 1991 (engl.: *Nations and Nationalism*, Oxford 1983)

– (1999), *Nationalismus. Kultur und Macht*, Berlin

Giesen, Bernhard (Hg.) (1991), *Nationale und kulturelle Identität. Studien zur Entwicklung des kollektiven Bewußtseins in der Neuzeit,* Bd. 1, Frankfurt/M.

– (1993), *Die Intellektuellen und die Nation. Eine deutsche Achsenzeit,* Frankfurt/M.

Goltermann, Svenja (1998), *Körper der Nation. Habitusformung und die Politik des Turnens 1860–1890,* Göttingen

Gotthelf, Jeremias (1844), *Eines Schweizers Wort an den Schweizerischen Schützenverein. Manifest der schweizerischen Scharfschützen-Eidgenossenschaft,* Solothurn

Greenfeld, Liah (1992), *Nationalism. Five Roads to Modernity*, Cambridge, Mass., London

Gugerli, David/Speich, Daniel (2002), *Topografien der Nation. Politik, kartographische Ordnung und Landschaft im 19. Jahrhundert,* Zürich

Hardtwig, Wolfgang (1994), *Nationalismus und Bürgerkultur in Deutschland 1500–1914,* Göttingen

Haupt, Heinz G./Langewiesche, Dieter (Hg.) (2004), *Nation und Religion in Europa. Mehrkonfessionelle Gesellschaften im 19. und 20. Jahrhundert,* Frankfurt/M.

– (Hg.) (2001), *Nation und Religion in der deutschen Geschichte*, Frankfurt/M.

Hehn, Paul N. (1975), »The Origins of Modern Pan-Serbism – The 1844 Načertanije of Ilija Garašanin: An Analysis and Translation«, *East European Quarterly* 9, S. 153–171

Herder, Johann Gottfried (1883 [1797]), »Briefe zur Beförderung der Humanität«, in: derselbe, *Sämtliche Werke,* Bd. 18, Berlin

– (1909 [1791]), »Ideen zur Philosophie der Geschichte der Menschheit«, ebd. Bd. 14, Berlin

– (1886 [1802]), »Über National-Religionen« ebd., Bd. 24, S. 24–49

– (1990 [1774]), *Auch eine Philosophie der Geschichte zur Bildung der Menschheit,* Stuttgart

Hering, Gunnar (1992), »Zum Problem der Ursachen revolutionärer Erhebungen am Anfang des 19. Jahrhunderts«, in: Christo Choliolčev u.a. (Hg.), *Nationalrevolutionäre Bewegungen in Südosteuropa im 19. Jahrhundert,* München, S. 17–30

Hering, Rainer (2003), *Konstruierte Nation. Der Alldeutsche Verband 1890 bis 1933,* Hamburg

Herrmann, Hans Peter u.a. (1996), *Machtphantasie Deutschland. Nationalismus, Männlichkeit und Fremdenhaß im Vaterlandsdiskurs deutscher Schriftsteller des 18. Jahrhunderts,* Frankfurt/M.

Hirschhausen, Ulrike v./Leonhard, Jörn (Hg.) (2001), *Nationalismen in Europa. West- und Osteuropa im Vergleich,* Göttingen

Hobsbawm, Eric J. (1996), *Nationen und Nationalismus. Mythos und Realität seit 1780,* München

– /Ranger, Terence (Hg.) (1997[1983]), *The Invention of Tradition*, Cambridge

Hoffmann, Lutz (1991), »Das ›Volk‹. Zur ideologischen Struktur eines unvermeidbaren Begriffs«, *Zeitschrift für Soziologie* 20, S. 191–208

– (1993), »Die Konstitution des Volkes durch seine Feinde«, *Jahrbuch für Antisemitismusforschung* 2, S. 13–37

– (2001), »Der Antisemitismus als Baugerüst der deutschen Nation«, in: Arbeitskreis Kritik des deutschen Antisemitismus (Hg.): *Antisemitismus – die deutsche Normalität,* Freiburg 2001, S. 43–58

Hopf, Claudia (1997), *Sprachnationalismus in Serbien und Griechenland. Theoretische Grundlagen sowie ein Vergleich von Vuk Stefanovic Karadzic und Adamantios Korais,* Wiesbaden

Hösch, Edgar (1995), »Die Entstehung des Nationalstaats in Südosteuropa«, in: Georg Brunner (Hg.), *Osteuropa zwischen Nationalstaat und Integration*, Berlin

– (1997), »Europa und der Balkan«, in: Jürgen Elvert (Hg.), *Der Balkan. Eine europäische Krisenregion*, Stuttgart, S. 37–48

– (1998), »Der Ethnonationalismus im Balkanraum – Genese und Geschichte«, *Politische Studien* 360, S. 104–116

Hroch, Miroslav (1968), *Die Vorkämpfer der nationalen Bewegung bei den kleinen Völkern Europas. Eine vergleichende Analyse zur gesellschaftlichen Schichtung der patriotischen Gruppen,* Prag

– (1998), »Programme und Forderungen nationaler Bewegungen. Ein europäischer Vergleich«, in: Timmermann, Heiner (Hg.), *Entwicklung der Nationalbewegungen in Europa 1850 – 1914*, Berlin 1998, S. 17–29

– (2005), *Das Europa der Nationen. Die moderne Nationsbildung im europäischen Vergleich,* Göttingen

Im Hof, Ulrich (1991), *Mythos Schweiz. Identität – Nation – Geschichte 1291–1991,* Zürich

Jahn, Friedrich Ludwig (1810), *Deutsches Volksthum*, Lübeck (Nachdruck der Ausgabe Leipzig 1813: Hildesheim u.a. 1980)

Jansen, Christian (2000), *Einheit, Macht und Freiheit. Die Paulskirchenlinke und die deutsche Politik in der nachrevolutionären Epoche (1849–1867),* Düsseldorf

– (Hg.) (2003), *Der Bürger als Soldat. Die Militarisierung europäischer Gesellschaften im langen 19. Jahrhundert: ein internationaler Vergleich,* Essen

Jeismann, Michael (1991), »Was bedeuten Stereotype für nationale Identität und politisches Handeln?« in: Link/Wülfing 1991, S. 84–93

– (1992), *Das Vaterland der Feinde. Studien zum nationalistischen Feindbegriff und Selbstverständnis in Deutschland und Frankreich 1792–1918,* Stuttgart

– /Ritter, Henning (Hg.) (1993), *Grenzfälle. Über neuen und alten Nationalismus,* Leipzig

Jenkins, Brian (1990), *Nationalism in France. Class and Nation since 1789,* London

Jochmann, Werner (1997), »Struktur und Funktion des deutschen Antisemitismus 1878–1914«, in: Wolfgang Benz/Werner Bergmann (Hg.), *Vorurteil und Völkermord. Entwicklungslinien des Antisemitismus*, Bonn, S. 177–218

John, Hans-Georg (1976), *Politik und Turnen. Die Deutsche Turnerschaft als nationale Bewegung im deutschen Kaiserreich von 1871–1914*, Ahrensburg

Kemiläinen, Aira (1964), *Nationalism. Problems concerning the Word, the Concept and Classification,* Jyväskyla

Kessler, Cornelia/Bartmuss, Hans-Joachim (Hg.) (2004), *Friedrich Ludwig Jahn und die Gesellschaften der Turner – Wirkungsfelder, Verflechtungen, Gruppenpolitik*, Halle

Klenke, Dietmar (1994), »Zwischen nationalkriegerischem Gemeinschaftsideal und bürgerlich-ziviler Modernität. Zum Vereinsnationalismus der

Sänger, Schützen und Turner im Deutschen Kaiserreich«, *Geschichte in Wissenschaft und Unterricht* 45, S. 207–223

– (1995), »Nationalkriegerisches Gemeinschaftsideal als politische Religion. Zum Vereinsnationalismus der Sänger, Schützen und Turner am Vorabend der Einigungskriege«, *Historische Zeitschrift* 260, S. 395–448

– (1998), *Der singende deutsche Mann. Gesangvereine und Nationalbewußtsein von Napoleon bis Hitler,* Münster

– (2003), »Deutsche Nationalreligiosität zwischen Vormärz und Reichsgründung. Zur innen- und außenpolitischen Dynamik der deutschen Nationalbewegung«, *Historisches Jahrbuch* 123, S. 389–447

Kluckhohn, Paul (1934), *Die Idee des Volkes im Schrifttum der deutschen Bewegung von Möser und Herder bis Grimm,* Berlin

Kohn, Hans, (1950), *Die Idee des Nationalismus. Ursprung und Geschichte bis zur Französischen Revolution,* Heidelberg (engl. 1944)

Koller, Christian (2005), *Fremdherrschaft. Ein politischer Kampfbegriff im Zeitalter des Nationalismus,* Frankfurt/M.

Konno, Hajime (2004), *Max Weber und die Polenfrage (1892–1920). Eine Betrachtung zum liberalen Nationalismus im wilhelminischen Deutschland,* Baden-Baden

Koselleck, Reinhart u.a. (1992), »Volk, Nation, Nationalismus, Masse«, in: *Geschichtliche Grundbegriffe,* Bd. 7, Stuttgart, S. 141–431

Krumeich, Gerd/Lehmann, Hartmut (Hg.) (2000), *»Gott mit uns«. Nation, Religion und Gewalt im 19. und frühen 20. Jahrhundert,* Göttingen

Kubu, Eduard/Schultz, Helga (Hg.) (2004), *Wirtschaftsnationalismus als Entwicklungsstrategie ostmitteleuropäischer Eliten. Die böhmischen Länder und die Tschechoslowakei*, Prag

Kühne, Thomas (2000), »Die Region als Konstrukt. Regionalgeschichte als Kulturgeschichte«, in: James Retellack (Hg.): *Sachsen in Deutschland. Politik, Kultur und Gesellschaft 1830–1918*, Bielefeld, S. 253–263

Kundrus, Birthe (Hg.) (2003), *Phantasiereiche. Zur Kulturgeschichte des deutschen Kolonialismus,* Frankfurt/M.

Langewiesche, Dieter (1988), »›Nation‹ und ›Nationalstaat‹. Zum Funktionswandel politisch-gesellschaftlicher Leitideen in Deutschland seit dem 19. Jahrhundert«, in: Friedrich W. Busch (Hg.), *Perspektiven gesellschaftlicher Entwicklung in beiden deutschen Staaten*, Oldenburg 1988, S. 173–182

– (1992), »Reich, Nation und Staat in der jüngeren deutschen Geschichte«, *Historische Zeitschrift* 254, S. 341–381

– (1994), *Nationalismus im 19. und 20. Jahrhundert: zwischen Partizipation und Aggression,* Bonn

– (1995), »Nation, Nationalismus, Nationalstaat. Forschungsstand und Forschungsperspektiven«, *Neue Politische Literatur* 40, S. 180–236

– (2000), *Nation, Nationalismus, Nationalstaat in Deutschland und Europa*, München (Aufsatzsammlung)

– (2004), »Nationalismus als Pflicht zur Intoleranz«, in: Aram Mattioli (Hg.), *Intoleranz im Zeitalter der Revolutionen*, Zürich 2004, S. 281–302

– (2006), »Die Idee ›Nation‹ als Handlungsorientierung. Kommentar«, in: Lutz Raphael (Hg.), *Ideen als gesellschaftliche Gestaltungskraft im Europa der Neuzeit*, München 2006, S. 359–368

Lazarus, Moritz (1879), *Was heißt national?* 1879 (zuletzt in: *Der »Berliner Antisemitismusstreit« 1879–1881. Eine Kontroverse um die Zugehörigkeit der Juden zur Nation*, hg. von Karsten Krüger, München 2003, S. 37–89)

Lepsius, Rainer M. (1990 [1982]), »Nation und Nationalismus in Deutschland«, in: derselbe, *Interessen, Ideen und Institutionen*, Opladen, S. 232–246 (auch in: Jeismann/Ritter 1993, S. 193–214)

Lexikon zur Parteiengeschichte. Die bürgerlichen und kleinbürgerlichen Verbände in Deutschland (1789–1945), hrsg. von Dieter Fricke u.a., Köln 1983–1986

Link, Jürgen/Wülfing, Wulf (Hg.) (1991), *Nationale Mythen und Symbole in der zweiten Hälfte des 19. Jahrhunderts. Strukturen und Funktionen von Konzepten nationaler Identität*, Stuttgart

Luden, Heinrich (1814), »Das Vaterland, oder Staat und Volk«, *Nemesis. Zeitschrift für Politik und Geschichte 1* (Auszüge in: Quellen zum politischen Denken der Deutschen, Bd. III)

Luhmann, Niklas (1994), »Inklusion und Exklusion«, in: Berding 1994, S. 15–45

Marchal, Guy/Mattioli, Aram (Hg.) (1992), *Erfundene Schweiz. Konstruktionen nationaler Identität*, Zürich

Meinecke, Friedrich (1908), *Weltbürgertum und Nationalstaat*, München

Michaelis, Hans-Thorald (1993), *Unter schwarz-rot-goldenem Banner und dem Signum des Doppeladlers. Gescheiterte Volksbewaffnungs- und Vereinigungsbestrebungen in der Deutschen Nationalbewegung und im Deutschen Schützenbund 1859–1869*, Frankfurt/M.

Miles, Robert (1999), *Rassismus. Einführung in die Geschichte und Theorie eines Begriffs*, 3. Auflage, Hamburg, Berlin 1999

Möller, Frank (Hg.) (2004), *Charismatische Führer der deutschen Nation*, München

Mosse, George L. (1993 [1976]), *Die Nationalisierung der Massen*, Frankfurt/M.

– (1997), *Die Geschichte des Rassismus in Europa*, 2. Auflage, Frankfurt/M. (engl. 1978)

Müller, Sven Oliver (2002), *Die Nation als Waffe und Vorstellung. Nationalismus in Deutschland und Großbritannien im Ersten Weltkrieg*, Göttingen 2002

Na'aman, Shlomo (1987), *Der Deutsche Nationalverein. Die politische Konstituierung des deutschen Bürgertums 1859–1867*, Düsseldorf

Nassehi, Armin (1990) »Zum Funktionswandel von Ethnizität im Prozeß gesellschaftlicher Modernisierung. Ein Beitrag zur Theorie funktionaler Differenzierung«, *Soziale Welt* 41, S. 261–282

Peters, Michael (1992), *Der Alldeutsche Verband am Vorabend des Ersten Weltkrieges (1908–1914). Ein Beitrag zur Geschichte des völkischen Nationalismus im spätwilhelminischen Deutschland,* Frankfurt/M.

Planert, Ute (Hg.) (2000a), *Nation, Politik und Geschlecht. Frauenbewegungen und Nationalismus in der Moderne,* Frankfurt/M.

– (2000b), »Zwischen Partizipation und Restriktion. Frauenemanzipation und nationales Paradigma von der Aufklärung bis zum Ersten Weltkrieg«, in: Langewiesche/Schmidt 2000, S. 387–428

Plessner, Helmuth (1959 [1935]), *Die verspätete Nation. Über die politische Verführbarkeit bürgerlichen Geistes,* Stuttgart

Puschner, Uwe u.a. (Hg.) (1996), *Handbuch zur »völkischen Bewegung« 1871–1918,* München

Quellen zum politischen Denken der Deutschen im 19. und 20. Jahrhundert, 10 Bände, Darmstadt 1976–2002

Reiter, Norbert (Hg.) (1983), *Nationalbewegungen auf dem Balkan*, Wiesbaden

Renan, Ernest (1882), *Qu'est-ce qu'une nation?*, Paris (deutsche Übersetzung von Henning Ritter: *Was ist eine Nation?* in: Jeismann/Ritter 1993, S. 290–311)

Renner, Karl (1916), *Oesterreichs Erneuerung. Politisch-programmatische Aufsätze,* Wien

Riehl, Wilhelm Heinrich (1851–69), *Die Naturgeschichte des Volkes als Grundlage einer deutschen Social-Politik,* Stuttgart

Rohkrämer, Thomas (1990), *Der Militarismus der ›kleinen Leute‹. Die Kriegervereine im Deutschen Kaiserreich 1871–1914*, München

Rümelin, Gustav (1872), »Über den Begriff des Volkes«, in: derselbe, *Reden und Aufsätze,* Freiburg 1875, S. 88–116

Schattkowsky, Ralph/Müller, Michael G. (Hg.) (2005), *Identitätenwandel und Mobilisierung in Regionen ethnischer Diversität. Ein regionaler Vergleich zwischen Westpreußen und Galizien*, Marburg

Schieder, Theodor (1991), *Nationalismus und Nationalstaat. Studien zum nationalen Problem in Europa*, hrsg. von Otto Dann und Hans-Ulrich Wehler, Göttingen

Schulze Wessel, Martin (Hg.) (2006), *Nationalisierung der Religion und Sakralisierung der Nation im östlichen Europa*, Stuttgart

Schulze, Hagen (1985), *Der Weg zum Nationalstaat. Die deutsche Nationalbewegung vom 18. Jahrhundert bis zur Reichsgründung,* München

– (2004 [1994]), *Staat und Nation in der europäischen Geschichte*, München

Sieyès, Emanuel J. (1924 [1789]), *Was ist der dritte Stand*, herausgegeben und übersetzt von Otto Brandt, Berlin

Smith, Anthony D. (2000), *The Nation in History. Historiographical Debates about Ethnicity and Nationalism,* Hanover, New England

– (2001), *Nationalism. Theory, Ideology, History,* Oxford

– /Gellner Ernest (1996), »The Nation: real or imagined? The Warwick Debates on Nationalism«, in: *Nations and Nationalism* 3, S. 357–370

Sommer, Antje/Conze, Werner (1984), »Rasse«, in: *Geschichtliche Grundbegriffe,* Bd. 5, Stuttgart, S. 135–178

Sowards, Steven W. (2004), *Moderne Geschichte des Balkans. Der Balkan im Zeitalter des Nationalismus,* Seuzach

Stawowy-Kawka, Irena (1998), »Die mazedonische Frage. Ihre Entstehung und Entwicklung bis 1914«, in: Heiner Timmermann (Hg.), *Entwicklung der Nationalbewegungen in Europa 1850–1914,* Berlin 1998, S. 275–288

Steinberg, Jonathan (1996), *Why Switzerland?* 2. Auflage, Cambridge

Steindorff, Ludwig (1998), »Identität, Ethnizität und Nationalität in Südosteuropa: Einleitung«, in: Derselbe u. a. (Hg.), *Ethnizität, Identität und Nationalität in Südosteuropa*, München 2000, S. 11–17

Stenographischer Bericht über die Verhandlungen der deutschen Nationalversammlung zu Frankfurt am Main (1848–49), Frankfurt/M.

Stern, Fritz (1986 [1961]), *Kulturpessimismus als politische Gefahr. Eine Analyse nationaler Ideologie in Deutschland,* München

Sundhaussen, Holm (1973), *Der Einfluß der Herderschen Ideen auf die Nationsbildung bei den Völkern der Habsburger Monarchie,* München

– (1993), »Nationsbildung und Nationalismus im Donau-Balkan-Raum«, *Forschungen zur osteuropäischen Geschichte* 48, S. 233–258

– (1997), »Nation und Nationalstaat auf dem Balkan«, in: Jürgen Elvert (Hg.), *Der Balkan. Eine europäische Krisenregion*, Stuttgart, S. 77–90

– (2001), »Die Dekonstruktion des Balkanraums (1870 bis 1913)«, in: Cay Lienau (Hg.), *Raumstrukturen und Grenzen in Südosteuropa*, München, S. 19–41

Suter, Andreas (1999), »Nationalstaat und die ›Tradition der Erfindung‹. Vergleichende Überlegungen«, *Geschichte und Gesellschaft* 25, S. 480–503

Teich, Mikuláš/Porter, Roy (Hg.) (1993), *The National Question in Europe in Historical Context,* Cambridge/Mass

Tilly, Charles (1975), *The Formation of National States in Western Europe,* Princeton

Weber, Eugene (1976), *Peasants into Frenchmen: the Modernisation of rural France 1870–1914,* Stanford

Wehler, Hans-Ulrich (1987), *Deutsche Gesellschaftsgeschichte,* Bd. 2, München

– (1995), *Deutsche Gesellschaftsgeschichte*, Bd. 3, München

– (2001), *Nationalismus. Geschichte, Formen, Folgen*, 2. Auflage, München

Weichlein, Siegfried (1999) »›Qu'est-ce qu'une Nation?‹ Stationen der deutschen statistischen Debatte um Nation und Nationalität in der Reichsgründungszeit«, in: Wolther von Kieseritzky/Klaus-Peter Sick (Hg.), *Demokratie in Deutschland*, München, S. 71–90

– (2004), *Nation und Region. Integrationsprozesse im Bismarckreich,* Düsseldorf

– (2006a), »Nationalismus und Nationalstaat in Europa. Ein Forschungsüberblick«, in: *Neue Politische Literatur* 51, S. 265–351

– (2006b), *Nationalbewegungen und Nationalismus in Europa,* Darmstadt

Weithmann Michael W. (1997), B*alkan-Chronik: 2000 Jahre zwischen Orient und Okzident,* 2. Auflage, Regensburg

Winkler, Heinrich August (1978), »Vom linken zum rechten Nationalismus. Der deutsche Liberalismus in der Krise von 1878/79«, *Geschichte und Gesellschaft* 4, S. 5–28

– (1985), *Nationalismus,* überarbeitete Neuauflage, Köln

Wollstein, Günter (1977), *Das »Großdeutschland« der Paulskirche. Nationale Ziele in der bürgerlichen Revolution 1848/49,* Düsseldorf

Yuval-Davies, Nira (1997), *Gender & Nation*, London 1997

Zimmer, Oliver (2003), *A Contested Nation. History, Memory and Nationalism in Switzerland*, 1761–1891, Cambridge

Personen- und Ortsregister